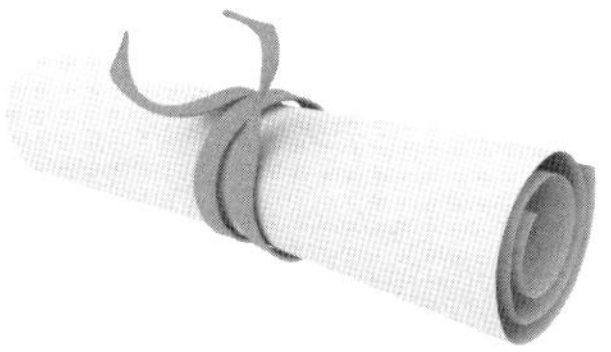

黄埔风云榜

Huangpu Popularity Ranking List

HUANGPU POPULARITY RANKING LIST

作为黄埔教官，凭借和黄埔生的师生关系，陈诚在国民党军组建了“土木系”。土木系经济公开，人事公开，意见公开，故此，在国民党五大主力当中排名第一，先后产生了 4 个一级上将、3 个参谋总长、两任海军总司令、1 个空军总司令、1 个联勤总司令、20 多位军长以及数以百计的师长、团长。

陈诚被军界对手何应钦、白崇禧讥为“陈小鬼”，但他举手投足却透着自信和威严，被称为“小委员长”，被美国人赞为“气质人物”，被台湾地区的农民称为“陈诚伯”。他是实干家，在鄂西，在台湾地区，成功地完成了渐进式的土地改革，实现了孙中山先生主张的“耕者有其田”的遗愿。

黄埔名将陈诚

HUANGPU POPULARITY RANKING LIST

史玉根◎著

人民东方出版传媒
東方出版社

责任编辑：孙兴民
装帧设计：史宪罡
版式设计：东昌文化
责任校对：湖　傕

图书在版编目（CIP）数据

黄埔名将陈诚 / 史玉根著．－北京：东方出版社，2014.1
（黄埔风云榜系列）
ISBN 978－7－5060－5548－2

I. ①黄…　II. ①史…　III. ①陈诚（1898～1965）－生平事迹　IV. ① K827.7

中国版本图书馆 CIP 数据核字（2012）第 250843 号

黄埔名将陈诚
HUANGPU MINGJIANG CHENCHENG

史玉根　著

東方出版社　出版发行
（100706　北京市东城区隆福寺街 99 号）

保定市北方胶印有限公司印刷　新华书店经销

2014 年 1 月第 1 版　2014 年 1 月北京第 1 次印刷
开本：710 毫米 ×1000 毫米 1/16　印张：20.5　字数：283 千字

ISBN 978－7－5060－5548－2　定价：40.00 元

邮购地址 100706　北京市东城区隆福寺街 99 号
人民东方图书销售中心　电话（010）65250042　65289539
发行电话（010）65210059　65210060　65210062　65210063

黄埔名将陈诚

HUANGPU MINGJIANG CHENCHENG

目 录

CONTENTS

绪 论
“小委员长”陈诚

气质人物

曾经采访过陈诚、并与其有过较多交往的资深记者、美国记者联谊会会长高思克鲁夫，夸赞陈诚是一位“气质人物”——英文“气质”（temperament）是指一个人拥有能使自己成为超出寻常人的身体、智力、道德方面的特殊气质。那么，陈诚的超群气质究竟表现在何处呢？

陈诚的身高（一米六）实在算不上超群。当年，他报考保定军校时，就因为个子偏矮，差一点被拒之门外。不过，虽然个儿矮，甚至还被他的夙敌取笑——国民党军界元老何应钦、白崇禧等背后称他为“陈小鬼”，但陈诚举手投足却透着自信和威严。

当年与陈诚共事或见过他的人，对他的描述几乎一致：上身挺直，精神抖擞，面色红润，双眼炯炯，神态稳健，临危而不慌乱……抗战时期，有一次在军官训练班演讲，突遇敌机轰炸，所有人都四处逃窜，惟独陈诚泰然自若地站在主席台上。

自信和自若，源于他早年的军校训练和长年的军旅生活，更源于他把自己当成领袖人物的自我定位。少年时代，他常常骑在铁马或牛背上，扮演刘伯温、拿破仑，领着小伙伴们“冲锋陷阵”。为了当将军的梦想，21 岁那年，他背离父亲的意愿，放弃小学教师职业，报考保定军校，投奔广东革命军，出生入死……

不到 10 年，他由少尉连长，升到了上将军长。

作为将军和领袖，他铁面无私，甚至不惜动用死刑，惩罚那些违法乱纪的军官和官员；当他卸去正装，与僚属、同辈相处的时候，他又非常亲和，说话幽默风趣——很多人与他聊谈，有如沐春风之感。他不抽烟，却喜欢喝酒，有时甚至一醉方休。他与一些同僚以及杂牌军将领的关系，常常就是在酒桌上拉近的。

严肃出于他的意志力，亲和源于他的性格。两种风貌，和谐于一身，成就了他的特殊气质。

蒋总裁的陈诚

当年，在国民党内部流传一个政治笑话：蒋介石为考查何应钦、陈诚等人对他忠诚的程度，一日急召集何、陈等几个亲信人物到其住处议事。众人坐定后，蒋突命诸人去死。何应钦坐着不动，对蒋的话不予理睬，顾视同历数许多不能去死的理由，刘峙则苦苦向蒋哀求免死，而陈诚呢？只见他向蒋一个立正敬礼后，转身向门外走去……

这个笑话，听似有点荒唐，却说明了陈诚对蒋介石是何等地忠诚。

少年时代，陈诚曾以刘伯温为范，心怀“安得驰驱旗鼓出，青天之下扫余氛”的大志。他无数次听说刘伯温的故事：元末明初的大军事家、政治家，辅佐朱元璋建立了大明王朝。1932 年，陈诚与蒋介石的干女儿谭曼意结为夫妻。童年时的理想和“翁婿”关系，使他不讲条件地忠诚、效力于蒋介石。

从 1933 年夏天主持庐山训练团开始，陈诚就一直积极推行对蒋介石的个人崇拜，要求全军将士、全体党人对蒋“绝对忠诚”，“绝对服从”。他本人自然身体力行：每次接听或与蒋通电话，他马上立正恭听；说话走路，刻意模仿蒋介石，被人称为“小委员长”；在任何时候，哪怕明知事不可为，只要蒋介石一声令下，陈诚都会毫不犹豫地赴汤蹈火。

抗战爆发前两年，陈诚的本职是委员长武昌行营陆军整理处处长，可他的兼职务最多时达到了9个。哪里反蒋，哪里局势不稳，他就奔向哪里，成了一名忙碌的救火队队员。有人担心他太劳累，身体吃不消——事实上他很早就患有严重的胃病，可他说："我应该替蒋委员长分劳分怨，效忠领袖，是我份内的事。"

1947年秋，东北局势已不可收拾。蒋介石找人替代东北行营主任熊式辉。他先找李宗仁，李不干，再找白崇禧，白也不接。蒋只好又一次"委屈"陈诚。虽然知道那是一个烂摊子，陈诚还是二话没说，"义不容辞"地前往东北赴任。面对解放军猛烈的冬季攻势，陈诚穷于应付，不久胃病复发，吐血不止，他仍然苦撑着，直到蒋委派卫立煌到东北接任，他才离开东北，到上海住院治疗。

东北折兵损将，最大的责任其实在蒋介石，但在"杀陈诚以谢天下"的一片责难声中，陈诚始终未公开为自己申辩，甘愿代蒋受过。蒋当然不会杀他，只是让他辞去本兼各职，风声过去后，又委任他为台湾省主席，为兵败大陆，铺一条退路。

除了蒋介石，国民党其他高层人物，陈诚几乎都不放在眼里，与何应钦更是水火不容。曾有好友劝他不要太傲气，万一蒋下台了，为自己多留几条后路。陈诚不以为然，说："我决不再做他人的部下，不怕什么。"

当然，蒋介石对陈诚也给予极大的信任和慷慨的回报。如果从1924年进入黄埔军校算起，陈诚追随蒋介石四十余年，从上尉连长晋升为师长、军长、集团军总司令、政治部长、军政部长、参谋总长，一级上将；由一个普通党员升到中央委员、副总裁；从省主席、行政院院长到副总统，成为一人之下万人之上的第二号人物。

缔造"土木系"

没有陈诚，可能就没有"土木系"，而没有"土木系"，陈诚也难以飞黄腾达。

陈诚从东征到北伐，一直是一名下级军官——连长、营长、团长。第一次北伐快结束的时候，才提升为第21师副师长、师长。1927年秋天，蒋介石第一次下野后，陈诚竟然被莫名其妙地免去了师长职务。

这次丢官让陈诚认识到，拥有一支基本部队，对一个将军是何等的重要。1928年秋，蒋给了他一支新改编的部队——第11师。在他的训练和整顿下，第11师成为了他的嫡系和劲旅，在“征讨”反蒋军队的多次战役中，屡获战功，受到蒋介石的赞赏。中原大战结束后，第11师与新加入的第14师，扩编为第18军。陈诚任军长。至此，“土木系”（因“十一”合为“土”，“十八”合为“木”而得名）已成雏形。

1931年上半年，陈诚率第18军开进赣南，“围剿”中央红军。此后两年间，陈诚在蒋的授意下，不顾触犯众怒，陆续收编了多支杂牌军，加以改编，形成了拥有6个师、10多万人的“土木系”集团。1933年，第11师和由第18军繁衍出来的第5军，大部被红军歼灭。何应钦等准备趁机缩编第18军。陈诚撂挑子不干，缩编计划只得告吹。

陈诚进入中枢后，由罗卓英等亲信掌控的“土木系”部队仍然在陈诚的势力范围。抗战爆发后，在淞沪会战、武汉保卫战、宜昌会战等战役中，他多次调用这支部队参战，立下赫赫战功。在解放战争中，“土木系”军事集团在解放军的打击下，土崩瓦解。但陈诚仍然拼凑了第18军残余，将它们带到台湾。

在大陆20多年，“土木系”部队和众多将领甘心为陈诚所驱使，很大程度上得益于他多年的苦心经营。担任第11师师长和第18军军长期间，陈诚实行“三公开”——“经济公开、人事公开、意见公开”，他本人身体力行，与士兵同吃同住，不仅奠定了“土木系”良好的治军基础，也在部队上下留下了极高的声望。

更重要的是，陈诚在这些部队安置，并重用了一大批从保定军校、黄埔军校和陆大军校毕业的军官。只要能打仗，不出大错，陈诚都会提拔他们。据说，凡从第 18 军出来的军官都要晋长一级。有人统计，不包括陈诚本人，第 18 军出身的将领先后产生了 4 个一级上将、3 个参谋总长、两任海军总司令、1 个空军总司令、1 个勤联总司令、20 多个军长，在国民党五大主力当中排名第一。

这些屡受陈诚知遇之恩的高官，对置身国民党中枢的陈诚，形成了有力的帮衬。可以想象，如果没有强大的“土木系”作后盾，在 1948 年惨败东北，许多“国大代表”高喊“杀陈诚以谢天下”的关头，纵然蒋介石想保，陈诚也恐怕在劫难逃。

反共与爱国

不论思想和行动，陈诚都是一名反共“斗士”。

共产主义理论刚刚传播到中国的那几年，陈诚在北洋军阀把持的保定军校读书，军校毕业后投奔孙中山，在粤军当一名下级军官。此前，他恐怕没有机会接触到被列为“禁书”的共产主义理论书籍，也无缘与共产党人接触。

1924 年秋，陈诚进入黄埔军校，与共产党人同在一个学校工作，同在一条战壕战斗，可是这时的陈诚已经加入国民党，自称为三民主义狂热信徒，其信念与共产党的更加激进的新民主主义革命理想，格格不入。当黄埔军校一期生贺衷寒等人发起成立与共产党人学生组织——青年军人联合会唱对台戏的孙文主义学会时，他毫不犹豫就加入了该组织，并担任浙江省分会的负责人。

1931 年至 1934 年，陈诚率部在赣南“围剿”中央红军，权可视为奉命行动，但他在赣南的一系列积极的军事和政治行为，却是他反共思想的真实体现。在第三次国内战争时期，陈诚以蒋介石政府的参谋总长的身份，积极部署、督导对解放区的军事进攻，也似可作同样的历史评定。所以，1948 年，中共将他列为国民党第三号战犯，并未冤枉他。

败退台湾后，作为台湾地方当局“副总统”、国民党副总裁，陈诚反共的声音一直没有停歇，反共的行动也是积极的：声援美国侵略朝鲜、筹划反攻大陆、阻挠中华人民共和国进入联合国、推动建立东南亚反共战线等等。

不过，客观地评价，当陈诚的反共思想与民族大义形成冲突的时候，他会义无反顾地选择后者。

抗战爆发前夕，国民党内部有“主和”、“主战”两派，陈诚属于“主战派”。1928 年，他亲历了日军制造的“济南惨案”，1930 年冬赴日本观摩军事联合演习，目睹并亲身体验了日本军人蔑视中国，蓄谋武装侵略中国的嚣张气焰。虽然知道日本军事实力远远强于中国，但民族正义感驱使他力主抗击日军的侵略。回国后，他就向蒋介石建议，立即着手抗战和防御各项准备。这时距全国抗战还有七年。

1931 年九一八事变爆发后的第四天，正率部在赣南“剿共”的陈诚先后以第 18 军军长和个人的名义，给国民党政府中枢和蒋介石发电，请缨抗日。请战书慷慨激昂：“……倭寇凶横，藉端启衅，占我沈阳，辱我军民，犹复续开驻韩倭军入境，节节侵迫，此种举动，欺人太甚。凡属国民，同深愤慨，国难之急，至今已极。亡国之惨，转瞬即见。吾革命军人，以打倒帝国主义为职志，此而可忍，何以为人！职等分属军人，责在卫国，愿率所部与倭寇决一死战，成败利钝，概不暇计。宁可致死于亡国之前，不愿偷生于国亡之日。”

因为有违蒋介石的“攘外必先安内”政策，陈诚的请战未能实现。1932 年“一·二八”事变爆发后，陈诚也立即做好了赴援上海第十九路军的准备。可最终不得不服从军令，留在赣南继续“剿共”。作为一个中国人，他渴望上前线抗击外来侵略，作为军人，他又不得不服从军令。可想而知他内心的痛苦。

1937 年卢沟桥事变，蒋介石终于宣布中国实行全面抗战。陈诚被任命为淞沪会战的前敌总指挥。他顿时热血沸腾：“从九一八事变起，我誓愿为抗日战争效命，至此乃得如愿以偿。”淞沪抗战是中国抗日战争中最惨烈的一次战役。面对日本钢铁战车的碾轧和炮火的猛烈轰炸，陈诚命令自己的嫡系王牌军第18军将士紧守阵地，英勇抗敌，甚至作自杀式的冲锋，没有丝毫犹豫和退缩，谱写了一曲壮烈的抗战之歌。

在八年抗战期间，陈诚亲自指挥的重大战役有淞沪抗战、武汉保卫战、宜昌反击战和宜昌会战，虽然由于种种原因败多胜少，但作为战区指挥官，他尽到了一个中国将领的义务和责任。毕竟他负责防守的国民政府陪都重庆的大门——长江石牌要塞在日军猛攻之下，终究未落入敌手，鄂西战区，特别是恩施基本保持了完整，为中国人民坚持持久抗战，最终取得胜利，赢得了宝贵的时间。

另外值得肯定的是，国共第二次合作开始后，陈诚以民族大局为重，放弃了他一贯的反共论调，一致对外，共同抗日。特别是在担任政治部部长期间，他与中共领导人、政治部副部长周恩来共事，不仅与周恩来保持了良好的个人关系，还维持了与中共的正常合作局面，受到共产党人和民主人士的赞赏。

败退台湾后，陈诚仍然坚持反共，但他始终坚守了他的底线：台湾和大陆都是中国的领土，不可分割。1949年美国驻华大使司徒雷登派人游说他在台湾地区拥兵自立，他以沉默示意反对。1961年，美国方面准备提出“一台一中”、“两个中国”的方案，阻挠中华人民共和国进入联和国，陈诚公开谴责，认为这是分裂中国的“阴谋”，“决不会接受”。虽然，他反对“两个中国”是从台湾地方当局的利益出发，但也是民族大义的体现，客观上阻止了分裂中国的阴谋。

令人感慨的是，在他晚年，这位反共斗士的调子越来越低，临终遗言，居然只字未提“反共”。他是出于现实因素的考虑，还是思想有所转变，很难探究。

肯于实干的政治家

仅仅把陈诚视为蒋介石的左膀右臂，似乎不足以体现陈诚的历史地位。除了抗战的历史功绩，陈诚的特大业绩还在于他在台湾地区成功地完成了渐进式的土地改革，实现了“耕者有其田”。

“耕者有其田”是民主革命先驱孙中山先生的政治理想。陈诚出身农村，对农民在封建租佃制度之下所受的剥削，深有感受。也正因如此，三民主义中的“耕者有其田”的理想，对他的影响最大。

主政湖北后，他迫不及待地开始在鄂西尝试“二五减租”：“农民佃租定为正产物总收获量千分之三百七十五，即由总收获量先提二成五归佃，所余七成五由主、佃对分；原定佃租超过千分之三百七十五者，应减为千分之三百七十五；原定佃租不及千分之三百七十五者，仍照原约定。”

按照这个政策，虽然尚未实现“耕者有其田”——农民没有获得土地所有权，但负担却大大减轻了。经过两年多的大力推行，二五减租在鄂西部分地区取得了实效：农民负担减轻后，种地的积极性提高，纷纷贷款购地，自己耕种，粮食产量比往年大有提高；阶级矛盾也得到了缓和，农民对政府和“国军”增添了好感。这也是后来在宜昌会战中，农民纷纷主动支持“国军”的原因之一。让他深感遗憾的是，历史老人没有给他在大陆继续推行更深层次的土地改革的机会。

1949 年 1 月，陈诚被蒋介石政府任命为台湾省主席。这段时间，国民党军队在大陆作最后挣扎，陈诚则开始在台湾解决农民土地问题。蒋介石无暇他顾，陈诚得以放手大干。

陈诚深知一步到位的改革固然快捷，但效果未必让人满意。所以，他推行的是渐进式的改革——先从“二五减租”（亦称“三五七减租”）开始。刚开始，一些地主抵制减租。这在陈诚的预料之中。他一面亲自出马，前往各县市，向县市长和各界人士阐明“三五七减租”的好处和意义，一面督促众多经过专门训练的减租工作人员到租、佃户家中做工作，强力推行减租。到1949年夏天，台湾地主出租的25.7万公顷土地，全部实行了“三五七减租”。当年秋收，减租的效果就显现出来：佃户平均增加收入达30%，粮食也大幅度增产——全省稻谷产量121万吨，比1945年增产了一倍。

1950年3月，陈诚受命担任台湾国民党当局第五任“行政院长”，上任不久，他就开始全面推行更深层次的土地改革。当时，蒋介石准备实行“兵农合一”，即让部分军人也获得一份土地。陈诚坚决反对，几次向蒋介石进言，说：“兵农合一，就不叫耕者有其田了。再说台湾本来人多地少，再分给士兵，就更不敷分配了……”蒋最终让步，同意了陈诚的方案。

遵循旧民主革命的原则，陈诚设计的土改方案，采取的是比较温和，而且可以多赢的办法：既让农民得实惠，又不使地主吃亏。政府赎买地主的土地，再以象征性的价格卖给农民（以地租分期支付）。政府收购地主的土地，并不是给现金，而是按相当的价格，以国有公司的股票置换。

这种办法可谓一举两得，既未给政府增加财政困难，又促进了工业发展。1953年4月2日，台湾当局通过了《实施耕者有其田条例》的立法，并正式颁布实施。

实行土地所有权移转过程中，台南一些佃户在地主威胁利诱之下把土地退还给地主耕种，而且声称是“自愿”。陈诚当然知道是地主在捣鬼，立即发出通告：“凡是地主威迫佃农退耕，一经查出，即以重罪惩处，毫不宽谅。”在重拳打击和威慑下，那些阻挠土地改革的地主纷纷罢手，土地改革得以继续推进。据台湾当局官方统计，至1953年底，台湾当局从地主手中共收购、置换了13.9万公顷土地，约占地主原有耕地的30%，承领农户19.5万，大部分农民成为了自耕农。以后数年，土地改革在台湾地方稳步推进。

土地改革取得成功后，台湾地方的农业经济和工业经济突飞猛进。陈诚在《台湾土地改革纪要》一书中自豪地写道："这是我的杰作，我总算完成了总理遗教——耕者有其田。"因为得到实惠，台湾农民对陈诚普遍抱有好感，称他为"陈诚伯"。

出版本书的目的在于，让读者全面地认识黄埔系的重要将领陈诚，勿左勿右，全面客观。以前将陈诚作为敌方重要人物而简单地口诛笔伐固然失之偏颇，后来有人恨不能将历史推倒重来，一味对其歌功颂德也有欠公允。应当明确，虽然陈诚为抗日战争作出过贡献，但他的反共态度是坚定明确的，对中国新民主主义革命危害是极大的。我们在认识陈诚抗战英勇的同时，也不能忘记他同样是反共的急先锋，可谓终生致力于阻止共产主义在中国传播的骁将。只有这样全面地来看问题，才能真正了解陈诚这个人物一生的功过是非。

第一章 出路

第一节 陈家长子

青田县地处浙江南部，西出县城，溯瓯江而上三十公里，便是高市乡。这里前临瓯江，背倚括苍山，气象开阔，蔚为壮观。

清光绪二十三年丁酉十二月十二日（1898 年 1 月 4 日，算农历该是 1897 年），陈诚出生在高市乡外村的一户普通人家。陈父陈应麟（字希文），不第秀才，在青田县敬业高等小学教书，后任校长。陈家虽有几分薄地，但由于不擅生产，家境贫寒。

陈诚原名陈德（一说陈德馨，到广东投奔革命后改名），字辞修，在家排行老二（上有一个姐姐，下有两个弟弟）。四五岁时体弱，先在家从堂伯父和父亲习文一年，至 9 岁，即 1905 年，才入高市小学读书。

今日青田风光

据陈诚的乡亲回忆，他小时候非常调皮，常跟人打架，从不认输，没少挨父母的责骂。随着年龄增大，

“调皮鬼”渐渐懂得了事理，学会了孝顺，课余时间常常帮母亲干些家务。小学毕业后，陈诚考入丽水省立第十一中学。本该按部就班读下去，无奈陈希文迫于家境贫寒，让陈诚辍学回家务农，仅供其弟一人就读。后经亲友游说，陈诚改读公费的省立第 11 师范。其时，陈诚 17 岁。

师范学校培训目标是小学教师。这过早的职业定位，应该非少年陈诚所愿。

陈诚青少年时期经常到离家不远的一个叫石门洞的名胜游玩。此处有旗、鼓两山矗立对峙，内有幽谷深邃，树木丰茂，风景十分秀美。相传青田人、元末明初军事家、政治家刘伯温（刘基）曾在此处读书和隐居。

刘伯温 1311 年出生青田，自幼聪颖异常，天赋极高，28 岁考取进士。1360 年，在红巾军首领朱元璋两次邀请之下，刘伯温结束在青田的隐居生活，出任朱元璋的军师，为他制订了一系列的战略方针。在刘伯温的辅佐下，朱元璋南征北战，终于推翻了元朝的统治，在南京登基称帝，建立大明皇朝。为了表彰刘伯温的巨大功勋，明太祖朱元璋下诏免加刘伯温家乡青田县的租税，任命刘为弘文馆学士，受“开国翊运守正文臣资善大夫上护军”称号。功成名就之后，刘伯温辞去一切职务，告老还乡，再次回青田隐居，著书立说。1375 年病故，葬于青田武阳夏山，谥号文成公。

为了纪念这位青田名人，在此修建了“刘文成公读书处”碑和“刘文成公祠”。陈诚经常听老人讲述刘伯温料事如神，辅佐朱元璋打天下的野史逸事，每每为之神往。他曾在石门洞写了一首七绝：“鼓旗对峙镇山门，昔日文成策主勋。安得驰驱旗鼓出，青天之下扫余氛。”诗中以刘伯温自勉，豪情四溢。他后来还给自己取了别名“石叟”，可见刘伯温在他心目的地位之高。

据乡亲们传说，陈诚小时候对石门山洞门前那匹铁铸的战马特别感兴趣，每次到了那里，就要在上面骑上一会儿。青田没有马，只有耕牛，陈诚经常骑着牛背上吆五喝六，扮演勇士、将军的角色。

1917年，陈诚从师范学校毕业后，多所小学有意聘请他为教师，都被他谢绝。显然，他的志向并不在此。这一年，他已是21岁的大人了。由父母作主，媒人介绍，他娶了青田吴家的闺女吴舜莲为妻。这起父母包办的婚姻，对陈诚来说毫无幸福可言。婚后不久，陈诚就告别家人，到杭州省立体育专科学校读书去了。选择体专，大概也是出于陈希文的设计，因为专科学校毕业可到中学任教。陈应麟希望儿子青出蓝胜于蓝。

青田石门洞风景

石门洞位于青田县城西北30公里的瓯江南岸，依山傍水，景色瑰丽，与雁荡、天台、仙都齐名为“括苍四胜”。相传刘伯温幼年在此刻苦读书，感动白猿仙姑，赠给他18册兵书。后来刘伯温辅佐朱元璋夺得天下。

陈父的这一安排，其实并不明智。因为陈诚的身体条件并不太适合当体育老师。他个子才一米六，不少体育项目如篮球、排球、跳高、跳远等等，他都无法与高个子抗衡，也难以掌握其要领。更重要的是，他在丽水师范读书几年，见识广了，志向也更高了。不管是小学老师还是中学老师，都不是他理想的职业和归宿。

那是一个军阀混战的年代。心高志大的陈诚，出路在哪里？

第二节　投考保定军校

陈诚在杭州体育专科学校只读了一个月就离校了。1918 年，命运之神向陈诚招手——保定陆军军官学校开始招收普通中学毕业生。

保定军校的前身为北洋速成武备学堂，是清政府为适应“现代战争”需要，在 1902 年创办的高等军事学府。1912 年，辛亥革命后更名为保定陆军军官学校，主要培养中下级军官（校址在北京的陆军大学主要培养高级军事人才）。

如果不是招生制度改革，陈诚绝对无缘保定军校。清政府为保定军校设立了固定的招生途径：军校学生从陆军中学（后为预备学校）毕业生中选拔，预备学校则从陆军小学毕业生中遴选。1912 年，陆军小学停止招生，至 1917 年，陆军小学“空仓”了，预备学校便从普通中学招收了一批二年级学生。1918 年，保定军

保定军校纪念馆

校准备招录第八期学生的时候，预备学校的老生已断档，新生又尚未毕业，只得决定直接从普通中学的毕业生中招录。

陈诚对赫赫有名的保定军校，不但早有耳闻，而且心驰神往。因为在那个军阀混战的年代，对许多无力进大学深造的有志青年来说，进入保定军校，无疑是一条极具前途的个人奋斗之路。

这年夏天，北京及各地许多报纸刊登了保定军校的招生广告。陈诚得知这一消息后，毫不犹豫地放弃了体专的学业，动身前往北京报考。考试于当年 8 月进行,9 月发榜。陈诚被录取为候补生，和一部分候补生被安排到陆军第 9 师入伍军训 9 个月。期满鉴定合格后，再进入军校学习。

据来自台湾的有关史料介绍，1918 年，陈诚 21 岁，自杭州体育专科学校辍学后，正为前途彷徨，有同乡前辈杜志远当选北平政府国会议员，北上就职时路过杭州，陈诚专程去拜访。杜发现此人稳重有礼，且有志气，不甘平庸，便带其北上进京。在北京逢五四运动发生，热血青年无人不思救国，陈诚也不例外。杜志远便托人介绍陈诚去投考保定军校。当时想从军报国的青年很多，军校条件严格，初试录取 40 名，复试只取 3 人。3 人之中，便有陈诚。

在大陆生活、自称了解陈诚这段历史的人的说法，却颇有传奇色彩。

据《我所知道的陈诚》所载，原浙江省政协委员、陈诚的乡谊杜伟回忆说，陈诚是他的父亲杜志远带到北京去的（杜志远也是青田人，和陈应麟是老相识，时任北洋政府国会议员）。在报考军校时，陈诚还遇到了一点儿麻烦。按规定，报考条件必须是四年制普通中学的毕业生，陈诚中学只念了一期就辍学上了师范学校。虽然学历相等，但毕竟没有中学文凭，陈诚只得找一个名叫陈德的本家亲戚借了一张文凭报考。考试结束后，主试官见陈诚身材矮小，考分也不高，便将他列为备取生——等正取生缺额时，再替补录取。杜志远亲自出面找到当时的主试官魏宗瀚（时任陆军部军学司司长）疏通了一番，陈诚才得如愿以偿。

陈诚故居

自称是陈诚英文秘书的陈应东说，当年一帮浙江同乡在车站送杜志远北上时，因杜的卫队中多青田同乡，陈诚在车上与他们攀谈忘了下车，被糊里糊涂拉到北京。杜志远问明情由，才知道陈诚是青田同乡，又是同科秀才陈希文的儿子，这才将陈诚留下。后来杜志远向保定军校校长曲同丰保送陈诚投考八期炮科，因身材矮小，考试成绩又差，未被录取。再经杜与有关官员疏通，才以备取资格入学。

官史不一定是信史，但杜伟和陈应东的回忆，也未必准确。省立师范学校的学历与四年制中学应该是相等的，陈诚似乎没有必要借别人的文凭冒名报考。杜伟说的那个被顶替陈德其实就是陈诚的本名，杜伟系保定军校一期生，比陈诚大好几岁，又非高市人，未必知道这么多细节。以陈诚的学习成绩，应付军校的考试大概没有太大问题。据有关史料记载，保定军校第八期计划招生 500 名，实际招了 600 多名。招生条件可想而知比较宽松。当时，军校招录的都是候补生，先要入伍 9 个月，鉴定合格之后才能进入军校学习，因此第一次录考不存在“备取生”一说。杜志远为陈诚的事打招呼，也许确曾有过，但是否必要或起了多大作用，则另当别论。

1918年秋，陈诚和一部分候补生进入陆军第9师兵营（驻扎在北京郊外）见习。他们下到班，和士兵同吃同睡同操练。对喜欢体育并有着体校经历的陈诚来说，军事训练不可怕，就怕睡觉。那时的军营都是小宿舍、大通铺，十几个兵挤在一起，每人只占50厘米宽的地方，一些北方兵，平时很少洗澡和洗脚，大热天里，汗臭脚臭熏得人睡不着觉……但陈诚还是熬过9个月的军营生活，完成了从一名文弱书生到英武士兵的转身。

1919年8月，陈诚见习期满，经鉴定合格，踏进了保定军校的大门，成为了保定军校的正式学生。

第三节　保定炮科生

保定军校位于保定市城东，校门朝南，台阶高筑，两座石狮拱卫一座朱红大门，门楣上悬挂着书有“陆军军官学校”六个大字的横匾。大门两侧对联，上联是“尚父阴符，武侯韬略，简练揣摩成一厅”，下联是“报国有志，束发从戎，莘莘学子济斯望”。一扇红漆大门，一副尚武对联，磅礴大气，滚滚而来。

陈诚久久驻足在军校大门前，凝视着，品味着那副对联，一股从军报国的冲动撞击着心

保定军校大门

灵。“安得驰驱旗鼓出，青天之下扫余氛。”这首当年游历家乡石门洞时所写的诗句又在脑海中浮现。

保定军校的教学是相当正规和严格的。学制为两年，共开设了5个专科：步兵科、骑兵科、炮兵科、工兵科和辎重兵科。课程设置分为学科、术科两大类。学科包括战术、兵器、地形及筑垒交通4门课程，术科包括器械体操、刺枪、劈剑、马术等课程。军事教材主要采用日本最新教材。此外，还有理化、数学、历史、地理等文化课程。术科训练，先在操场进行各种制式教练，再到各教练场演习。野外演习，先由简入繁，再逐步进入全面联合演习。大演习还携带帐篷、炊具，在演习地组织生活……

陈诚被分配在第八期炮科学习。这也许与他的身体条件有关。炮兵指挥官技术性较强，无需和步兵一样冲锋陷阵，个子大小、高矮，无关紧要。

在当时的中国军队，炮兵还是一个技术性很强的新型兵种，在实战中发挥着越来越重要的作用。陈诚对自己所学的科目很满意。学习和训练也十分认真和刻苦。值得一提的是，在一二学期，军校对学生管理制度做了一次改

罗卓英

罗卓英（1896—1961），广东大埔人。国民党陆军上将。参加历次围剿红军的战斗，“整军经武，屡建殊勋”。抗战胜利后，任广东省政府主席。1948年协助陈诚经营我国台湾地区，任台湾地区国民党政权“总统府”战略顾问等职。

革：各兵种混合编队，通用的军事技术课程、理论课和日常生活均混合在一起进行（专科军事训练则分科进行）。这种编队方式，使同学之间的交往更为广泛。陈诚就是在混合编队里认识了许多同期不同科的同学，特别是粤籍同学。一些同学对他后来的事业发展有诸多帮助。

当然，同班同学的关系更为紧密。据知情者回忆，在校期间，陈诚与罗卓英、周至柔、邹洪等 7 名同班同学交换了兰谱，结为异姓兄弟，约定日后相互扶持，荣辱与共。这几位同学日后大都成了陈诚的左膀右臂。

保定八期生在保定军校的学习并不顺利。1920 年 5 月，北洋军阀直系和皖系关系恶化，战争一触即发，为避免卷入事端，保定军校提前放暑假。7 月，战争爆发，保定军校亦被殃及：部队一批一批地在此宿营，学校教学用的标本、仪器、模型等亦大部分遗失毁坏，学校的书籍、档案、文件也荡然无存。受此影响，学校无限期停课，直到次年 10 月在各方呼吁下才重新开学。

学校停课期间，军校第八期学生有的在家闲置，有的流落街头，有的自谋生路，比如罗卓英就回广东老家一所学校教书去了。陈诚去了哪里？据台湾方面公布的《陈诚大事年表》记载，这期间，他在粤军第 1 师第 3 团服务，并加入了中国国民党。这一史料的准确性值得怀疑。陈诚如果真去了粤军，有个问题必须搞清楚：他以什么身份在粤军立身？当军官，没有资格；再去见习，也没有必要；打杂混口饭吃，还不至于此。比较大的可能，就是受粤籍同学或校友之邀，去那里游历，而且时间也不会太长。他以社会闲杂人员的身份加入国民党，可能性不大。毕竟，国民党是一大政党，对发展对象的要求也不低。他的两位学长、引路人——严重和黄琪翔都是在 1924 年才加入国民党的。陈诚入党日期，不大可能比他们更早。

1921 年 10 月，军校重新开课后，新任校长又恢复以前学校管理的老办法，学生编队仍按兵科分开，而不混编。虽然时局动荡，困难重重，但教官们还是想尽办法，仍然按教学计划坚持上

周至柔

周至柔（1898—1986），浙江台州人。国民党空军一级上将。1924年加入国民党，先后参加东征、北伐，逐渐成为陈诚的心腹大将。后任国民党航空委员会主任，领导全国航空事业，为国民党的空军建设作出了重要贡献。

课。1922 年 6 月，第八期学生终于毕业了。

尽管在末期出现了一些问题，但是保定军校的教学质量在当时的中国还是第一流的，而且不少毕业生都有很强的民主革命思想，后来许多保定生脱离北洋军阀，加入了国民革命军，参加了北伐战争。据樊崧甫《我所知道的陈诚》所载，陈诚曾经自负地说：“保定同学六期以前的都落伍不革命了，六期的还勉强，最革命的是八期以后的。”

按规定，保定军校学生毕业后，要分配到军队见习一段时间，但因为时局混乱（直奉战争刚刚结束），学校不能一一分派见习地点，便依据各人意愿，发放旅费，让各人自找门路，到自己愿意去，也能去的部队见习。据杜伟说，陈诚又去找杜志远帮忙。杜写了一封信给儿子杜伟，让他妥为办理。当时在浙江陆军第 2 师任少校副官的杜伟，把陈诚安排到该师第 3 旅第 6 团（驻防浙江绍兴）见习，与他同来的还有周至柔、黄复兴、李进德、周彭赏、张一能等 5 人。6 个月后，见习期满，陈诚补上了少尉排长。

至此，陈诚正式开始了他的军旅生涯。

第四节 投 奔

虽然保定军校名声显赫，但上世纪一二十年代，该校毕业生在军阀部队里发展并不都如意。

据杜伟在《保定军校二三事》中回忆说，当年保定军校毕业生的出路不外乎两个：一是到各省军阀部队任职；二是南下参加孙中山领导的民主革命。保定学生毕业后投各省军阀的，因为受到地方军事学校出身的旧军官和行伍出身的军官的排挤，民初十年间（1921 以前），除两广、川、黔、两湖各省情况较好外，其余很难发展。例如浙江，自 1914 年至 1922 年先后毕业分发回籍服务的保定生，总数达二百余人，而原来由浙江武备学堂、讲武堂、军事补习所等毕业的学生已有好几百人，他们自恃资格老，看不起保定生。其中尤以讲武堂生为中坚，掌握了地方军事实权，不欢迎新来者插足。

陈诚在浙江陆军第 2 师显然也遭遇到了这种情况。志向颇高，家庭背景又不显赫的他一时陷入苦闷之中。他不会满足于当一名小小的少尉排长。是继续在北洋军队干下去，等待猴年马月升迁到将军，还是另谋出路，以求得更快的发展？据知情人回忆，陈诚曾经找已调任宁波警察局局长的杜伟，请他帮忙为自己在警界谋一份职位，杜伟劝他在部队耐心等待，不要性急。可陈诚偏偏是一个性急之人，他不想在第 2 师再待下去了。去哪？他想到了一条出路——去粤军发展。

陈诚去广州的缘起，两位知情人的说法出入较大。据杜伟回忆，1922 年，邓演达奉孙中山之命到上海来罗致保定军校毕业生赴广东参加革命，杜伟得知这一消息，就告诉了陈诚，问他是否愿意跟邓演达南下。他兴奋地表示很愿意去。随后，他径直跑到上海随同邓演达去广东去了。而樊崧甫回忆说，“陈诚意欲另谋出路，赴广东投奔孙中山先生……1923 年 2 月，陈诚见习期满，即告假回籍省亲，自行赴粤，不复回团。陈诚赴广州后，将原名德改为诚，以黄琪翔之介绍，投靠粤军李济深第1师邓演达团为上尉副官，为邓所倚重。”

在杜、樊两人的回忆中，陈诚赴粤时间和介绍人都有出入。笔者以为，樊崧甫的说法更接近事实。因为樊崧甫是陈诚在二师任排长时的直属连长、陈的校友——保定六期生，对陈诚当时的状况更了解。就事情本身分析，邓演达是保定军校工兵科六期生，1922年底也许真到过上海，但陈诚和他应该不相识，即使相识关系也不密切。因为陈诚到保定的时候，邓已经毕业离校，在边防军见习一段时间后，1920年初去广东粤军当了宪兵连连长。而保定炮科六期生黄琪翔在见习期满后，1920年回到保定军校任学生分队长，1922年才去粤军任少校副官，与陈诚有直接的师生关系。所以比较而言，黄琪翔邀请、介绍陈诚去广东粤军，更为可信。陈诚对黄琪翔一直很敬重，1938年，陈诚出任国民政府军事委员会政治部部长时，就将黄琪翔请来担任副部长。

黄琪翔肖像

当然，谁邀请或介绍陈诚去广东，属于枝节问题。赴粤参加革命，对陈诚来说，这才是他一次重大的人生选择。弄清他当年作出如此选择的思想动态和心理动机，很有必要。当时军阀混战，广东独立于北洋政府之外，成为民主革命的策源地，需要大批的人才特别是军事人才，作为高等军事学府的毕业生，在那里大显身手的机会比在老气横秋的北洋军队更多。此其一；

此外，陈诚也是一个热血青年，1919年在北京军队见习期间，经历了五四运动，虽然没有亲身参与，但民主、科学等先进观念的传播对他应该有一定的影响。孙中山在广州开府建军，高举革命旗帜，倡导耕者有其田、世界大同等民主革命思想，对陈诚必然有较大的吸引力。所以，当一些同学劝阻他去广东时，樊崧甫的鼓励更能打动他："北洋军阀内困不已，民心压抑已久，中山先生革命必告成功……"陈诚坚定了自己的想法。

号称精锐的北洋军骑兵队

据说，陈诚到上海后，囊中羞涩，连买船票去广州的钱也没有。他的青田老乡、挚友赵志尧当时在商务印书馆工作，手头也没有钱，便把家里的一件皮袄卖了，换得10块银元，给陈诚作路费。

陈诚在部队饷金不高，没有积蓄可以理解，但陈家不至于连区区几个银元都拿不出来。如果赵志尧卖袄送友的传说属实，那么可以推测，陈诚去广东，没有得到家人的支持，或者他根本没有将自己的计划告知家人。妻子当然不愿意丈夫抛下自己，远走他乡，父母也希望长子在家里撑持陈家门户。而陈诚"一意孤行"，可见他投奔革命、干大事业的决心之大，意志之坚。

1923年2月，他在上海登上海轮独自奔赴广东，从此走上了革命道路。他的人生也由此翻开了新的一页。

第五节　在粤军第 1 师

1923 年的广东风起云涌。

孙中山先生早年倾慕西方资产阶级民主模式，但在经历了第二次护法运动失败，被广东新军阀陈炯明炮轰之下出走上海后，他痛定思痛，决定与共产国际和中国共产党携手，共同推进中国民主主义革命。这年 2 月，他从上海回到广州，建立了中华民国陆海军大元帅大本营，重新点燃了革命的火炬。

陈炯明叛变革命后，在广东，能够听从孙中山调配、又能打硬仗的部队只有中央直属粤军第 1 师。这支部队是由他的忠实追随者——粤军将领邓铿一手训练起来的，完全依照新式国防军的师、旅、团、营、连的编制编成，部队军官多由新式军事专科学校的毕业生担任，可谓强将云集。

陈炯明肖像

陈诚就是奔粤军第 1 师而来的。他先在师部任中尉副官，随后被派往该师第 3 团第 3 营任上尉连长。他的上司大都是保定军校毕业生：师长李济深——早期保定生，团长邓演达——保定六期生，营长严重——保定六期生，连长邓鸣汉——保定八期生。

到粤军不久，陈诚就赶上了一场血与火的战斗。

1923 年 4 月，驻扎粤西的桂军沈鸿英各部先后发生叛乱，陈诚随邓演达率领的第 3 团，和友军一道西征北战，攻滗江，克源潭，迫使沈军主力向北败退。5 月，陈诚所属的粤军第1师奉命转攻盘踞肇庆的沈军所部，遇到顽强抵抗，激战四五天没有进展。邓演达率领地雷队，在肇庆东门外城脚进行坑道作业，埋置火药，终于在拂晓将城垣炸开一大缺口。步兵沿缺口冲进城内，全歼城内沈军并生擒其指挥官。此次战役第3团牺牲最大，连长邓鸣汉和几个排长阵亡。陈诚胸部也中弹，负了重伤，撤下火线，被送到肇庆医院抢救。

陈诚养伤期间，有一天，时任大元帅府参谋长的蒋介石到医院慰问。听出乡音，他走到陈诚的病床前，亲切地问他是怎么负的伤？家住哪里？哪个部队的？陈诚一一作了回答。陪同蒋介石慰问的邓演达团长适时地介绍，并夸奖陈诚："陈连长是保定八期的毕业生，我们都是校友。他作战很勇敢，这次攻克肇庆，他和士兵一样冲锋在前……"蒋介石眼睛一亮，用浓重的宁波口音说："好样的！你好好养伤，养好伤再回部队，革命正需要你们这样的军人！"

这是陈诚与蒋介石第一次接触。虽然只是寥寥几句，匆匆而别，但孙中山身边的这位红人，应该给陈诚留下了很深的印象。

陈诚早就听说蒋介石的经历和故事：浙江奉化人，早年在保定陆军速成学堂学习炮兵，后来留学日本学习军事，1908年加入同盟会。自"二次革命"后追随孙中山。1915年参加筹划"反袁"的上海武装起义，1916年在山东任东北军参谋长，1918年任援闽粤军总司令部作战科主任。1922年6月，粤军首领陈炯明叛变，在广州领导第二次护法运动的孙中山避难于永丰舰，蒋介石接到孙中山的电报后，从上海赶到广

北伐时期的蒋介石

州，登舰侍护孙中山40余日，从此赢得了孙中山先生的更大信任和器重……

医院匆匆一晤，蒋介石的英武而又亲和的形象，随同他的传奇故事深深地留在了陈诚的脑海里。因为地位悬殊，而且被慰问的官兵众多，这次见面，陈诚大概没有给蒋介石留下太深的印象，但他应该至少记住了这位老乡、校友的名字。

樊崧甫在《我所知道的陈诚》一文对陈诚负伤一事作了回忆："1923年夏，陈诚随军出征西江，与叛军沈鸿英部交战在肇庆，临阵负伤。返广州医治。斯时陈曾函告六团同期同学黄复兴等，云'初上前线，即不幸负伤，殊为懊丧。此信对前期同学，除哲山兄（樊崧甫字）外，不可给看，恐被他们耻笑。'黄以信示我，我嘱代函慰藉。"

这应该是陈诚的实话。作为军人，他希望出师建功，可第一次上战场就负伤，实在是一件让人懊丧的事。他在信里交待不让此事外泄，可知陈诚也是一位自尊心很强，很要面子的人。不知他在这封信里是否提到了自己的军衔和官职的晋长：军衔由少尉升到上尉，官职由排长提到连长。这是让他感到欣慰和自豪的事。按普通人的心理和信里的行文笔调，他应该将此事告诉了他的老友和自己的老上级。说不让人外泄，实际上明知做不到，而且让第二者看信，就已经是外泄了。所以可以推测，他信里肯定还有自己得意又让人羡慕的内容。

所谓大难不死，必有后福，这句老话又在陈诚身上应验了。1923年9月，陈诚伤愈归队后，被提升为师部独立连少校连长。10月、11月，陈诚又率所部随军先后参加了讨伐林虎部、洪兆麟部叛乱，并一一击退。叛军退回东江后，第1师第3团成立了一个炮兵连，陈诚任连长。

炮兵军官，是陈诚心仪已久的职位。

第二章
三炮起家

第一节　黄埔“迟到”者

1924 年的广州黄埔区长洲岛，红旗飘扬，校歌震天。

9 月的一天，长洲岛码头船来船往，人头攒动。一身戎装的陈诚从一艘刚刚停靠码头的轮船上走下来，提着一个简易的行李包，沿着一条石子路，快步朝岛上的一所军校走去。没走多远，他就远远地看见一座牌楼，楼匾上书“陆军军官学校”六个大字。那就是他此行的目的地——黄埔军校。

嘹亮的歌声从校园里传出，回荡在长洲岛：“莘莘学子，亲爱精诚，三民主义，是我革命先声。革命英雄，国民先锋，再接再厉，继续先烈成功。同学同道，乐遵教导，终始生死，毋忘今日本校。以血洒花，以校作家，卧薪尝胆，努力建

黄埔军校大门

黄埔军校开学典礼

台上从左到右分别为：廖仲恺、蒋介石、孙中山、宋庆龄。

设中华。”唱的就是黄埔军校的第一首校歌，由戴季陶作的词。

在校门口，陈诚停下脚步，端详着大门旁边的那副对联：“贪生怕死请往别处；升官发财莫入斯门。”他会意地笑了起来，紧了紧腰上的皮带，精神抖擞地跨进了校门……

陈诚登上长洲岛的时候，黄埔军校已经开学 3 个多月了。

黄埔军校是国共合作的产物。早在 1921 年 12 月，在中共党员的引见下，孙中山就开始与共产国际代表（幕后是苏联政府）接触，就改组国民党、创办军官学校、实行国共合作等事项，逐步达成了意向。经历了两次护法运动相继失败，西方帝国主义国家和南方地方军阀让他一次次失望之后，孙中山急于寻求国际援助和新的合作伙伴。苏联政府和共产国际及中国共产党，成了他实现民主革命理想的及时雨。1923 年 8 月，孙中山委派以蒋介石为团长的“孙逸仙博士代表团”，赴俄国参观红军陆海空军事设施和各种军事学校，历时 3 个多月才回国。11 月，孙中山主持召开国民党临时中央执行委员会第 10 次会议，通过了创办军官学校的决议。1924年1月，中国国民党在广州召开第一次全国代表大会，确定了联俄、联共和扶助农工的三大政策，国共合作正式开始。

1924年1月28日，孙中山亲自选定广州黄埔长洲岛原广东陆军学校与广东海军学校旧址为陆军军官学校校址。蒋介石被任命为军校校长，廖仲恺任党代表。6月16日，陆军军官学校举行盛大的开学典礼，孙中山发表了开学演说。第一期学生共录取400多名（正取生350名，备取生100名），都是从各地投奔而来的革命青年。军校教官均由日本士官学校、保定军校毕业，拥有实战经验的军官担任，学生队分队长、副分队长则从广东警卫军讲武堂和西江讲武堂毕业生中挑选，经严格考试，合格留用。共产国际组织派来了一批军官担任军校教官和军事顾问。包括周恩来在内的许多中共党员也在军校担任官佐。

黄埔军校是为国民革命培养新型军事人才的学校，孙中山对它寄予厚望，也给予厚爱。在他的民主革命思想和共产党的旗帜感召下，大批热血青年从全国各地投奔而来。这对富有上进心、充满革命热情的陈诚来说，无疑具有强烈的吸引力。以他的保定军校的学历，他当然不会放下架子、也没有必要来做黄埔学生。他要来只做教官或其他官佐。以公心论，是为了革命目标，以私心论，是为将来陈氏军事集团培育、网罗人才。他青少年时期就怀“扫平天下余氛”的雄心，没有大批跟随自己的得力干将是干不成大事的，干将从哪里来？办学校，当老师是最佳、也是最便捷的途径。

初任排长的邓演达

陈诚稍许感到遗憾的是，自己迟到了一步。他的许多保定校友、粤军战友，如邓演达、严重，还有顾祝同（保定二期生）、陈继承（保定二期生）、刘峙（保定二期生）等都比他先到黄埔军校，并获得教官的职位。

陈诚为何没有在上半年或黄埔第一期开学之前到校呢？他本人在回忆录里没有述说，但根据相关史料可以推测。陈诚的学历背景、从军资历和所任职务，均比邓演达、严重以及顾祝同（粤军第2军上校参谋）、陈继承（粤军第1师上校营附）、刘峙（粤军中校团副）等早期到校的教官低，换句话说，他和他们相比，属于“小字辈”，因而在军校招揽第一期军事教官的时候，他暂时未能进入相关高层人物的视线。而且黄埔第一期学生均施以步兵训练，第二期学生才开始分步兵、炮兵、工兵、辎重兵和宪兵5科。陈诚的炮科学历在黄埔第一期还用不上。

1924年9月，在第二期即将开学（黄埔二期生在1924年9月初陆续入校），军校急需训练和带队官佐，邓演达（军校教练部副主任、学生队总队长）和严重（军校战术教官）才向校长蒋介石、教育长何应钦等推荐陈诚。蒋介石与陈诚在肇庆之战后有过一面之交，印象不错，应该不会反对。

任黄埔军校上尉特别官佐时的陈诚

陈诚的迟到，使他后来在黄埔一期生面前，很难像何应钦、顾祝同、刘峙、钱大钧、陈继承等早期到校的教官一样摆出老师的面孔，甚至，一些资历老一点的黄埔一期生，像关麟征、杜聿明等有时还给他一点难堪。

“升官发财莫入斯门”，初到黄埔军校的官佐大多被降级使用，邓演达和严重都降了一级。邓由少将降为上校、严由上校降为中校。陈诚到黄埔得到的第一个职务是，校长办公厅上尉特别官佐（旋即又任教育副官）。特别官佐大概是一个候差职务，协助长官处理一些日常性工作；教育副官也相当于“助教”——协助教官做些教务。总之，不如严重、刘峙、顾祝同等正式教官那样，能在学生面前“威风八面”。

陈诚在回忆录里说，“到职不久，校长屡次要我任特务连长，当时，黄埔仅有这一个连部队，我以伤愈未久，不能以身作则，坚辞未就。”（《陈诚先生回忆录——北伐平乱》台湾出版）连长一职自然比特别官佐、副官要有实权。他之所以特别补充说明这一点，也许是为了说明他到黄埔本可以“高就”，只是因为自己“谦虚”而未成事实。

陈诚“助教”的应该是第二期炮科学生。这一段历史，他本人在回忆录里没有述说，相关史料也不多。据第三期生宋瑞珂称，第二期、第四期学生都是陈诚的学生——他给他们上过课，训练过他们。在这两期学生面前，他可以理直气壮地以老师自居。

其实，在黄埔军校，降级使用、做上尉副官都是暂时的，军校一天天发展壮大，而且又正值乱世之秋，只要能打仗，又服从长官，个人的前程便可灿烂似锦。

陈诚的机会很快就来了。

第二节　棉湖之战

国民党的许多军事名将在黄埔时期都有过传奇经历，这些传奇经历成为他们后来的擢升和发展的基石。黄埔时期的陈诚就博得了“三炮起家”的美誉。如果没有这“三炮”，他后来的人生历史也许会改写。

陈诚做教育副官没多长时间，第一次东征就开始了。乱世造英雄，战争出将军。在第一次东征，陈诚便崭露头角。他起家的“第一炮”就是在第一次东征的棉湖之战打响的。

初露头角的陈诚

东征之前，陈诚已就任黄埔校军炮兵连上尉连长。1924年10月，苏联军舰将一批山炮、野炮和步兵武器，运抵长洲岛。黄埔军校立即用这批武器作装备，成立了军校教导团和军校炮兵队。经蒋介石校长提议，党代表廖仲恺同意，陈诚担任炮兵队队长和炮兵连上尉连长。军衔还是上尉，但职务升了一级。

11月，孙中山北上与冯玉祥共商国是。盘踞在广东潮汕一带的陈炯明部便自封“救粤军总司令”，纠集6万余兵力，准备向大元帅大本营所在地广州发起进攻，推翻孙中山领导的革命政权。大本营决定调集所辖部队先发制人，发兵讨伐陈炯明。

大战在即，陈诚加紧了对炮兵的操练。和步兵相比，炮兵是一个技术性较强的兵种。如何测距、如何瞄准、如何保养武器，来不得半点马虎。陈诚对炮兵连官兵说：“我们就六门炮，炮弹也有限，但我们要让炮弹在战场上发挥神奇作用！”

1925年2月初，大本营一声令下，由黄埔校军、许崇智的粤军、杨希闵的滇军和刘震寰的桂军组成的联军，分三路同时发兵，开始了第一次东征。滇军为左路，经河源取兴宁；桂军为中路，攻袭惠州；粤军为右路（总指挥为许崇智），由淡水、平山、海陆丰，直取潮汕。黄埔军校两个教导团两千余人，随粤军在右翼作战，担任联军先锋队。陈诚的炮兵连，编入教导第1团（何应钦任团长），蒋介石作为黄埔军校校长随军出征。

2月3日上午，校军在长洲岛码头登上军舰，驶至太平圩，登陆后，经东莞、平湖、龙岗等地，向陈军占据的淡水镇进发。下了军舰，步兵背着步枪，行走如飞，而炮兵连队的官兵们个个都成了“脚夫”。因为没有运载工具，加之行进路线都是乡间小路，沉重的炮械只能人抬肩扛，十分艰难。13 日下午一点，校军大部队从龙岗圩出发，急行 20 公里到达平山圩。陈诚的炮兵连与第 1 营又接到命令：天黑之前，赶到上石湖宿营。他们又拖着几门山炮跑了 5 公里路。全部到达淡水城郊的上石湖，已是晚上七点多钟，士兵们都累得精疲力竭，就地躺倒就睡着了。

淡水城是一个小城镇，四周筑有高 6 米的石头城墙，可以抵挡枪弹的射击，并设有上、中、下三层枪眼，可以形成立体射击火力网；城墙下有一道又宽又深的城壕，外围是一片开阔地。

14 日上午八点三十，东征军兵分三路开始围攻淡水：粤军第 7 旅攻城东北面；粤军第 2 师攻城西北面；校军由从城南面突击。下午三点，校军兵临城下，占领了城东南和南面的高地。敌军几乎全部退入城内坚守待援。面对又高又厚的城墙，攻击停了下来。此时已近黄昏。总指挥蒋介石对着何应钦大喊：“明天拂晓必须拿下来！”他知道，驻守惠州的陈军正在赶来驰援，如果久攻不下，等敌援军赶到，凶多吉少。晚上，教导第 1 团团长何应钦亲自挑选了 105 名“奋勇队”（敢死队）员，扎起了 7 架攻城竹梯，准备登城。

“陈连长，关键时刻到了！下面就看你们的了！”蒋介石和何应钦都来到陈诚的炮兵阵地督战。陈诚拍着胸脯说：“请蒋校长、何团长放心，我们一定要炸开一条血路。”他早就把几门山炮拖到了距城墙 800 米的一处小高地，做好了开炮

黄埔军校炮兵

在苏联的资助下，黄埔军校学生队有了自己的火炮。

炮轰淡水城

的准备。蒋介石问："要不要先试射一下？"陈诚说："不用，炮弹太珍贵了，我已经测好了距离！"何应钦将信将疑地看着面前个子矮小的陈诚，问："有把握吗？"陈诚没有回答，转过头看了看站在身后的一个炮兵排长。那位排长立即大声说："有，保证弹无虚发！"

15 日拂晓五点四十分，蒋介石下令开炮。几门山炮，陈诚和几位排长各操作一门，填装炮弹，再次确定瞄准位置后，一拉发火装置，只见"嗖嗖"两声，炮弹像长了眼似的呼啸着飞向城墙。顷刻之间，炮弹落在东南角城墙上，火光一闪，守城敌兵被炸得血肉横飞，活着的都四处逃散。

炮声响过之后，敢死队员们一跃而起，背起攻城梯，冒着浓浓的硝烟，向城墙根冲去。隐蔽在城墙下的校军官兵也一齐开火，掩护敢死队员攻城。"炸开没有？炸开没有？"蒋介石和何应钦举起望远镜，向硝烟弥漫的城墙观察。陈诚也举起了望远镜。此时，硝烟被一阵风吹散，城墙上赫然出现了一个缺口。炮兵阵地的官兵们一齐欢呼。

没过多久，城墙上被炮弹震晕的守军们醒过神来，又操起机枪朝攻城的敢死队员扫射。敢死队员们冲至离城墙 20 米处时，被枪弹压得不能再进，匍匐在地。“再开炮！再开炮！”蒋介石大声喊叫着。陈诚又命炮手开炮，几发炮弹过去，一下子将敌人火力压倒了。敢死队员们一涌而上，冲至城脚，在炮弹炸开的那个缺口，搭上梯子，一个接一个攀了上去，登上城墙，对着守城之敌一通扫射。紧接着后续步兵也冲了上去……

2 月 15 日八点许，淡水城被东征军占领。

淡水一战，教导第 1 团共缴获敌步枪 580 余支，机关枪 5 挺，子弹数万发，俘虏 700 余人，因此威名大振，团长何应钦和炮兵连连长陈诚等军官都受到嘉奖。而王柏龄率领的第 2 团在城外与增援之敌遭遇。战斗一展开，团长王柏龄就临阵脱逃，致使第 2 团立即败北，亏得第 1 团反攻为胜。蒋介石撤掉了王柏龄团长职务，由钱大钧替任。

攻克淡水后，右翼军继续东进，一路所向披靡，拿下白芒花与平山墟，随后又直下海丰，3 月 7 日占潮州、汕头。至此，右翼军完成本军东征的原定战略任务。但就在这时，东征联军中的左翼指挥杨希闵，中路指挥刘震寰，心怀鬼胎，按兵不动，致使陈军林虎部得以集中主力 2 万余人，从兴宁、五华一带抄袭右翼军的后路——棉湖。

教导第 1 团团长王柏龄

为了摆脱险境，3 月 12 日，

东征军炮轰惠州北门

东征右翼军从揭阳出发，分两路回师，迎战林虎部：左路以教导团为主力，右路以粤军第 7 旅为主力。左路行至普宁，以教导第 1 团攻棉湖，教导第 2 团攻鲤湖之敌。陈诚率炮兵连团部攻击前进。

13 日上午七点多钟，炮兵部队快到曾塘村的时候，忽然听到前方响起激烈的枪声。原来校军的先头部队遭遇了敌方的前卫，仓促之中交上了火。陈诚立即率炮兵连占领曾塘村东北方的小高地，架起山炮。此时，敌军已麇集于对面 4000 米处的山地。陈诚命令向敌军开炮。发了几炮后，几门山炮竟然都哑了，陈诚连忙检查，原来山炮的撞针发软了，炮弹打不响。陈诚命令士兵将击发装置拆下，让撞针冷却。

敌兵越来越多，进攻也越来越猛。其前锋距第 1 团团部指挥所只有几百米远。情况非常危急。在前沿指挥作战的蒋介石也有点儿心慌了，直喊何应钦“顶住！坚决顶住！”陈诚命令士兵把拆下来的炮重新装好，准备开炮。一个队长迟疑地问：“这么近的距离，能打吗？”陈诚一把推开他，说：“还犹豫什么？我来！”

就在这时，几名东征军士兵从前方逃回，经过炮兵连阵地，慌慌张张地喊：“快撤，敌军杀过来了，还不撤就成俘虏了。”炮兵连的一些士兵也紧张起来。陈诚掏出手枪大声对炮兵连队官兵说："我们是炮兵，应该与火炮共存亡，没有接到撤退命令之前，我们绝不离开阵地一步！"士兵们全都镇定下来。

陈诚单腿脆在山炮瞄准器前，调好炮位，拉火打了第一炮。只听"嘭"地一声，第一发炮弹从炮膛里飞出去，落在村东头田地里的敌阵里，敌兵慌了神，立即后退；陈诚再发第二炮，又命中了，敌军退入曾塘村里；第三发炮弹又跟着飞进村，炸死敌兵数十人。教导第1团步兵发起冲锋，敌军弄不清虚实，慌忙撤退。

下午，教导第2团，听到炮声，从侧翼赶来增援。两个团合成一处，汇合粤军第7旅，追击敌军。3月18日克五华，20日夺兴宁。之后，校军在东征前线节节胜利。叛军首领陈炯明逃往香港。第一次东征胜利结束。

很久以后，提起棉湖之战，蒋介石有些后怕。他说："棉湖一役，以教导第1团，御万余精干之敌，其危实甚，万一惨败，不惟总理手创之党军尽歼，广东策源地亦不保。"

何应钦将棉湖之役当作他的得意之笔，不过，他也没有忘记陈诚在关键时候打响的第一炮。多年后，他回忆道："那时的炮兵不像现在，有马匹或车辆拉拽，那时的炮，要由人扛抬。在那种情况下，身为炮兵连连长的辞公，不论步兵行军多么快，他总使他的炮兵跟得上，每次都能完成任务。炮弹

孙中山肖像

有限，但他弹无虚发，对促使这一次战役的胜利，可以说是最有功的人士之一。”

没有疑问，在棉湖之役，教导第1团以不足两千人，击溃林虎军万余人，陈诚的炮兵连起了关键的作用。陈诚似有天助，亲发三炮，连发皆中，战局也因此获得转机。不过，当大家夸赞炮兵连神功时，陈诚谦逊地说："我当时并没有把握，也许是总理在天之灵护佑着我们吧！"

孙中山先生已于1925年3月12日在北京去世。怕影响前方士气，大本营秘不发丧，直到3月21日东征取得决定性胜利后，方才告知全军。3月30日，校军全体官兵在兴宁举行"追悼孙中山大元帅大会"，由教导团团长何应钦唱礼，校长蒋介石读誓词，军校政治部主任周恩来读祭文。

第一次东征结束后，陈诚调任党军炮兵独立营副营长，兼炮兵连连长（4月6日黄埔校军教导团第1、第2团成立党军第1旅，何应钦兼任旅长）。职位升了半级，军衔原地未动。

第三节　吹响紧急集合号

陈诚的"第二炮"说起来还有些凑巧，也十分惊险。

就在东征军主力欢庆胜利之时，驻防广州的部分滇军和桂军趁广州空虚发动了叛乱。1925年4月28日，以蒋介石为总指挥，党军及部分粤军回师平乱。

虽然叛军拥兵6万之众，但与平乱之师在广州近郊瘦狗岭、龙眼洞交手之后，短短几天就溃退了，滇军首领杨希闵、桂军首领刘震寰躲入沙面租界。广州又回到了党军和粤军的手中。陈诚的炮兵连和党军第1旅同驻在位于广州西北郊的北校场（旧时用来操练或比武的场地）。这里与北郊的白云山近在咫尺。

不久，惊险的事情就发生了。

6月14日，星期天，久战疲乏的官兵们解盔卸甲，放假一天，有的外出探亲访友，有的上街看戏，有的到河里游泳，有的则在兵营里下棋打牌。虽然旅部没有安排陈诚值班，但他没有出去，习惯性地不时在兵营里巡视。中午时分，他忽然发现北边的白云山头隐约有几面军旗在摆动，心里纳闷，感觉奇怪，当天党军和粤军都没有军事活动，是哪支部队在那里活动？他连忙取来望远镜观察。不看不要紧，一看心里倒吸一口冷气，从军旗上标志，他认出那是一支滇军，正朝北校场进发。

桂军首领刘震寰

情况紧急，陈诚知道报告上峰再作部署，肯定会贻误战机。他当机立断，马上叫炮兵连的号兵吹紧急集合号，先集结炮兵应战。一颗炮弹“呼”地一声发过去，落在白云山上的敌军阵里，只见升起一团硝烟，几面旗帜应声倒下，接着，陈诚又令炮兵发了几发炮弹，发发命中目标，敌兵四处躲避。外出的党军和粤军官兵们听到炮声，纷纷跑回营地，粤军旅长陈铭枢立即组织部队反击，陈诚也指挥炮兵助战。敌军很快就溃败，缴械投降了。

事后审讯才知，原来这股部队属滇军第3军胡思舜部，滇桂军叛乱之时就从河源发兵驰援广州叛军，到了市郊才知道广州的叛军已被打败。胡思舜进退失据，最后决定孤注一掷，趁休息日偷袭北校场。不料，他们的军旗暴露了他们的行动，陈诚的几发炮弹让他的如意算盘落了空。

事后，党军官兵们称陈诚这一炮又发挥了神奇效果。如果那天陈诚外出，或者没有举头北望，及时发现敌情，或者发出的炮弹没长眼睛，让叛军偷袭成功，后果将不堪设想。据黄埔军校三期生宋瑞珂回忆，事后曾有人问陈诚：“这次是否又百发百中？”

鲍罗廷

他说："虽然不是百发百中，但效果比百发百中还要大得多。"又有人奇怪他在星期天为什么没有外出游玩，陈诚有点得意地说："当军人嘛，就要在这个时候见功夫。"

行军、作战，与部队同行，与士兵同在，虽然胜利，但仍保持警觉，这确实是做军人的本色。在以后的军事生涯中，陈诚也是这样做的。

在第一次东征和平定杨、刘叛乱的战役中，陈诚出师告捷，为他赢得了赞誉。当然，这两次战役的胜利也为蒋介石增添了一笔厚重的政治资本。

1925 年 7 月 1 日，国民政府在广州正式成立，以委员制取代了原来的大元帅府一长制，汪精卫、胡汉民、谭延闿、许崇智、林森为常务委员，汪精卫任主席。政府设置了军事委员会，以蒋介石、汪精卫、谭延闿为常务委员，汪精卫兼主席。国共两党的关键人物——苏联顾问鲍罗廷任国民政府顾问（同时也是国民党中央政治委员会顾问）。

随后，国民政府取消驻粤的建国军"湘军"、"赣军"、"粤军"和党军的名称，统一编为国民革命军。黄埔党军两个师编为第 1 军，由蒋介石任军长。从此，第 1 军与黄埔军校建制分离，军校与军队的政治工作也各自分立（周恩来调任第 1 军政治部主任，汪精卫接任军校政治部主任）。蒋介石仍兼黄埔军校校长。

第 1 军建立后，陈诚任第 1 军炮兵第 1 营第 1 连少校连长。这一次，他的职务没升，但军衔升了一级。这一级是他用两次神奇的炮击换来的。

8 月 20 日，国民党元老、黄埔军校党代表廖仲恺遇刺身亡。国民党成立特别委员会处理廖案，由汪精卫、许崇智、蒋介石三人为特别委员。蒋介石由此进入国民党政治权力中心。在汪精卫的操纵下，以涉嫌廖案为名，将国民党右派领袖胡汉民派往苏联考察。胡与汪从此水火不容。与此同时，蒋介石也以廖案为契机，将自己的军事对手——原粤军总司令许崇智挤出了广州。蒋介石在广州政坛逐渐显露头角。

蒋介石还需要打胜仗提升自己在国民党中央和国民政府里的地位，同样陈诚也需要战功为自己晋级铺平道路。这样的机会很快就来了——第二次东征。

第四节　轰塌惠州城

第二次东征始于1925年10月，征讨的对象还是陈炯明。

陈炯明在第一次东征中被打败后，其残部表示服从大元帅府。但东征军主力撤离潮汕，回师广州平乱之后，他又乘机东山再起，纠集残部收复了东江一带的失地。国民政府决定第二次东征，任命蒋介石为东征军总指挥。蒋在第一次东征是以军校校长名义随军出征，这一次任东征军总指挥，地位不可同日而语。

蒋介石戎装照

东征军分三路纵

队东进，陈诚的炮兵连随何应钦为纵队长的第一纵队作战。10月初，东征军出师，11日，到达惠州城下，并下达了攻城命令。

惠州城是东江的要隘，三面环水，易守而难攻。其县志云："铁炼锁孤身，飞鹅水上浮，任凭天下乱，此地永无忧。"自宋代以来，从未被攻破过。此时，陈军杨坤如部近三千士兵凭险固守此城，大有"一夫当关，万夫莫开"的架式。

炮兵又担任了攻城的主要角色。纵队长下达的任务是："野炮连之火力，集中于府城北门城内之敌，第4团应准备爬城队，以待炮火奏效，立即冲赴城脚，勇敢登城。"

这一回，陈诚将野炮派上了用场。野炮是用于野战的一种火炮，发射仰角较小，弹道低平，可直瞄射击，是炮弹膛口速度高的火炮，常用于前敌部队的攻坚战中。照例，炮兵是布置在步兵后方，考虑到距离远，命中力量不大，陈诚利用夜色作掩护，潜行到步兵前方，侦察炮位，发现距城500米的地方有一座茅屋，可安设炮位，便连夜将一门野炮偷偷推到此处，以备第二天攻城之用。这一天，后方给他们运来了四发炮弹。

13日上午九点，陈诚的炮兵连奉命与其他炮兵部队同时开炮。刹那间，阵地上炮声隆隆，硝烟弥漫。下午两点，北门城楼的城垛已经崩塌多处，城内的一些军事目标也被命中起火。担负主攻北门的第4团步兵，在团长刘尧宸率领下，先后两次组织进攻，携竹梯冲至城脚，但都被城内发出的炮火和城楼上的机枪压制住了，登城士兵一个个被敌击死击伤。刘团长也阵亡在城下。傍晚，进攻被迫停止。何应钦给陈诚等炮兵军官下了死命令："明天必须把城里的那个火力点敲掉，否则提头来见！"

当夜，陈诚和部下商议次日的炮击方案。忽然接报，步兵抓获了敌方一名侦察人员。陈诚立即命人将俘虏带到连部指挥所，亲自审讯。他没有用刑，而是以酒饭招待，晓以大义，劝其弃暗投明。这名俘虏被陈诚的大义所感动，向他交待了两个重要情报：位于北门城楼上机枪的位置所在。这处火力点因隐藏在城楼旁边的小棚内，未被我方发现，也没有被炮火击中，压制了东征军的进攻。

得到这情报后，陈诚马上制定了第二天的炮击方案。

第1军野炮兵

1925年10月14日国民革命军攻克惠州，第1军野炮兵在惠州城北门外合影。左右竖起的是敢死队登城用的梯子。

14日上午，陈诚向蒋介石总指挥建议，改变昨天的战术，先以炮火将敌方工事彻底摧毁，再由步兵攻击，以减少伤亡。蒋介石同意了这一方案。中午十二点，陈诚将山炮推到离城仅400米的山坡上，根据俘虏提供的情报，他亲自瞄准，拉火发射。一发炮弹从炮膛里飞出，准确地落在北门城楼旁边的小棚上，轰隆一声巨响，爆炸处升起熊熊大火，敌城北门方向的火力全部被打哑了。由第4团连长陈明仁、陈赓率领的敢死队立即攀城，后续步兵也发起冲锋，从炮火所摧缺口处蜂拥攀上城墙。下午四点许，敌军弃城而逃。

当陈诚亲自开炮射击时，在阵地指挥战斗的苏联军事顾问和总指挥蒋介石，连连赞叹：“我还没见过像陈诚这样精于炮战技术的人。”蒋介石下令奖赏，纵队长何应钦喜不自胜，当即从身上掏出一百多块钱给了陈诚。

战斗结束后第二天，陈诚拿出所有赏银在惠州的惠波楼摆下酒席宴请各级长官和炮兵队全体官兵。酒宴上，炮兵团长蔡忠笏借着酒劲儿对蒋介石说：“校长对人有偏心，犒赏独给辞修，不给我们。”蒋介石连忙说：“都有，都有！”

酒宴散了，陈诚叫来随军摄影记者给他和炮兵连的官兵们连拍了几张照片。其中一张是他背手站立在一门野炮旁边的单照，他全身披挂，英姿勃发；另外两张分别以残破的惠州城城墙

在惠州前线指挥作战的陈诚（1925 年 10 月）

和炮兵阵地为背景的集体合影。照片冲洗出来后，他亲自在合影照片上写下了一行字："革命军第 1 军野炮兵击毁惠州北门，援助本军进城后，在惠州北门外摄影"；"国民革命军第 1 军于大中堂阵地攻下惠州后全体官兵摄影留念。陈诚志。"

随后，陈诚率部随第 1 纵队追击陈炯明残部，经过 1 个多月的激战，东征军收复潮汕。陈炯明及残部作鸟兽散。第二次东征胜利结束。至此，广东全境统一。

除了那一百多块赏银，陈诚还得到了升迁：1925 年 10 月，第二次东征还未结束，他就升任炮兵第 2 营营长。职位升了一级，军衔未动仍是少校。

至此，陈诚的"三炮"全部打响。这"三炮"打响了他的声威，也奠定了他在蒋介石心目中的位置。不过，陈诚的将才帅才尚未得以显露，蒋介石看中的主要还是他的炮战技术——将他"借调"回黄埔军校，兼任军校炮工辎特科大队长（第四期）及炮兵军士训练班主任，让陈诚发挥所长，训练军校的炮科学生。这已是 1926 年 1 月的事。同年 4 月，陈诚改任军校炮兵科科长。

陈诚的本职是国民革命军第 1 军炮兵第 2 营营长，据他本人在回忆录称，因为与第 2 营的党代表意见不合，他一直未回营理事，多半时间待在黄埔，训练黄埔第四期学生。这期间，严重和邓演达又成为他的直接领导（1926 年 1 月上旬，离开军校一年多的邓演达又回到黄埔，任教育长，主持校务，直到 4 月被蒋介石排挤，调到潮州分校任教育长。5 月，严重被任命军校教授部主任）。

陈诚在黄埔军校又干了半年多，直到 7 月 19 日，被委派到国民革命军总司令部任中校参谋。这应该是蒋介石的直接任命。其时，蒋已就任国民革命军总司令，国民革命军也已誓师北伐。

到此，陈诚与黄埔军校的直接联系告一段落。

第五节 “三民主义的狂热信徒”

说起陈诚与蒋介石的渊源，许多传记作者都会不约而同地提到一个流传甚广的掌故——晨读受赏。

这个故事大概发生在陈诚刚到黄埔不久。有一天，陈诚外出访友，归来已是凌晨，不能入睡，便拿着《三民主义读本》，到军

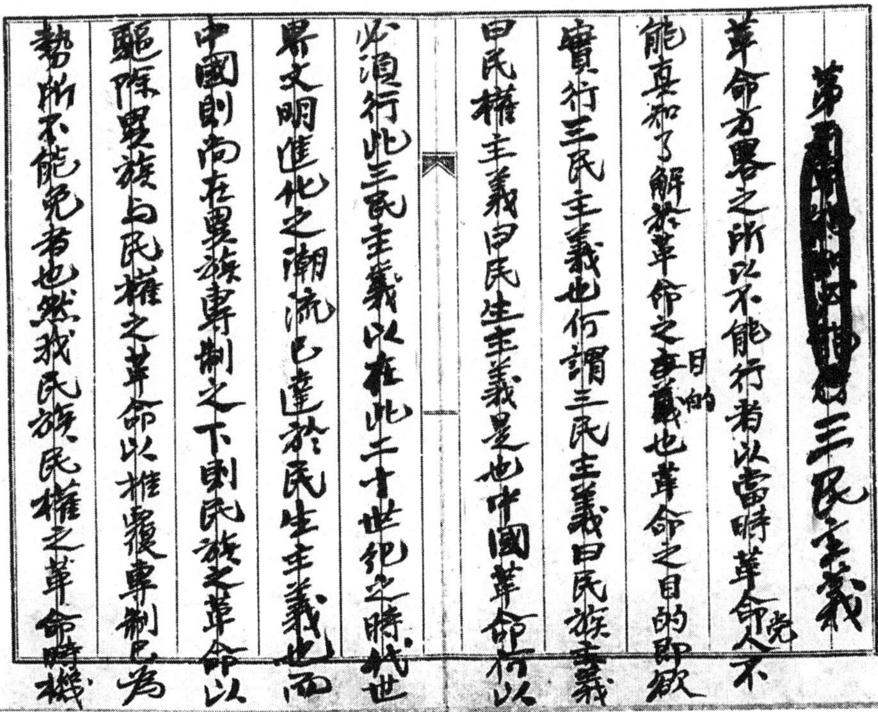
第[redacted]三民主義
革命事業之所以不能行者以當時革命黨人不
能真知了解於革命之主義也革命之目的即欲
實行三民主義也何謂三民主義曰民族主義
曰民權主義曰民生主義是也中國革命何以
必須行此三民主義以在此二十世紀之時世
界文明進化之潮流已達於民生主義也而
中國則尚在異族專制之下則民族之革命以
驅除異族與民權之革命以推覆專制已為
勢所不能免者也然我民族民權之革命時機

“三民主义”原稿

校操场上练习单杠。蒋介石清晨上班，照例先到操场巡视一番，看到陈诚在练单杠，旁边还摆着一本《三民主义》，便顺手捡起来翻阅，只见书页上圈圈点点，作了许多标记，还写了一些读书心得。为了考一考陈诚，蒋提了几个有关三民主义的问题，陈诚对答如流。蒋介石甚为欣赏，勉励他道："不错！我们的学生和教官如果都像你陈辞修如此好学，如此热爱三民主义，革命何愁不成功?"

这个掌故是黄埔师生的回忆所得（大概是经由校长公开表扬为众人所悉），应该不虚，只是在流传中可能有些走样，以致版本甚多。有的说是发生在晚上，有的说是清晨；有的说是读兵书，有的说是读三民主义。引用者的意图也不尽相同，有的以此证明陈诚热衷于孙中山的革命思想，更多的引用者想以此说明陈诚装模作样，误打误撞，博得蒋介石的赞赏和青睐。笔者以为，以陈诚的性格和心智，"装模作样"应该不是主要动机（也许有一点点），热衷三民主义才是他的真实心态。

陈诚在回忆录里描述了他当年对孙中山民主革命思想的追求："我在民十（1920）前后，正当国家空前黑暗时代，得陆续读到国父的书，沾溉到国父的革命思想，几有迷失航路的人忽然望见灯塔之乐，于迷茫中重新获得光明，于绝望中重新获得希望，这意义太重大了。"当年，这种感怀并非陈诚一人独有，千万有志青年莫不如此。在那个时代，特别是共产主义思想尚未在中国广为传播之前，孙中山的民主革命思想对不满现实社会的人来说确有相当大的感召力。

三民主义在民主革命过程特别是后期逐渐形成并发展起来的。在兴中会和同盟会时期，孙中山的民主革命思想被概括为"驱除鞑虏，恢复中华，创立民国，平均地权"四句话。辛亥革命推翻了清王朝，前两个目标已经基本实现，但袁世凯和北洋军阀专权，致使更深刻的民主革命未能完成。于是，孙中山开始重新研究国家现状，系统地阐述和解释三民主义。

简单一点说，三民主义是孙中山创立的民主革命纲领，由民

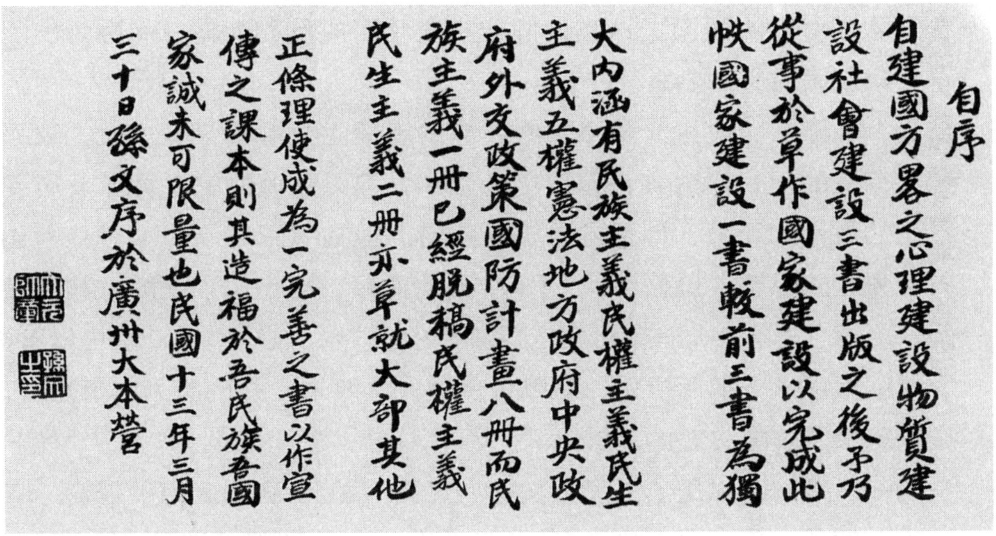
自序
自建國方畧之心理建設物質建設社會建設三書出版之後予乃從事於草作國家建設以完成此帙國家建設一書較前三書為獨大內涵有民族主義民權主義民生主義五權憲法地方政府中央政府外交政策國防計畫八冊而民族主義一冊已經脫稿民權主義民生主義二冊亦草就大部其他正條理使成為一完善之書以作宣傳之課本則其造福於吾民族吾國家誠未可限量也民國十三年三月三十日孫文序於廣州大本營

“三民主义”自序（孙中山）

族主义、民权主义和民生主义构成。辛亥革命之后，民族主义主要内容是反对列强的侵略，打倒与帝国主义相勾结之军阀，求得国内各民族之平等，承认民族自决权；民权主义是实行为一般平民所共有的民主政治，其核心观念强调直接民权与权能区分，亦即政府拥有治权，人民则拥有政权；民生主义重要之原则有两个，一为平均地权（实行耕者有其田），二为节制资本（私人不能操纵国民生计）。遗憾的是，孙中山早期关于三民主义的书稿并形成了文字——《建国方略》，尚未流传开来，就在 1922 年陈炯明进攻广州大总统府时均毁于大火，后来看到的三民主义印行材料，最早的是 1905 年的《同盟会宣言》，最晚的是他在 1924 年以“三民主义”为题所作的 16 次演讲的文字记录（这是三民主义最系统、最详尽的篇章）。

陈诚在黄埔军校看的“三民主义读本”应该就是后者。当时，黄埔军校要求学生和官佐必须加入国民党（陈诚很有可能就是在进入黄埔前后加入国民党的），并信奉三民主义（招录学生须面试其对于三民主义了解之程度和性质），读三民主义书籍是日常的功课。只不过，像陈诚那样“圈圈点点”地精读，连晨练空隙时间也不放过的，似乎并不多见。这也是蒋介石公开表扬他的原因。

陈诚对政治学习之认真，并非完全为了应付和邀宠，而确为出于对三民主义的热衷。

虽然三民主义与中国共产党的新民主义革命纲领相比，缺乏彻底的反封建内容，显得更为温和，但以陈诚的家庭背景及所受的教育的局限，他更容易接受前者。他在《回忆录》中对孙中山先生的思想评价极高："泛览中国的典籍，可谓浩如烟海，其中言治平之道者，居其大半，但求其综括古今，兼赅中外，体用俱备，纲举目张，举而措之，足以合乎时代之要求，并确能见之事功者，恐怕要以国父之作为首出。"

陈诚自称是"三民主义狂热信徒"，至于狂热到何种程度，难以评估，但从他后来对军阀英勇作战，主张积极抗日，在湖北、台湾省实行土地改革等行动来看，他确是一个比较忠实的三民主义者。

"军人不干政"是现代军人应该遵守的信条，保定军校也标榜这一方面的教育，但是，在蒋介石统治时期，政治派系林立，军

青年军人联合会代表合影

黄埔军校成立了以共产党员和青年团员为骨干的中国青年军人联合会，图为该会部分代表合影，前排左四、五分别为周逸群、蒋先云。

人不问政治、不参与政治，是不会太有前途的。何况，陈诚并非安分之人，完全不问政治，也很难做到的。事实上，在黄埔军校执教期间，他不仅热衷于政治，而且积极参与了政治派系的活动。

黄埔军校的政治派系组织之一——孙文主义学会，陈诚参与了它的发起，并成为其负责人之一。大陆相关史料不详，陈诚本人倒是并未隐讳："当时这个组织是分省区的，浙江省的组织由我兼任……这一组织对于清党的贡献是极大的。"（《陈诚先生回忆录》）可见有的传记称陈诚在黄埔军校"埋头军事"，"严守中立"，是对其经历不甚了解所致。

孙文主义学会的性质，内地官方史料早有定义：是一个以反对共产党为宗旨的右派群众性组织。它正式成立于 1925 年上半年，即第一次东征胜利、孙中山逝世之后。这一组织与当时军校内的左派群众性组织——青年军人联合会，形同水火，或明或暗地有过不少对抗。据陈诚回忆，他本人就因为是孙文主义学会的人，而与他任营长的国民革命军炮兵第 2 营党代表——黄埔一期生、跨党人士游步云时常意见不合，最终交恶，以致其较长时间未归营理事。

从有关史料看，陈诚参与黄埔派系活动曾受到蒋介石的"批评"。因为当时蒋介石羽毛未丰，还不想过早地与中共特别是苏俄对立。受到校长"批评"，陈诚应该有所收敛，与孙文主义学会拉开了一点距离，以致多数史料论及孙文主义学会时，未将陈诚列为其主要分子。1926 年 4 月，孙文主义学会和青年军人联合会被勒令解散。

陈诚并未因为这段经历而被蒋介石弃用，相反还让蒋介石见识他除了能带兵打仗，还有极高的政治热情和一定的政治才能。抗战刚刚兴起，蒋介石即任命他为三民主义青年团总干事长和国民政府军事委员会政治部主任。前者是反共亲蒋的"群众性"政治组织，后者是负责抗日宣传等工作的官方机构。这以后，他作了大量的宣传三民主义和吹捧蒋介石的演讲。以致他在蒋介石统治期间，一直平步青云，败退台湾后，仍风光无限，最后官居台湾地方当局“副总统”之高位。而许多不问“政治”，或问错了“政治”的黄埔军人，其政治生命或过早夭折，或晚年寂寞潦倒，无以为生。

第三章
沉 浮

第一节 上校团长

1926年7月9日，广州东校场军旗招展，刀光耀日。

国民政府在这里举行庄严的北伐誓师典礼。大礼台的横额上用鲜花缀成“我武维扬”四个大字，礼台上正中悬挂着孙中山的遗像。典礼上，蒋介石就任北伐军总司令。即将出征的将士斗志昂扬，慷慨宣誓：

“嗟我将士！尔肃尔听，国民痛苦，火热水深。土匪军阀，为虎作伥，帝国主义，以枭以张。本军兴师，救国救民，总理遗命，炳若日星。吊民阀罪，残厥凶酋，复我平等，还我自由……”

北伐誓师大会

1926年7月，蒋介石以国民革命军总司令的身份在广州东校场举行北伐誓师典礼，场面浩大。

改变中国命运的北伐战争正式拉开了帷幕。

此时，蒋介石的权势如日中天。第二次东征的胜利让蒋介石风光无限。1926 年 1 月，国民党在广州召开第二次全国代表大会。从东征战场凯旋归来的蒋介石作军事报告，许多代表们为他欢呼捧场。在随后召开的国民党二届一中全会上，他被选为中央常务委员，并被任命为国民革命军总监。

3 月 20 日，中山舰事件爆发。国民党右派向共产党和国民党左派发起攻击。国民革命军第 1 军的共产党员被迫撤出。周恩来也就是在这次事变后辞去第 1 军政治部主任一职的。慑于蒋介石的威压，号称国民党左派领袖、国民政府主席和军委会主席的汪精卫，也辞去各职，离开广州出国。蒋介石取代军委会主席的位置，官衔也接二连三地增加：国民党中央组织部长、军人部长、国民政府委员、国民革命军总司令、国民党中央常务委员会主席，可谓集党政军大权于一身。

北伐誓师前两天，蒋介石推出了《国民革命军总司令部组织大纲》，规定："出征动员令下后，即为战事状态，为图军事便利起见，凡国民政府所属军、民、财政各部机关，均须受总司令之指挥，秉其意旨，办理各事……"北伐军总司令部的权力扩大到凌驾于国民党中央和国民政府之上。

朱培德戎装照

此时，国民革命军已组成了 8 个军：第 1 军，军长何应钦，下辖 5 个师共 19 个团；第 2

军，军长谭延闿辖4个师共12个团；第3军，军长朱培德辖3个师共8个团；第4军，军长李济深，辖4个师共13团；第5军，军长李福林，辖2师共8团；第6军，军长程潜，辖3师共9团；第7军，军长李宗仁，辖9旅共21团；第8军，唐生智任军长，辖6师共23个团。蒋介石的嫡系部队是第1军。这个军的官佐绝大部分由黄埔军校的教官和毕业生担任。

陈诚没有回原部队——第1军炮兵第2营。7月19日，他从黄埔军校调到国民革命军总司令部任中校参谋（军衔升了一级）。蒋介石为什么没有让陈诚回第1军，而是到自己身边当参谋，个中原因难以揣测。可陈诚是不太满意这个职务的，他愿意带兵打仗："幕僚业务，非所素习，恐不称职，请求仍给以带兵职务。"（《陈诚先生回忆录》）不过，他的带兵愿望很快就实现了。

北伐前夕，国民革命军正在组建补充第1师，师长由陈诚的老上司严重担任。他邀请陈诚到该师任筹备处主任兼第3团团长。两人一拍即合，经时任北伐军总司令部总参谋长的李济深和蒋介石同意，7月31日，陈诚调到补充第1师任筹备处长兼第3团团长。该师第1团和第2团团长分别为孙常钧（黄埔一期生）和王禄丰（日本陆军士官生）。

补充第1师筹备处是6月4日在广州成立的。陈诚就职时，第1师还是空架子，正在招兵买马，训练新兵。许多新兵刚入伍，连枪都不会打。11月，部队接到了开拔的命令时，最后一批新兵刚刚报到。陈诚和严重商量，时间如此紧迫，只能在行军中进行训练了。

刚上火车，陈诚和训练官佐就给新兵们讲解军队生活和卫生常识。到了韶关后，陈诚就把新兵集合起来，教他们制式的动作。在韶关没停留几天，部队开往江西赣州。行军路上，教新兵侦察搜索的动作，每到一个宿营地，又教他们怎样警戒和防守，以及构筑工事等技能，一路上，除了睡觉吃饭，其他时间几乎都被利用上了。12月，部队到达赣州，士兵已基本掌握全套制式动作和战术技能。

宋希濂

在赣州，补充第1师改番号为第21师，由严重任师长，陈诚任第63团团长。这个师官佐清一色的黄埔出身，不是毕业生就是教官。

团级官佐：政治部主任郑炳庚（一期生），副官处长肖乾（一期生），第61团团长孙常钧（一期生），第62团团长王禄丰（日本陆军士官生，黄埔一期学生区队长）。

营级官佐：第61团中校团副李树森，团指导员韩涵，第1营营长杜心如，第2营营长伍诚仁，第3营营长黄维；第62中校团副许用休（保定九期生、后代团长），团指导员郭剑鸣（后兼中校团副），少校团副王副乾，第1营营长张达（后张忠频），第2营营长刘光临，第3营营长孙树成，第63团团副周至柔，少校团副霍揆彰，团指导员何基，第1营营长宋希濂，第2营营长赵敬统，第3营营长王敬久；机关枪连连长韦日上（除许用休、周至柔为黄埔军校教职员外，其他均为一期生）。

全师连长、连指导员及排长都是二、三、四期毕业生。

第63团团副周至柔是陈诚的保定军校同期同学、浙江同乡，也担任过黄埔军校的教员。此前，他在虎门要塞司令部任参谋长，接到陈诚的邀请后，他立即卸职，奔赴韶关。周后来成为陈诚的心腹亲信。

至1926年底，北伐军第一期的作战任务已经完成。国民革命军所向披靡。在湖北方面，8月，第4军及叶挺独立团在湖北汀泗桥大败吴佩孚的北洋军，30日，李宗仁指挥的第四、七两军攻下贺胜桥。8月31日，北伐军兵临武昌城下。经过40天的围困，10月10日，武昌城内一部守军打开保安门，迎接第4军入城。

万名守军全部缴械投降，守军首领刘玉春、陈嘉谟被俘。

在江西方面，从9月7日起，北伐军的第1、第2、第3、第6、第7军及起义部队，与孙传芳的北洋军展开激战。蒋介石指挥第1、第2、第3军为右翼，自赣南吉安沿赣江北上，11月8日，占领南昌；程潜指挥的第6军和第7军第1师为中路，自修水武宁攻德安，截断南浔铁路；李宗仁指挥的第7军为左翼，从湖北鄂城、大冶一线进入江西。福建方面，12月，何应钦率部分三路，从粤东进入福建，击败福建都督周荫人部，进驻福州。

然而，北伐军将士们刚刚在胜利的喜悦中度过了1927年元旦，不利的消息就接踵而至。1月初，孙军嫡系部队、浙军总司令孟昭月部以三师之众，向驻富阳的东路军第26军的第1、第2两个师发起了进攻。由于敌众我寡，第1师虽经顽强苦战，仍不能击退优势敌人的进攻，被迫放弃富阳，向游龙、衢州方向退却。1月上旬，孙军分兵数路继续向游龙、衢州地区追击北伐军，对北伐军大有三面包围之势。

蒋介石（左）和白崇禧合影

为了扭转浙江战局，北伐军总司令部任命素有“小诸葛”之称的白崇禧为东路军前敌总指挥，并决定将第21师划归东路军序列，作为一支新生力量投入浙江战场。

陈诚期待已久，终于可以上阵杀敌了。

第二节　北伐模范师

第21师是蒋介石作为北伐预备队投入浙江战场的，可是这支刚刚组建的部队能担此重任吗？接到总司令蒋介石的命令后，师长严重连夜召集全师官佐训话："我们训练了几个月，一直跟在北伐大军后面，未发一枪一炮，现在就看我们的了！是骡子是马，牵出来遛遛！你们有没有信心？"陈诚站起来带头表态："严师长，你就放心吧，我们三十六团决不会当孬种！"

1月飞雪，第21师全师官兵冒着风雪，从江西赣州出发，经吉安、鹰潭、上饶，马不停蹄，长驱直入，直奔浙西门户重镇——衢州。当时天寒地冻，多数北伐将士穿的还是草鞋、秋衣。李宗仁回忆说："（北伐）各军出发以来，例须按期发放草鞋。然总司令部都吩咐，他（指蒋介石）的第1军每一士兵发给两双；其他各军，却平均每一士兵连一双草鞋还领不到。"但北伐军官兵仍然士气高昂，行走如飞。

李宗仁（左）与白崇禧合影

1927年1月21日，前敌总指挥白崇禧也正经上饶、玉山、常山赶往前线，到达衢州。他决定利用衢州的龙游、兰溪一带之盆地，与敌人展开决战。

白崇禧回忆浙江龙游之战和桐庐战役时说："我未到常山时，前方败军已有部分散兵退抵常山，我为了虚张声势，沿途拍电至常山，以示大军不日到达，下令常山县政府封两万人的船以备军用……我在常山休息了一晚，第二日至衢州，召集团级以上干部训话，勉励他们努力作战。会二十一师来到，我将二十一师及原先退下之部队由衢江的左岸调至右岸，故意在白天行军，让孟昭月之谍报人员知道，以为我之重点在右岸，孟队伍果然向右岸移动。行至兰溪，我将右岸队伍夜间又秘密调回左岸，右岸仅留薛岳一师及李明扬新编之独立团，命令他们若敌人来攻，务必死守，以牵制敌人之军队。后来孟虽知我军之重点转移，已来不及渡江。而我军已向桐庐、浪石铺敌前渡河，用强行军连夜经凤山庙进入新登，孟之总部在新登连夜撤退至杭州……"

高级将领的运筹帷幄，固然是战役成功的重要因素，但战役的实施、战斗的进程还是要靠中下级官兵来完成。战役过程决非白总指挥叙述得如此简单和轻松。这两次战役都打得十分惨烈。

北伐军先打的是龙游战役。第 21 师和第 2 师为中央兵团。第 1 师为右路兵团。1 月 26 日，各军开始行动。第 1 师攻击到洋埠附近，与孙军第二师展开激战，至黄昏时，战况非常惨烈，始将敌击退。中央兵团第 21 师、第 2 师则在龙游一带痛歼孟昭月一部，于 2 月 3 日攻入严州(今梅城)。战斗结束，从前线抬下来的伤兵，拥挤不堪。

2 月 3 日是农历大年初二，前线官兵来不及过春节和休整，随即向杭州方向挺进，对桐庐之敌展开攻击。2 月 12 日，总攻开始。第 21 师担任正面进攻，第二天便进至位于桐庐西北面的小镇——浪石埠，随即架桥渡过了天目溪（分水）与敌军背水而战。孟昭月部有 3 个师，而且占据了地利之便：在桐君山上架起大炮、机枪，向北伐军阵地狂轰猛扫。两军近战十分激烈，双方还展开了肉搏战。时任第 63 团六连连长的宋瑞珂在《我所知道的陈诚》中回忆了当时的战斗经过："敌军在此部署了重兵，进行顽强抵抗。陈诚率六十三团从左侧突击敌后至 14 日晚，终于把敌人击溃。致使敌孟昭月部之实力与士气尽遭摧毁。当晚，陈诚命我率所部并指挥侦探队连夜追击，占领新登……”

孙传芳戎装照

新登是位于桐庐东北的一个小镇，孟昭月的指挥部就设在此地。遭到夜袭，孙军不知虚实，慌忙撤退。北伐军其他各部乘机进攻，孙军败走。这才有了白总指挥在回忆录里所说的“孟之总部在新登连夜撤退至杭州”之说。

桐庐一战，第 21 师，特别是第 63 团伤亡惨重：3 个营长，赵敬统阵亡，宋希濂、王敬久身负重伤；连长傅楫远、张中芳阵亡；排长伤亡就更多了。夜袭孟昭月司令部的侦察队，军官只剩 1 人，班长也只剩 1 人。据宋瑞珂回忆，师长严重看到本军阵亡者枕藉的壮烈场面，久久地呆立着，发出一声声悲伤的叹息。

不过，孙军孟昭月部损失 1 万多人，基本上失去了再战能力。3 月 19 日，北伐军便占领了浙江的省会杭州。浙江基本平定。

龙游、桐庐战役，总指挥白崇禧向蒋介石报捷，称赞第 21 师无论是战绩和军风军纪都是北伐军中的模范师。过嘉兴后，白即命第 21 师独当一面，沿运河线向江南进军。3 月 22 日，乘夜攻克苏州，复下松江。4 月 7 日，奉蒋介石命令进驻已经由北伐军占领的南京。蒋在 3 月 31 日将国民革命军总司令部由广州移驻南京。4 月 21 日正式开始办公。

一支新编之师为何初上战场即捷报频传？这里有很多因素。

据宋瑞珂回忆，“严、陈率师北伐，倾其全力以发扬革命精神，自广州出发时，曾提出‘长官士兵化，士兵民众化，民众革命化’的口号，作为二十一师实践国民革命之官兵守则，陈诚身体力行，贯彻全团。我们连、排长及指导员都肩背着枪，与士兵同吃同住。不仅官兵纪律严明，与民众相结合，同时也引导民众接受革命之号召，与国民革命军融成一体。每到一地，即召开军民联合大会，宣传革命道理。故所到之处，声威大震，备受民众之拥护与协助，得以先声夺人之势，瓦解了敌人士气，当时在苏浙一带有‘模范师’之称。”宋瑞珂当时在陈诚手下当连长，固然难免有自夸的成分，但所说应该大多应该属实。

“虽是新成立之部队，战斗力很强。”白崇禧对第21师给予了极高的评价。

陈诚的旧友樊崧甫在回忆录里对陈诚虽多有贬抑，但说起北伐时期的陈诚，却颇为赞许。“1927年初，浙江部队周凤岐、陈仪两师反对孙传芳而响应国民革命。严重部第二十一师由江西上饶入浙，集中衢州。周风岐部六十二军与孙传芳之孟昭月部，战于富阳汤家埠，败绩退衢州整编。时我任二十六军部警卫大队长，陈诚见战斗序列，乃侵晨访我。我见其蓑笠草履，精神焕发，朝气蓬勃，颇为心折。后我回访陈时，适陈正在召集部属开会，营、连、排

陈仪（右坐者）与鲁迅（右站者）等在日本合影

长皆跑步来去，使我觉得该部革命气势非常旺盛，大加赞许。”（《我所知道的陈诚》）

堂堂上校团长和普通士兵一样身披蓑笠，脚蹬草履，且精神焕发，朝气蓬勃，可见这支队伍素质的不凡。事实上，当时第21师的构成很不一般，绝大数官佐来自黄埔军校。据宋瑞珂回忆，“其中如六十二团指导员郭剑鸣、六十一团团副孙树成、六十三团营长宋希濂、赵敬统、六十二团营长刘光临等等，当时都是中共党员。”

一战功成。在1月下旬，陈诚接替辞职的张春浦，代理21师副师长。陈诚能代理副师长，除了战功，资历也是一个重要因素。当时的三个团长中，第61团团长孙常钧为黄埔一期生，第62团团长许用休为保定军校九期毕业生，资历均不如陈诚。

第三节　在“四一二”前后

初春的江南，繁花似锦，然而政治空气却并不宜人。陈诚无心欣赏明媚春光，因为一股政治旋流发生了。

在北伐的节节胜利之时，国民党党、政、军的内部斗争，日趋表面化。先是迁都之争，后来闹出宁汉对抗，最后蒋介石制造“四一二”反革命政变。

为“适应革命时势之要求”，1926年11月8日，广州国民党中央政治会议决定把国民政府及中央党部迁至武汉。12月10日，第一批国民党中央执行委员和国民政府委员到达武汉。13日，国民党中央执行委员和国民政府委员临时联席会议在武汉成立，代行国民党中央党部和国民政府职权。联席会议成员有徐谦、孙科、宋子文、邓演达、吴玉章、宋庆龄、陈友仁、董必武、王法勤等。主席徐谦，秘书长叶楚伧，顾问鲍罗廷。

蒋介石本来也主张迁都武汉，但慑于武汉地区革命势力蓬勃发展，国民政府为国民党左派和共产党人共同掌握，他又提出迁都南昌，并截留了部分取道南昌去武汉履职的国民党中央执监委员和国民政府委员，公开以“南昌中央”与武汉中央相对抗，并要求武汉解散联席会议。武汉国民党左派人士不但坚决反对，而且逐渐认清了蒋介石的军事独裁野心，遂开展以党权抵制军权的斗争。迫于压力，蒋介石不得不于3月6日让被阻留在南昌的国民党中央执行委员和国民政府委员赴武汉履职。

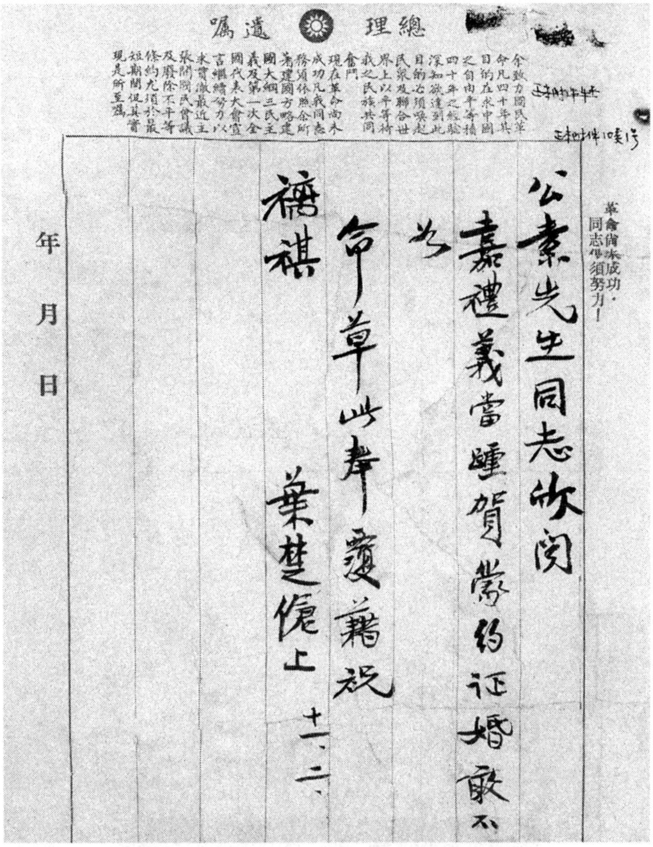
总理遗嘱

革命尚未成功，同志仍须努力！

公素先生同志欣闻
嘉礼义当踵贺蒙约证婚敢不
从
命草此奉覆藉祝
禧祺
叶楚伧上
十、二

年 月 日

叶楚伧信札手迹

这次迁都之争，蒋介石以失败而告终，但争夺首都并未结束，南京被攻克后，蒋介石坐镇南京，与武汉对抗。就在宁汉之争白热化的时候，汪精卫由欧洲回国，抵达上海。4月3日，蒋介石和在沪的国民党右派分子与汪精卫见面，劝汪不要去武汉，并表示拥护汪精卫的领导。但汪并不买账，4月5日，汪精卫和陈独秀发表了《国共两党领袖联合宣言》，称两党将携手合作，绝不受人离间中伤。随后汪精卫离开上海，到武汉任国民政府主席。宁汉分裂已形同水火。在国民党右派势力的推动下，原来戴着“左派”面纱的蒋介石开始转向公开反共，宣称武汉政府受共产党的利用。

武汉方面反独裁，南京方面要反共。其玄机的微妙，实难尽述。不过，反共是蒋介石的隐抑已久的意图，如今既已公开喊出口号，而且自认为时机已基本成熟，便索性走下去，而且越走越远。

陈诚远离国民党中枢，与这场发生在国民党高层的宁汉之争本不相干，可是因为复杂的人际关系，他也受到了牵扯，险些一同卷进旋涡而万劫不复。

这里先要交待一下他的顶头上司严重的履历。严重，字立三，比陈诚大 6 岁，湖北麻城人，保定六期生。1921 年冬赴广州，在粤军第 1 师邓铿部历任连长、营长、团副。1924 年上半年进入黄埔军校，先后任入学考试委、战术教官、总队长、训练处长、训练部主任，参加了黄埔军校第一、二、三、四期的训练工作，常集合学生于操场，亲自讲授步兵操典。视学生如家人，视教育如生命，被学生尊称为“严婆婆”。陈诚投奔民主革命以来，先后在粤军和黄埔军校任职，这期间，几次受严重的直接领导。严重对陈诚无疑有着厚重的知遇之恩和师友之谊。

再说说邓演达。邓演达，字择生，广东惠州客家人，早年加入中国同盟会，保定军校六期毕业。1920 年 11 月，粤军第 1 师成立，邓演达任该师独立营营长，后转任工兵营营长。1923 年 2 月，邓任第 1 师第 3 团团长。1924 年黄埔军校成立，邓演达任教练部主任兼学生总队长，同年年底，因受人排斥，离开黄埔出国。1926 年 1 月国民党第二次全国代表大会后，再次回到黄埔，出任军校教育长。邓演达是著名的国民党左派人士，坚决支持孙中山的联俄、联共、扶助农工的三大政策，不为国民党右派

北伐时期的邓演达

所容。1926年“中山舰事件”发生后，邓演达曾劝说蒋以大局为重，放弃“限共”的主张，结果被调离黄埔本校，任潮州分校教育长。北伐开始后，邓演达出任北伐军总司令部总政治部主任，和共产党人的接触更多，使他的思想更加倾向新民主革命。北伐军攻克武汉后，邓演达担任了北伐军总司令武汉行营主任，成为武汉方面的左派领袖之一。在迁都问题和反蒋介石独裁斗争中，他的声音和行动，让蒋介石极为恼火。

严重和陈诚到广东参加粤军，后来又进黄埔军校，都是受邓演达引荐，并曾在邓手下任职。在那个讲究门户观念和江湖义气的年代，这种渊源确实非同一般。于是，国民党党内和军内的一些右派分子嫉恨他们，抓住他们这层关系大做文章，把严重列为重点防范甚至排挤的对象。

严重可能多少有一些左翼思想，但说他身上长有反骨，恐怕冤枉了他。据有关史料，宁汉对抗期间，邓演达确曾给严重打过电话或电报，想争取这位握有兵权的老部下的支持。但严的回复让他失望。“打倒帝国主义、打倒军阀是我们北伐的目的。现在帝国主义军舰还停泊在下关江面，北洋军阀盘踞在江北，我们的革命任务尚未完成，仍须团结一致继续努力。”严重的态度不偏不倚，委婉地拒绝了邓的要求。

蒋介石对严重还是不太放心。他曾把严重召去，问他，是否与邓演达有电报往来，严重据实以告。结果蒋也不太高兴。他原以为严重会对自己表示效忠，支持他反共，没想到他竟然说了一番“大道理”。于是，蒋产生了弃严的念头，旁敲侧击地暗示他“休息”。严重是个聪明人，马上察觉到了蒋的意图，便主动提出辞职，并推荐陈诚继任师长一职。他认为陈诚虽是自己的老部下、校友，但也是蒋的同乡，蒋应该满意。

据知情者回忆，这一变故就发生在4月11日，即“四一二”事变的前一天。当时，蒋介石已决定“清党”、反共，必须抓牢身边的部队。蒋在广州曾经两次险遭暗杀，一直心有余悸。

蒋介石对陈诚又能够完全信任吗？据陈诚本人回忆，准备“清党"之前，蒋介石在上海召集第21师营长以上的官佐训话。因在常熟驻防，陈诚晚去了一会儿。开完会后，蒋单独留下了他，没头没脑地问了这样一个问题："你对这次战争有何感想?"陈诚不假思索地回答："讨逆救民是革命军人的本分，但以军人流血取得的政权，委诸官僚之手，未免有悖革命之初衷。"陈诚这番话有指责武汉方面的意思，以为会对蒋的胃口，但蒋竟然没有接话。后来，蒋身边的人告诉陈诚，蒋此时考虑的重大问题是反共，而不是反腐反官僚。陈诚答非所问，语意空泛，蒋不太满意。

据有关史料称，在下达任命之前，蒋介石又把陈诚叫去谈过一次话。这一次，陈诚的表态十分明确："坚决服从校长、总司令!"蒋听后大悦，随后签署了对陈诚的任命：第21师少将副师长，代理师长，兼第63团团长。

职务变动虽然不大：本职仍是副师长，只不过加了一个"代理师长"的头衔，但少将军衔却是相当有分量的。对一个军人来说，从校官升为将官是一级大台阶，这意味着从此跨入了将军的行列，成为职业将官。这一年，陈诚正好30岁。三十而立，升为将官，标志着陈诚真正"立业"了。

黄埔军校的"严婆婆"——严重

陈诚在《回忆录》里说，严重辞职后，他也曾提出了辞职，但被总司令参谋处长陈焯晓以"大义"，劝阻了。对自己的新任命，他在《回忆录》里特意加了一笔以示对蒋的感激："总司令不为他人所惑，并信我无他……"引他走上革命之路的是邓演达和严重，而让他事业辉煌的却是蒋介石，他当然要表示感激。

在宁汉对抗问题上，陈诚

内心是否赞同南京方面的做法呢？据宋瑞珂回忆，严重病休后，他登门去见过一回。当时宋瑞珂也在严重家里。陈诚一进门就发牢骚："现在凡是积极肯干的人，就被视为共产党，这样谁敢干？"他含泪说，"师长，您走了我没有法子干的。"严重对他说："这是一个革命的部队，你要好好地维持，我虽然离开，当尽力帮你的忙。"陈诚走后，严重低声对宋瑞珂说，"到必要的时机，辞修诚将把队伍带到武汉去。你们可以先去找邓教育长。"(《回忆严立三老师》)

从宋瑞珂的这段描述可以得知，严重和陈诚都不赞同"拥护邓演达、拥护武汉就是反革命"这种说法，更不赞成打击一大片的做法。但对于蒋介石清党反共，他们也并未表示明确反对。陈诚在《回忆录》里的说法与当年所发的牢骚完全相反："邓演达的政治部始终都设在武汉，邓的思想亲共是事实，又因为在共党的包围圈中，可能为共党所利用……'人以类聚，物以群分'，这是中国一种传统的观念，视为当然。从前的'族刑'就是根据这这种观念制定的。那么因为邓演达的关系，严和我就都处于嫌疑之地，自是应有的发展。"

陈诚当然想撇开自己与邓演达的思想关联，对有人想借此机会诬陷他的做法，极表轻蔑。但事实上，陈诚内心是反共的，这从他在黄埔参加孙文主义学会，并任负责人就可以得知。所以，"四一二"政变之后，陈诚也按上面的部署，在第21师"清党"：师政治部主任王尔琢、第3营营长孙树成等共产党员都被撤换，当时国民党的右派报纸还发了消息：至4月22日，第21师"对于跨党分子，已一律肃清"。甚至，一些有"共党嫌疑"的人如第63团第2营营长肖乾也被免了职（后来证实是错判）。

不过，第21师的"清党"行动还算温和，共产党人只是被撤换或"礼送"，没有流血。据有关史料称，王尔琢、孙树成获悉蒋介石将下毒手的密令后，带领部分共产党员一同出走，辗转去了武汉。蒋介石的密令显然是同情者告知他们的，应该也是代理师长陈诚的某种"通融"。他肯定不愿意看到曾与自己一同在北伐战

顾祝同

场拼杀的战友死在自己的刀下。陈诚在《回忆录》里回顾这段历史时引用了《尚书》里的一句话："罪疑惟轻，功疑惟重。与其杀不辜，宁失不经。"

在这次事变中，蒋介石对陈诚的表现表示满意，6月，陈诚的代理师长一职被改为实任。至此，这位黄埔小字辈的职务，与一些老黄埔，如顾祝同、陈继承、钱大均等并驾齐驱了。其晋升速度不可谓不快。

第四节 丢 官

"四一二"事变之后，国民党的内部纷争没有平息，反而加剧。

1927年4月17日，武汉方面宣布开除蒋介石党籍，免去其本兼各职，并且通缉蒋介石。同一天，南京方面也宣布，取消武汉国民党中央和国民政府，成立南京政府，通缉中国共产党人和国民党左派人士、苏联顾问。

一时间，中国出现了两个国民党政府（南京国民政府和武汉国民政府）、三个中央党部（南京蒋介石的中央党部、武汉汪精卫的中央党部和上海西山会议派的伪中央党部）的可笑局面。当时有人就此出了一副上联：一个党，两政府，三党部，四分五裂。征求下联，至今仍无人对上。

为了赢得政治声誉，宁汉两方都宣布继续北伐，目标是孙传芳、张作霖、张宗昌的联军。4 月 21 日，武汉军队沿京汉铁路向开封进攻；5 月，南京政府所辖各军兵分为三路，先后渡江北上。6 月 2 日，李宗仁的第三路占领徐州。同时，武汉方面的北伐军也击败奉军主力，占领了开封、郑州。陈诚率第 21 师北上作战。

张作霖戎装照

就在这时候，两湖的反共恶潮兴起。7 月 15 日，汪精卫撕下伪装，在武汉宣布分共。邓演达等国民党左派被迫逃亡，共产党人离开武汉，策划武装起义。

与时同时，北伐战场屡屡失利：7 月 24 日，徐州被迫得而复失。8 月初，蒋介石亲自指挥的反攻也告失败。跟随蒋作战的第 21 师，在徐州云龙山掩护总撤退，差一点儿全军覆没，第 61 团被打垮，第 62 团和第 63 团兵员损失超过一半，不得不撤回南京附近休整。这是陈诚北伐以来首次兵败。

8 月 12 日，蒋介石内外交困，宣布下野。此前，宁汉酝酿合流，汪精卫开出条件："蒋介石必须下野。"南京方面的实力派、桂系首领李宗仁等随声应和。让蒋介石感到非常失落的是，国民党内竟然没有几个人站出来挽留他，连他视为嫡系部将的何应钦竟然也保持沉默。蒋事后说："当时只要他何应钦一句话，我是可以不走的。"何应钦参与"逼宫"，自此埋下了他与蒋不和的种子，也促使蒋考虑要培植一支绝对忠于自己的军事集团，与何应钦抗衡。

蒋介石下野不久，宁汉还没来得及合流，一场大战就爆发了。8 月 25 日，孙传芳挟徐州新胜之威，趁国民党内争之机，纠集6万兵力，分三路渡过长江，第二日即攻占了南京东面的龙潭车站和栖霞山，直接威胁南京，情况十分危急。大敌当前，南京方面立即组织反攻。

26日，陈诚奉命率所部协同第7军驰援栖霞山。当时，他胃病发作，身体虚弱，连走路都没有力气。接到军令后，他找来一顶小轿，坐着轿子，率领第61团和第62团出发，于下午到达指定位置，向栖霞山的孙军发起攻击。当天，双方在栖霞山形成拉锯战。在指挥作战中，陈诚认为第62团团长李树森指挥不力，当即将其撤换，调营长张忠焰接任。全师英勇作战，打退敌军数次反击。激战一天，27日，栖霞山之敌被包围缴械。龙潭之敌也被第1军第2师和第14师击溃。

第二天，孙军后续部队渡江，增援反扑，龙潭镇得而复失。此后连续两天，两军在龙潭屡进屡退，未分胜负。

30日晨，国民党军由南京及沪宁线东西两路同时发起总攻。第21师为左纵队，向龙潭镇西面和南面的黄龙山、青龙山进击。当时，孙传芳等北军高级将领都在龙潭车站督战，敌军各部玩命抵抗。陈诚所部与敌鏖战数小时，才占领两处高地。这时，国民党的海军军舰也来助战，向敌发起猛烈炮击。到下午三点，敌军不支，陈诚所部及友军终于占领了黄龙山。黄龙山坡势陡峻，居高临下，此山一失，敌军大势已去，只得溃退，撤回江北。南京国民党军队一直将孙追至苏北淮阴、淮安及安徽六安、寿州一线。

此战俘敌三万余人。孙军从此失去东山再起的赌本。国民党元老于右任先生就此写下一副对联："东南一战无余敌；党国千年重此辞。"

龙潭战役后，第21师全部调往苏州集中整顿补充。陈诚因行军劳顿，胃病加剧，住进苏州留园养病。

留园坐落在苏州市阊门外，始建于明嘉靖年间，留园占地约30亩，园内建筑数量之多居苏州诸园之首，极富江南园林建筑的艺术风格。在园林中，能领略到山水、田园、山林、庭园四种不同景色。留园以水池为中心，池北为假山小亭，林木交映。池西假山上的闻木樨香轩，则为俯视全园景色最佳处，并有长廊与各处相通。留园内的建筑景观还有表现淡泊处世之坦然的“小桃源(小蓬莱)”以及远翠阁、曲溪楼、清风池馆等。

在江南农村长大的陈诚，十分喜爱留园里的山水田园景观。久战疲乏，能在如此幽静、雅致的园林里休养，自然是一件美事。可就在他养病期间，有人却在背后告了他一状。

据说，策动告状的是副师长孙常钧等一批黄埔生——陈诚免去李树森的团座职务，激怒了他们。所告之事为陈诚坐轿指挥，在留园享乐，生活腐化。北伐第一路军总指挥何应钦接到举报后，就免去了陈诚的师长一职。

有关陈诚解职的这一说法，终究属于野史。以常理推测，即便何有弃陈之心愿，但以鸡毛蒜皮之事直接免去陈的师长职务，不大可信，何况直接免去一个刚打完胜仗的少将师长，并非稳当。

陈诚说自己是主动辞职的。他解释了辞职的原因：“我的病独犹未愈，就住在苏州留园养病，倒也清闲自在……正在这个时候，由浙军收编为二十六军的军长周凤岐学形骄傲，为中枢所不满，有意予以撤换，而难其人选。时何敬之（应钦）、白健生（崇禧）均欲荐人接替，深虑此职中枢或以畀我，似有不便之感。我廉得此情，乃引疾请辞二十一师师长职，幸获批准……”（《陈诚先生回忆录》）

程　潜

稍加分析，陈诚自述的辞职理由有点牵强。且不说上峰是否有此调任之意，即使有，对他来说应该也是一桩美事：由师长调任军长，不但职务升了一级，他的军衔也将由少将晋级为中将。虽是杂牌军，但也是官升一级，他哪有不就的道理？

其中必有其他环节。台湾地方官方编纂的陈诚个人史料，对此事有所补充："周凤岐之二十六军，原为军阀部队改编，至此骄恣不可制。中央去其兵柄，传言将对先生继任。军方当局以为不便，乃调先生为第三师师长，所遗二十一师师长缺，以陈继承充任。先生辞新职不就，于交卸二十一师后，飘然去沪，示无所争。"

周凤岐的第26军系从孙传芳部起义过来部队改编而成，"四一二"政变，参加了对共产党人的屠杀。第3师来源也比较复杂：它原是程潜第6军所辖的第17师（主要由湘籍军人组成）。1927年4月，程潜被蒋介石排挤出走，残部第17师后归入杨杰任军长的第18军。9月，第18军取消番号，所属第17师转隶第26军，编为第3师。前身今世，都是典型杂牌军一个。

联系这一补充史料，对陈诚的去职就好理解了：师长平调，又是新编杂牌师，陈诚当然不干。这一材料还显示，陈诚是先免21师长，再委以第3师师长。陈诚在《回忆录》里省略了这一环节——他请辞的不是第21师师长一职，而是第3师师长。

可见野史并非空穴来风。何应钦免陈诚21师师长也并非就地免职，而是另调他职。合乎情理的程序应该是，何接到告状之后，着人调查，陈诚坐轿指挥，事出有因，而他住留园静养，确属不符革命军人风范之举。何应钦视陈诚为蒋的亲信，在蒋下野后，正想将其排挤出自己的嫡系部队，于是不但不为陈开脱，反以此为借口，调陈去任杂牌师师长。陈诚以为不公，一气之下，辞去新职。

孙常钧怂恿告状一说大概也不虚传，其动机不言而喻。陈诚去职后，21师师长暂由从22师副师长调来的陈继承（保定二期生）继任。次年3月，陈继承他调，由孙常钧代理。值得一提的是，后来陈诚扩张自己的军事集团，原21师许多官佐都被他延至麾下，包括曾被他免职的李树森，但始终未招孙常钧。孙常钧的背后使坏确实让陈诚几乎一生不能释怀。

何应钦免陈诚21师师长一职，致使陈对何心生怨气，陈、何长期不和从此埋下种子。国民党军队败退台湾后，陈诚官至地方当局“副总统”，风光无限，而何应钦官无实权，门可罗雀。陈居高临下，宰相肚里终于能撑船了，因此在公开出版的《回忆录》里，没有触及旧伤疤，也为自己的这位老上级打了一个圆场。

许多留在大陆的历史见证人可就没有他这般客气了。曾任40军军长的贺耀祖在《蒋介石背叛革命后下台又上台》文中实话实说：“蒋介石下台后，何应钦拼命扩张实力，如，把他的第1军扩编为第1军和第9军，提拔刘峙、顾祝同分任军长，以便控制，剥夺蒋的心腹陈诚的第二十一师师长的实权，以消除后患。”

陈诚离开第21师时，将自己掌握的师部公积金全部移交给继任师长，他自己则领到五百余元（大洋）的薪金及补助。据人换算，这个数目相当于当时一个码头工人20个月的工钱。当时国民党军官的薪金并不高。这笔钱应该是他几个月拖欠未发的薪水。陈诚在《回忆录》里写道，领到这笔钱后，他“估计两个月养病沪上，尚可数用，为之欣然。”

丢失了他苦心经营、与官兵一道出生入死的第21师，他真的还为自己区区200块大洋而欣然？只有天知道了。

顺便交待一下第21师的后续：1928年1月随第1军参加北伐，配合友军攻占徐州。4月入鲁，配合友军攻占峄县、滕县、泰安，至5月克复济南。中旬，回驻徐州整补。7月25日，根据编遣会议之决定，第21师于江苏徐州缩编为第3师第9旅。至此，由严重亲手组建、陈诚训练出来的这支“北伐模范师”已无迹可寻。

刘 峙

离开苏州，陈诚到上海养病去了。

第五节　蒋介石重用

上世纪 20 年代的上海一派繁华。

陈诚选择上海而不是回浙江青田养病，据说有情感方面的原因。他的乡谊旧友杜伟回忆，第一期北伐结束之后，陈诚的部队驻防上海附近，他经常出入上海劳动大学，认识了该校一名女生，由此发生了一段非常的情感。此事后文再述。

陈诚才 30 岁，满怀抱负，还不想真正隐居南山。他等待他的“贵人”——严重或蒋介石东山再起。他想，这一天不久便会到来。他每天都要上街买一份《申报》，关注时政新闻，或给军界政界的朋友打电话，打听南京方面的动态。

时局变化，严重先出山了。

蒋介石下野之后，各方忙于分赃。1927 年 9 月，一个所谓的“特别委员会”（命名为中国国民党二届中央特别委员会）在桂系和西山会议派的操纵下，在南京召开，通过了国民政府委员 46 人名单，以谭延闿、胡汉民、蔡元培、李烈钧、汪精卫为常务委员，轮流担任主席。军事委员会也改组，由 66 人组成，以蒋介石、胡汉民、谭延闿、何应钦、汪精卫、李宗仁、白崇禧、冯玉祥、阎锡山、朱培德、程潜、唐生智、李济深、杨树庄等人为主席团，以程潜、何应钦、白崇禧为常委。“特委会”还发表了宁汉合作宣

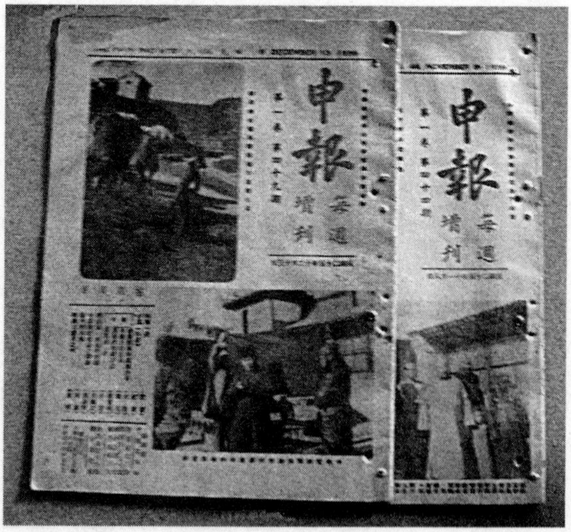

民国时期的《申报》封面

言，宣布国民党的"统一"已经完成。

"特委会"名为当时执政党国民党的最高政治领导机关，但不管是政府委员会还是军事委员会，都只是桂系手中的工具。为了拉拢第三派势力装装门面，桂系由白崇禧亲自出面请赋闲在家的严重（白崇禧与严重为保定军校校友），出任军事委员会军政厅厅长。想做点实事的严重没有推辞就出山了，并邀请自己的老部下陈诚做他的副手。陈诚就答应了。

战场上的何应钦（左）与孙立人

陈诚在《回忆录》里只用一句话解释自己出任新职的原因："不堪久事匏系。"匏，俗称的葫芦，系之而不食，无用之义也。他这句话的意思是"我是一个闲不住的人。"以陈诚的性格分析，这应该是一句大实话，尽管他才"闲"了一个多月。除此之外，严重是他敬重的老上级，他不好不给他面子。

杜伟回忆说，严重出任军政厅长后，杜伟曾劝陈诚去找严重，请严重向何应钦代为解释误会。陈诚照办了，结果严重保荐他当了军政厅副厅长。杜伟可能有点表功的意思，其实，以陈诚与严重的历史渊源，陈不去疏通，严也会想到他。军政厅并无太多实权，更不能控制军队，让陈当个副厅长，何应钦不会太反对。何况，军委会是桂系白崇禧说了算，何应钦也左右不了。

虽然就任了新职，但陈诚并没有到南京坐班，副厅长一职只是挂个虚名罢了。他不想离开上海，就让严重给了他两个兼职：军政厅驻上海办事处主任和上海龙华兵工厂整理委员会委员。这两个兼职大概也比较清闲。不过，后一个兼职让他认识了时任龙华兵工厂厂长的石瑛（字蘅青）。石瑛是老同盟会会员，早年留学法国学习海军兵械专业，1924 年，参加国民党一大，当选为中央执行委员，后来参加西山会议派，弃政从事兵械制造工作。1927 年秋，始任龙华兵工厂厂长，在任期间，为革除积弊，增收节支，做了不少工作，提高了产品质量，所产机关枪、迫击炮同德国克虏伯兵工厂产品不相上下。陈诚回忆这段经历时说，他与石瑛“朝夕共事，受益良多。此后二十年中，蘅青先生始终为吾畏友之一，因信此一兼职为不虚也。”

12 月，严重回湖北老家奔父丧，南京军委会任命陈诚代理厅长一职，并给他的军衔升了一级——中将。这一次升衔，也许陈诚没有升少将时那么兴奋，因为少将是他在战场拼杀出来的，这一次完全是因职务变动而升。何况当时军衔的授予相当宽松。

陈诚脱离军队，躲过了一次国民党内部之间的断杀——南京政府兴兵“讨伐”唐生智。经过这次战役，桂系控制了两湖（湖南、湖北）地区。汪精卫的反蒋大本营彻底丢失。

代理军政厅长职，陈诚没代多久，也没代出什么名堂来，南京的政局就发生了翻天覆地的变化。

蒋介石与宋美龄的结婚照

桂系与西山会议派操控的南京“特委会”，不伦不类，胡汉民、汪精卫以及蒋介石都拒绝与其合作。在这些反对派的推动下，1926 年 12 月和 1928 年 2 月，国民党二届四中全会预备会议和正式会议先后在上海和南京召开，决定恢复蒋介石国民革命军总司令职务，并担任国民党中央政治会议主席和军事委员会主席。蒋介石先后一一复职。

这次下野，蒋介石最大的收获是娶到了他心慕已久的宋家三小姐宋美龄。1927年12月1日，他们在上海大饭店举行结婚典礼。蒋介石在当天的日记中写道："余今日得与最敬最爱之宋美龄女士结婚，实为余有生以来最愉快之一日。余确信余今日与宋女士结婚以来，余之革命工作必有进步。余所安心尽革命之责任，即自今日始也。"与宋氏家族联姻，对蒋介石人生和事业均有极大影响。

复职的蒋介石心情很好，但好心情没有阻止他清理门户。1928年2月9日，他事先未打招呼，前往第一路军徐州总指挥部，就地免去了何应钦的兵权（后来改任何为总司令部参谋长等）。随即宣布将国民革命军编为4个集团军，蒋亲任第1集团军司令。第2、3、4集团总司令分别由冯玉祥、阎锡山、李宗仁担任。

蒋免何的兵权，是报去年何参与"逼宫"之仇，更重要的是，他要把军队重新抓在自己手里。两次东征之后，蒋视何为左膀右臂，让何统领自己的嫡系军队。何也算是不负所望，指挥第1军和第一路军立下了赫赫战功。但何与桂系沆瀣一气，逼蒋下野，让蒋意识到，必须在军队里另选一个靠得住、有潜力的人，扶持为左膀右臂，在不久的将来完全替代何应钦。谁最合适呢？蒋选定个子比何小、资历比何低的陈诚。

陈诚在北伐时不属于何直接指挥，蒋下野后，也受到何的排挤，而且还具备蒋介石重用部将的所有标准：同乡、同系、黄埔教官、忠于自己。不过，陈诚从未指挥过一个方面军，学历也不高，其军事指挥能力和管理能力还有待锻炼和观察。

替代过程只能一步步来。

1928年3至4月，蒋连续给陈诚任命了几个职务：军事委员会教育处处长、国民革命军总司令部警卫司令（一说为警卫师）、炮兵集团指挥官。警卫司令部管辖了7个团：警卫第1团（团长桂永清），警卫第二团（团长关麟征），警卫第3团（冯圣法），宪兵第1团、第2团，还有两个炮兵团，加起来总共9团，共一万余人，其实力接近甚至超过一个野战军。任命陈为警卫司令，让

冯圣法与孙元良等合影

淞沪会战期间，第88师师长孙元良（中）与副师长冯圣法（右）、参谋长陈素农合影。

他掌握7个团的部队，可见蒋对陈的信任。

此时的“国民革命军”与北伐之初相比，已面目全非，有的参加了革命起义，加入了红军队伍，有的被桂系、黄埔系军队打散或吞并。1926年北伐军首发阵容也不复存在：谭延闿、程潜、唐生智、李济深等各军军长，要么没了兵权，要么被桂系打得狼狈不堪，躲了起来。剩下的部队全部编入第1集团军和李宗仁任司令的第4集团军。

牌洗好了，1928年4月7日，蒋介石下达了第二次北伐令。陈诚奉蒋的命令，带着两个警卫团和两个炮兵团，随第1集团军北上。

这一次“北伐”比第一次北伐顺利，基本上无坚城可摧。陈诚没有再次展显东征“三炮”神威的机会。5月份，济南克复后不久，他奉命撤回（两个炮兵团随第一集团军继续北上）。在济南，他经历了“五三济南惨案”，目睹了“日人的野蛮暴行”。

6月6日，阎锡山第三集团军从奉军手中和平接收北京，“统治”中国17年的北京政府就此走入历史。20日，作为首都的“北京”，宣告完成历史使命，改称北平——寓意大概是北方平安。12月29日，张学良在东北宣布易帜，服从国民政府。至此，第二次北伐胜利结束，南京政府完成了中国大陆形式上的统一。

此时，陈诚正在安徽芜湖忙得不可开交——整训新改编而成的国民革命军第11师。

第四章
打造“土木系”

第一节　第 11 师副师长

让陈诚没想到的是，北伐结束后，自己却从中将司令降为了中将副师长。这是蒋介石缩编军队的“成果”。

缩编是从 1928 年 7 月份开始的。当时，“国民革命军”四个集团军近一百万人马：蒋介石的第一集团军 29 万人、冯玉祥的第二集团军 31 万人、阎锡山第三集团军 15 万人、李宗仁第四集团军 24 万人。军费开支光给养一项就达到了 5 亿元，而当时全国一年的财政收入才 4 亿元，实在不堪重负。国民政府宣布对所有国民革命军实行缩编。为了给其他集团军作出“榜样”，蒋介石率先对自己的第一集团军实行“缩编”。

冯玉祥

国民革命军在初建

时，以军为平时建制，完全按照苏俄式军制，从军到班均为三三制，即一个军辖三个师，一个师辖三个团，依次类推。第一集团军这次裁编新组建的部队，采用欧日军制，平时只设师，战时设军。师分甲种和乙种，分别辖三个和两个步兵旅。旅辖两个或三个团。从作战效能来讲，欧日师制不如苏俄三三制的灵活，但对于压缩军队规模、达到裁军整军的目的，却有其可取之处。

第一集团第一期缩编部队为第1军、第9军、第十七军、第三十二军、第三十三军、国民革命军总司令部警卫司令部，共拟裁减37000人。缩编后的师按甲种师编制，辖三旅六团；师直机关为参谋、副官、军需、经理、军法、军械、军医、政训等处，及特务营、炮兵营、工兵营、骑兵连各一个，总人数在15000人左右。

有传记描述，陈诚从前线归来发现他的庙已拆，官已丢，因而迁怒时任总参谋长、负责部队裁编的何应钦。这并不属实。陈诚从前线撤回是5月，裁编是在6月份决定、7月开始并完成的。他经历了整个过程。对这次裁编结果，陈诚是不大满意。他的3个警卫团与第17军的两个师合并，新编为第11师。7月25日发布的任命为，原17军军长曹万顺任师长，陈诚任副师长。桂永清、殷绳祖、余仲麒任第31、32、33旅旅长。

得知任命后，陈诚怏怏不悦，又跑到上海“养病”去了。

显然，他不喜欢那个“副”字。当年在粤军，在校军、党军，后来在国民革命军，他所任职务几乎都是正职。他是一个非常自负的人，即便做鸡头，他也不愿做凤尾。虽然北伐前期，他也当过副师长，但那是在最受人爱戴的黄埔师长严重手下做副职，他心甘情愿，也感到荣耀。而如今，他的顶头上司是曹万顺。

曹万顺何许人也？河北人氏，1891出生，原为福建都督李厚基的部属，行伍出身，从未上过任何军校，在闽军从士兵一直干到旅长。1926年10月，在北伐军攻打福州，他和另一个闽军旅长率部投奔国民政府。他们指挥的两个旅被扩编为国民革命军第17军，曹任代理军长，后来扶正当了军长。而陈诚心说，我陈辞修何等人也？保定军校毕业生，黄埔教官！你曹万顺能比得了吗？

当然，他不能怪曹万顺。人家在北伐战场也曾出生入死，立过战功，而且已官至中将军长。那么怪谁呢？“这事蒋不知道，何又来为难我。”一些朋友问起他的任职，陈诚抱怨说（杜伟《我所知道的陈诚》）。其实，他也没理由埋怨何应钦。因为所有正副师长的任命，都需要蒋介石的认可。何应钦有建议权，但没有决定权。

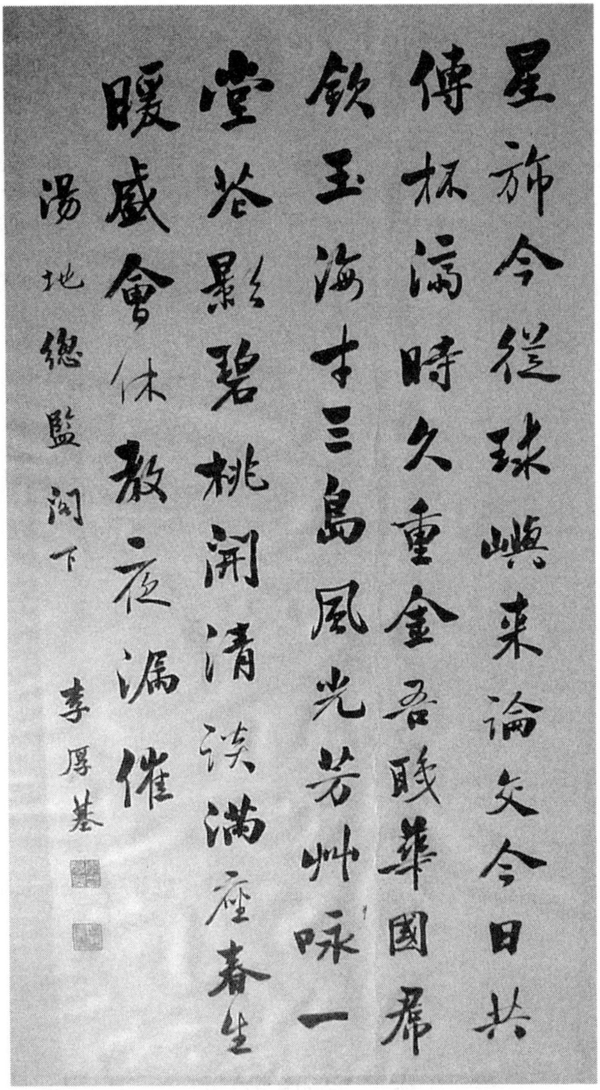
李厚基的书法作品

他当然不敢怪蒋介石。因为，蒋任命他为副师长，也是有道理的。第一集团军第一期缩编后任命的其他 4 个师的师长：刘峙、顾祝同、钱大钧、蒋鼎文，年龄和资历都比陈诚稍老一点。据传，何应钦在蒋介石面前也提到了这个资历问题。国民党军队历来讲究论资排辈，若没有显赫战功，晚辈的官衔与前辈比肩，几乎不可能。何况，曹万顺没有大错，将他降为副职，他身后的杂牌军军官会怎么看？

陈诚之所以在朋友面前抱怨何应钦，可能还是自尊心作怪。他是一个聪明人，即使没有道理，也要摆摆架子，给何应钦，特别是给蒋介石发出一个信息：我陈诚瞧不上这个“副师长”！

蒋介石接到这个无声的信息后，他马上派副官把陈诚从上海叫到南京，向他交了一个底：副师长只是一个过渡，第11师师长早晚是你陈诚的，你给我干出个样子来，我决不会亏待你，不光是师长，将来还有更高的职务在等着你呢！

蒋介石的承诺并非空头支票。扶持陈诚，与何应钦抗衡，并掌管一支过得硬的蒋氏嫡系军队，是他复职前后想好了的十年大计。曹万顺这样的军官是绝对不能在他的嫡系军队里站住脚的。蒋把陈诚安置在曹的身边做副手，既是监管他，也是等待时机，取而代之。

蒋交了底，有了承诺，陈诚再也不能摆架子了。第二天，他在南京宣誓就任第11师副师长："国民革命军第11师副师长陈诚，谨奉国民政府命令，以为大多数被压迫民众谋最大幸福之决心，联合革命民众，将全力献党，拥护党的主义及政策，与帝国主义者与国内一切反革命势力，作殊死战斗，完成国民革命，促进世界革命之成功，悬此目的，生死以赴，谨誓于青天白日旗帜之下。"

处理完警卫司令部的善后事宜，陈诚前往芜湖——第11师师部。据说，警卫司令部遣散时，陈诚将该部结余全部交给了蒋介石。

第二节　芜湖整训

初秋的芜湖，天高气爽，藕红香飘。

芜湖位于安徽省东南部，地处长江下游南岸，南倚皖南山系，山峦叠嶂，北望江淮平原，湖泊纵横。浩浩长江自西南向东北缓缓流过，襟江带河，风光秀丽。从这里出发，顺江而下，不日可达南京，溯江而上，数日可抵安庆、武汉。民国时为芜湖道（相当于今天的市级）道府所在地，其战略位置比较显要。

新成立的第11师师部就设在芜湖城内，所辖32旅和33旅驻

今日的芜湖风景

芜湖，南靠皖南山系，北望江淮平原，滚滚长江自西南向东北从城中驶过，青弋江由东南向西北穿城而出，汇入长江。山峦叠嶂，湖泊纵横，襟江带河，风光秀丽。

芜湖附近，31 旅驻上游大通、青阳、贵池。其时，第二次“北伐”已经结束，大战平息，出现了一段少有的和平日子。第 11 师官兵利用这个间隙，一边驻防，一边整训。

整训无非是调配军官、训练士兵。陈诚是一个闲不住的人，用他自己的话说，是“不堪久事匏系”之人，要管事，要做事！首要之事当然是人事，即军官的调配。可是，在上任之初，这方面的事，他能插上手的并不多。

旅级以上的军官，早就由总参谋部内定或任命：师参谋长林蔚，第 31 旅旅长桂永清，第 32 旅旅长殷绳祖，第 33 旅旅长余仲麒。

这份名单大概让陈诚哭笑不得。

四员大将当中，余仲麒，原第 17 军第 1 师师长；林蔚，在 17 军当过短期的参谋长，后来去总司令部参谋处任处长；桂永清，原警卫司令部步兵一团团长；殷绳祖，原总司令部参谋处副处长。算起来，曹万顺的旧部有两个，可能林蔚还只能算半个，陈诚的旧部只有一个。殷绳祖，与曹、陈都不搭界。这碗浑水，总司令部端的真是“公平”，让陈诚无话可说。可他心里却叫苦不迭。桂永清虽是他的旧部，但共事时间不长，不但对他谈不上亲近，而且这位黄埔一期生与何应钦走得较近，还有点“天子门生”的傲气。陈诚怕管不住他。

旅级军官暂时动不了，那么对中下级军官的调配，他总该有一定的话语权吧，遗憾的是，暂时也不多。六个团中，两个团是曹万顺的17军旧部，两个团是陈诚警卫司令部的旧部，另一个团是稍晚一点由原第1军第3师第9团成建制划拨过来的。师长下任命时基本上是原职任用：

第61团团长关麟征（黄埔一期生、原警卫司令部2团团长）；第62团团长陈又新（云南讲武堂十六期生、原第3师第9团团长）；第63团团长冯圣法（黄埔一期生、原警卫司令部第3团团长）；第64团团长霍揆彰（黄埔一期、原警卫司令部经理处处长）；第65团团长李明（行伍、原17军军官）；第66团团长高魁升（行伍、原17军军官）。

陈又新

看看他们的履历，陈诚有苦难言。这些团长虽然大多是黄埔生，但与陈诚并没有直接的师长关系，更没有在第21师同过生死共过患难，和他的关系称不上密切。至于营长、连长一级的军官，需要相关的团长、旅长提议，陈诚就更不便插手。何况，动“天子门生”绝非轻易之事，弄不好会招致蒋介石的忌恨。他是有过教训的。

如果意志薄弱，看了上述军官任职名单，一定会备感寂寞，甚至会拍屁股走人。但陈诚是何等坚韧之人，以他的性格、心计以及带兵的经验，他不但不会感到寂寞，相反还充满希望。他深知，人心是可以争取，可以交换的。通过一起生活，一起战斗，多交流，多沟通，再加以适当的施惠，陌生人、甚至仇敌，都可以成为可信任、可倚托的朋友、下属，甚至死党。何况，一切都会有变化，人事安排可以慢慢来。当务之急是要做一些事——练兵，有位，要有为，有为，才有威。

国内一些相关人士的回忆史料称，因为有蒋介石撑腰，第 11 师刚刚组建，陈诚就掌握了全师的人事、财务等大权，实际上并非完全如此。他在《回忆录》里简单记述了在芜湖整训经历："曹师长有他的左右，不但全师的经理、人事，不让我过问，即普通公文，也不给我看见。我因别无所事，想把全副精神都用在练兵上。但天下事哪有那么简单。曹师长左右的人不放我的心，横加阻挠，进行很困难……"

陈诚所述应该基本属实。曹万顺所部虽属投诚之师，但在北伐战争中也打过不少胜仗，难免骄悍，加之对蒋记嫡系部队的防范之心，致使陈诚遭遇曹旧部的冷淡，是完全有可能的。不过，陈诚毕竟非等闲之辈，他既未因此退缩，而且凭自己的军营运作手段和练兵经验，很快在曹万顺的地盘上打开了缺口。

第 11 师集中芜湖整训后不久，南京政府的军队司令部就下令，要派员对新编部队的整训情况进行检阅。原警卫司令部和第 3 师过来的部队训练有素，问题不大，可第 17 军旧部大多从旧军阀部队拼凑而成，在战场上逞一时之勇还可以，但要按正规操典出操、演练，就没那么好看了。

有一次，陈诚和曹万顺到原 17 军旧部组成的团营检查，随便看一看，他就发现了很多问题，曹万顺却懵懂不知，还频频点头。陈诚没有言语，等下属走开，曹万顺征询陈诚的意见时，他才一一摆出，说得头头是道，让曹师长大梦方觉。"哈，这个样子，上头来校阅，怎么过得了关！辞修兄，部队训练的事全拜托给你了。我一个老大粗，没你这位军校高材生知道得多。我打个招呼，让弟兄们都听你使唤！”陈诚用谦逊口气说：“哪里哪里？这都是我份内的事，责无旁贷！曹师长，您就放心吧！”

陈诚对自己的练兵能力相当自信，到了晚年还称在这方面“有一日之长”。如此大显身手的机会，他当然不会放过。他又拿出当年在21师边行军，边训练新兵的干劲，每天下到营、连部队督导练兵，和下级官佐一同在大食堂吃饭，一同到操场训练士兵。时任师部参谋的宋瑞珂（二期生）回忆说：“在此期间，陈与师部官佐同桌吃饭，军风要求颇严。”（《我所知道的陈诚》）

方　靖

当时在第11师62团任少校营长的方靖（黄埔军校潮州分校生）对这段军营生活也有生动记述：“因为蒋介石要来视察，所以陈诚对部队督训甚严。一日，我正在操场操练4个连队，陈诚来到操场，见其中有一个连与其他3个连不一致，便将我叫去训斥：‘平时操练乱七八糟，打起仗来还能不乱吗？你这样没能力，怎么能当营长呢？’”

方靖听了，不敢反驳，只能等着撤职。原来那个动作不合群的连队是从师部警卫营拨下来的，官兵都是曹万顺的旧部，素质差，又不服从指挥，所以在操场上出现步调不一致的情况。陈诚得知实情后，第二天到方靖的营部，向方靖认错，为他打气：“放心好好干吧！我会把这个连长调走的。”当天，陈诚一直在操场督练，把那个不听指挥的连长和连队治得服服帖帖，规规矩矩。

经过一段时间训练，全师连队，特别是曹的旧部连队，焕然一新。参谋本部的大员来检阅，赞不绝口，并嘉奖了第11师。曹万顺没得话说了，原17军老人，如第65团团长李明等人对这位矮个子副师长更是刮目相看，心悦诚服。

陈诚在《回忆录》里总结他的练兵体会：“我热衷于练兵，很大程度是出于爱护士兵的责任心。带兵而不教战，是一种极残忍不仁的行为，这样的带兵是不应宽恕的。”

不过，陈诚知道，对第11师的掌控，并不能凭一次练兵来实现，“一个好汉三个帮”，身边还得有几个得力的心腹。上任之初，他之所以没有干预师里的人事安排，是在等待时机，等自己在第11师建立了一定的威信，等有军官调走，空出位置。不久，这两条件就具备了。练兵受到嘉奖，几个军官——师参谋长林蔚、31旅旅长桂永清、62团团长陈又新等先后调出，需要人顶替，按常规由副职升任，但此刻陈诚再也不谦让了，提出自己的不二人选。曹师长没有底气和他抗争，终于点头同意。

他召来了三个死党：周至柔、罗卓英和萧乾。

周至柔和罗卓英都是陈诚在保定军校的结义兄弟，北伐开始，两个人均应陈诚之邀，效力于21师，或任团副，或任参谋长，跟随陈诚左右，在桐庐战役和龙潭战役等多次战役中，为第21师克敌制胜，立下了汗马功劳。陈诚被免去第21师师长后，罗卓英和周至柔也先后离开，跟着陈诚在军政厅任职。第1集团军开始缩编，罗调任第4军军官教导团上校参谋主任，周任军政厅长江上游办事处少将主任。萧乾北伐时也跟随陈诚，曾在他的63团任营长，是一员猛将。“四一二”事变后，离开21师，去浙江警备师任中校团副。1928年2月，又回到第21师(师长陈继承)政训处任中校主任。部队缩编后，他任第3师副官处中校主任。

陈继承

接到陈诚的电话，他们没有犹豫就答应了。走完相关程序之后，他们先后来到芜湖，向陈诚报到。见到自己的老同学、老战友、旧部属，陈诚非常激动，请他们到芜湖最好的馆子，喝了个一醉方休。“我们兄弟几个把第11师撑起来！”萧乾酒后放言，陈诚更加豪情万丈：“岂止是第11师，我们还要创建一个军事集团！跟着我，前途无量！”

按陈诚的如意算盘，罗卓英任师参谋长，周至柔任31旅长，萧乾任62团团长，罗和萧的任命都先后到位，但不知哪个环节出了问题，周的任命没有通过，陈诚只好让他委屈就任师参谋处处长，他自己兼任31旅长。

在第11师，罗、周、萧都没有辜负陈诚的厚望，为他掌控第11师，扩大自己的军事集团，大效了犬马之力。特别是萧乾，敢说敢做，活动能力强，为陈诚拉拢了不少黄埔同学。

据相关历史见证人的回忆，桂永清的离开，陈诚难脱干系。当时，31旅副旅长杜从戎（一期生）调走，蒋介石想把在第1师任副旅长的李默庵（一期生）调来接任。桂永清却想另荐自己满意的人。他先征求陈诚的意见。陈诚知道蒋介石的脾气：他任命的黄埔生是不能拒绝的。但陈诚没有讲明其中厉害，怂恿他直接给蒋打报告。桂永清不知深浅，果然按陈诚的授意做了。结果，蒋见了报告大发雷霆，说：“他的同学不用，我的命令不听，这还了得！”于是，下令撤了桂永清的职。

李默庵

这段传说的真实度暂且不论，但可以推测，因为当时桂与何应钦走得更近，即便没使阴招弄走他，陈诚也不会使劲儿挽留。不久，陈卸去第31旅旅长的兼职，让给了新调来的李默庵（原任第1师第2旅副旅长）。李默庵，湖南省长沙人，黄埔军校一期生，北伐期间在第1军任第60团党代表、连长、营长、副团长、团长，经历了攻打武昌、南昌、杭州、上海、徐州等著名战役。尽管他与陈没有历史渊源，但经过这样一个交替，陈对他就有了举荐之恩。后来，李知恩图报，在第11师团结黄埔一期生，极力维护陈诚。

林蔚在第11师几进几出，调动有点儿神秘。

此人1889出生，浙江黄岩人，陆军大学毕业，1926年北伐时随陈仪的浙军投诚国民革命军，曾在原17军当过参谋长，后调任国民革命军总司令部任参谋处处长。大概在1928年8月，他的名字出现在最初任命的第11师高级军官名单中，职务是师参谋长，但在任时间，或没有到任。1928年10月或11月，他被任命为国民革命军参谋本部高级参谋，次年1月，又回到第11师，任33旅旅长。

林蔚的调任应该也少不了陈诚的举荐之功。林的学历比陈高，年龄比陈大，陈大概也不太愿意留在身边，便举荐给蒋介石，对自己的发展更有利。果然，这位浙江老乡后来一直在军事中枢任职，为维护“土木系”的利益，扩展其实力，做了不少工作，被人视为陈诚的嫡系，“土木系”的骨干。

1928年底，罗和周到任，意味着陈诚开始掌控第11师。

第三节　掌管第11师

1929年初春，短暂的和平被新军阀混战的枪炮声打破。时势造英雄。这一年，陈诚完成了对第11师的掌控。

第二次“北伐”结束后，国民党南京政府着手整理全国军事，对国民党所属军队实行编遣，以裁军为名，扩充嫡系，排除异己，引起国民党内各地方军阀强烈不满。于是，蒋介石采取“挖墙脚”、各个击破等手段，消灭异己军队。桂系首先撞上了他的枪口。

早在1927年10月兴兵打败唐生智的军队后，李宗仁就以武

何键肖像

汉政治分会主席的身份，主持两湖军政，视两湖为桂系地盘。而蒋介石要以“中央”的名义控制两湖。桂系害怕被蒋介石消灭，决定先下手为强。1929年2月19日，李宗仁把持的武汉政治分会作出决议，免去亲蒋的鲁涤平湖南省主席一职，随后派兵将其赶走，以亲桂系的何键继任。桂军侵湘举动激恼了蒋介石，也给他消灭异己军队提供了借口。

3月28日，国民党三中全会刚刚闭幕，蒋介石宣布撤销武汉政治分会，下令“彻查桂军侵湘事”，调动军队分三路向武汉进攻。在蒋介石下达进攻令之前，第11师就已经拔寨进发了。对桂系的作战、行军计划主要由陈诚和罗卓英制定。他们由芜湖等驻地，溯江而上，进驻九江，然后转向西南，翻越幕阜山脉，占据武宁、通山。4月9日，出其不意地占领了武长路要冲——贺胜桥，切断了湘鄂桂军之间的联系。1927年，以叶挺独立团为主力的北伐军就在这里大败北洋军阀吴佩孚。

4月3日，桂军师长李明瑞、杨腾辉倒戈，宣布服从“中央”。镇守武汉的桂军夏威等部见大势已去，从武汉撤退，逃往鄂西。5日，蒋介石乘兵舰进入武汉。至此，不到一个月，蒋桂战争就以蒋军大胜结束。桂系头领李宗仁、白崇禧缩回广西，以图东山再起。

5月下旬，第11师进驻鄂北襄樊，休整待命。就在这期间，第11师由来已久的内部矛盾终于爆发了。

曾在第11师任连长的覃道善（黄埔四期生）在《陈诚及其军

事集团概况》中回忆说："第十一师内部曹、陈之间的矛盾日益尖锐。该师原属陈诚警卫团的官兵，不服曹命，团长萧乾极力拥护陈诚，借曹委派私人到该团当连长的事件，宣扬曹排挤第十一师警卫团的人员，向何应钦和蒋介石告密，结果将曹另调他职，将陈升为长第十一师师长。"

方知今所著《原国民党高级将领方靖亲历纪实》一书，对这起变故述说更为详细："陈诚因公赴武汉去了，萧乾查得部下一个连长贪污吃空缺，报告了师长曹万顺。曹万顺正因为在第十一师中没有亲信，被架空而十分苦恼，以为这是拉拢部下的好机会，非但不加惩处，反而安慰那个连长。那连长以为有师长撑腰，便肆无忌惮地与团长对抗。萧乾大怒，辞职而去。第十一师的黄埔军官闹了起来，说曹万顺压迫黄埔军官。曹万顺在十一师站脚不住，被调往新编第一师任师长，陈诚升为第十一师师长。"

两者所述虽有出入，但曹万顺因部下告状而调离第11师却是不争事实。其实，说曹万顺处事不当，只是蒋介石的借口，让陈诚尽快接班，掌控第11师才是他的真实意图。半年多来，陈诚在第11师的作为，蒋了如指掌。第11师在蒋桂战争中的表现，让他确信陈诚已基本控制第11师，于是一纸令下，将曹调出。

陈诚与薛岳（右）合影

1929年7月，陈诚就任第11师师长。他派人将辞职离队的萧乾找回来，继续当他的62团团长。萧倒曹有功，陈却未升他的官，也体现了陈诚的为官之术。

就任师长之后，陈诚立即对第11师的高层人事和编制进行大刀阔斧的调整。首先将罗卓英升为副师长，周至柔升为师参谋长。

其他“改革”按部就班推进。第一步，将原来的3旅6团缩减为2旅6团，33旅被撤销。这样缩减，理由冠冕堂皇的：部队更精悍，便于师部的指挥。但陈诚的真实想法，恐怕还是为了裁汰曹万顺的旧部军官。33旅前后任旅长、曹的旧部余仲麒、李德铭，1月之前已相继调离，由林蔚接任，但旅部的高级军官仍有不少是曹的旧部。33旅撤销后，这些人要么遣资加籍，要么让曹万顺打包带走。林蔚只算曹的半个旧部，又是浙江同乡，陈诚举荐他去中央编遣委员会第一编遣区办事处任军务局局长。

66团高魁升系行伍出身，也是原17军旧部，曹在任时，他对陈诚颇有不恭，自然非去不可。但陈诚并没有把曹的旧部“斩尽杀绝”，65团团长李明因为拥戴陈诚，打仗勇敢，不仅没有被赶走，还被提拔为32旅旅长（原旅长殷绳祖调任武汉北区要塞司令部司令）。李明感恩戴德，留下来为陈诚效力，后来被提升为第11师副师长、52师师长，直到第四次“围剿”时，被红军生俘。

看看“改革”后的第11师序列和高级军官背景。

副师长罗卓英和师参谋长周至柔都是陈诚死党。

第31旅旅长李默庵：黄埔一期生，拥戴陈诚；第32旅旅长李明：曹旧部，拥戴陈诚。

第61团团长刘天铎：黄埔三期生，陈诚的学生。

第62团团长萧乾：陈诚的死党。

第63团团长吴良琛：保定军校四期生。

关麟征

第64团团长霍揆彰：

黄埔一期生，第 21 师陈诚的旧部。

第 65 团团长史文桂：保定八期生，陈诚的同班同学，第 21 师旧部。

第 66 团团长滕云：黄埔二期炮科生，陈诚的学生。

这个名单还少了一个人——原第 61 团团长关麟征。据说，关是被陈诚赶走的。陈诚为什么要将这位“天子门生”赶出第 11 师呢？

据李默庵在《记老友关麟征将军》一文回忆，1928 年 4 月，陈诚任总司令部警卫司令时，关麟征任警卫第 2 团团长，归陈诚所辖。有一次，陈诚谒见蒋介石，对关麟征有不利评语，后来被人告知关麟征，从此关对陈生下怨气。关为黄埔一期生，又受蒋介石的器重，在第 11 师任职期间，不太把陈诚放在眼里，反陈态度经常形诸言色。有一次，师参谋长罗卓英想联合该师任旅团长的黄埔一期生，撵走师长曹万顺，在征询关的意见时，关直言不讳地说：“陈矮子并不比曹万顺高明，可能比曹还要坏。”事后，罗卓英将关的话告诉了陈诚，陈对关由此结下怨恨。在第 11 师，关麟征始终未得到提拔。

陈诚接任师长一职后，正值由杂牌军改编而成的新编第五师成立，缺一个副师长，陈诚便“举荐”关去担任。理由是这个师的士兵大多来自陕西，而关麟征也是陕西人，派他去整理，也许能够旧貌变新颜。关的黄埔同学觉得不公，找陈诚说情，想把留他下来，陈诚用毫无商量的口吻说：“你们不必说了，关去新五师是为国效力，人尽其才！”其实，大家都知道，陈诚容不得关在第 11 师。

关麟征虽然官升两级，但新五师是一个烂摊子，他去没多久，部队便散了，取消番号，关成了“无业游民”，只好去找蒋介石，另行安排位置。由此，关对陈的怨恨更深了。

陈诚任第 11 师副师长和师长期间，最得重用的是浙籍保定军校八期同学和原第 21 师的旧部黄埔生，后来摊子越铺越大，旧部和同乡同学人手不够，便开始罗致保定校友、黄埔一二三四期毕

陈诚与陈布雷（左）合影

业生和陆军大学毕业生。

陈诚用得最多的当然是黄埔生。他知道黄埔学生是“天子门生”，用得越多，蒋介石就越信任他。这也是陈诚不断扩大自己的军事集团，而不被蒋介石怀疑的一个重要原因。樊崧甫后来回忆说，当年“黄埔学生有投效他的，只要挺胸收腹，姿态赳昂，说是来跟随老师革命的，对个人地位在所不计，陈则一定收录；如计较待遇，必遭拒绝。”

宋瑞珂的回忆可以佐证樊崧甫的说法：“陈诚任师长后，曾多次要我们介绍黄埔三、四期同学来第 11 师工作。三期以营长或少校团副任用，四期以连长或营副任用。他要求的条件是会带兵、能打仗，没有不良嗜好，‘不贪财，不怕死’，要能为蒋介石的统治卖命的人。”

后来，保定生、黄埔生和陆大生在陈诚的军事集团里分别成派，时有纷争，但陈诚借以相互牵制，倒也左右逢源，掌控自如。

第四节　清　洗

1929 年秋，冯玉祥的西北军发兵向鄂北及河南进攻。第 11 师被蒋介石作为一把尖刀投入战场。

地方实力派军人联合反蒋，是北伐战果“分赃”不均而埋下的种子，国民党第三次代表大会提供的口实。1929 年 3 月间召开的国民党三大全会，由蒋介石和胡汉民两派操持，抛弃了孙中山的约法治国方针，决定实行国民党一党专制以及蒋介石的独裁统治，遭到国民党内许多有识之士的反对。继桂系反蒋之后，冯玉祥、唐生智、阎锡山等实力派也相继扯起“护党救国”大旗，群起反蒋。

早在5月，他们就发出反蒋通电，推举冯玉祥为“护党救国军西北路总司令”，并开始军事行动。但在蒋介石的分化下，他们刚刚起兵就偃旗息鼓了。冯玉祥也被投蒋的阎锡山软禁在五台县建安村。及至中秋，阎锡山“幡然醒悟”，怂恿冯玉祥先期发动反蒋，阎军随后响应。于是，又有了西北军将领再次通电反蒋。宋哲元等兵分三路，进攻鄂北及河南。张维玺任第十七路总指挥，率所部沿汉江东下，向据守襄樊、谷城、南漳一带的蒋军刘峙、蒋鼎文、赵观涛、陈诚、夏斗寅、罗霖等师、旅进攻。

隶书七言联（胡汉民）

策马军前，中将师长陈诚是否和当年出师北伐一样地豪情万丈？余生也晚，不敢妄加揣测。他晚年回忆“讨桂”一战时说：“如果认为统一确为国家建设的前提，那么这次忍痛用兵，为建国必经之路，正自不得不尔。”其言论与蒋介石在国民党三大全会上的腔调如出一辙。不管愿意与否，作为蒋介石一手培植的嫡系将领，他没有选择，只能继续为国民党和蒋介石，效血汗之力。

10月11日，蒋介石下达讨伐令。由唐生智率第五路军3个军，在郑州以西攻击孙良诚部；以方鼎英所率第一路军集中于河南漯河以西，对付孙连仲、刘汝明部；以刘峙所率第二路军，集中于鄂北，迎击张维玺和吉鸿昌部。陈诚的第11师属第二路军，防守襄阳一线。10月中旬，张维玺部攻占南漳后，向襄阳进攻。陈诚率62、64、65三个团拒敌，激战两天，守住了阵地。等蒋军援兵赶到，张维玺部向后败退。陈诚所部一路追击至鄂陕交界的均县草店附近。12月初，冯军全部撤回陕西，暂时罢兵。

蒋冯战争方罢，战火又起。刚刚归附蒋介石的唐生智又自封“护党救国军总司令”，在郑州举兵反蒋。

唐生智早在1927年11月被桂系打败，逃到青岛当寓公，蒋桂战争爆发前，被蒋介石请出以对付桂系。唐欣然从命，出山后即成功策动了在河北唐山的旧部反桂，将白崇禧赶回广西。蒋以为唐真心依附，便让其重掌兵权，“讨伐”冯军。哪知唐生智早有反蒋之心，趁冯军败退，石友三在浦口反蒋，张发奎在广东反蒋之机，与汪精卫联手，举起了反蒋大旗，率大军南下，威胁武汉。

唐生智

这真是“屋漏又遭连夜雨”。蒋介石一边收拾石友三，一边急调在鄂西北的蒋鼎文、赵观涛、夏斗寅、陈诚等所部4个师，开到平汉路南段迎击唐生智。陈诚率全师殿后，每日兼程急行 130 华里，经枣阳、随县，至鄂北武胜关，车运信阳，然后由信阳沿铁路东侧向确山前进，12 月 25 日，到达确山东南之张营、刘店附近集结。

此时天连降大雪，积雪深及膝盖。一场残酷的厮杀就在冰天雪地里开始了。

陈诚在《回忆录》里描述道："其时风雪甚厉，天寒甚，真使人有'堕指裂膏'之感……我军在双桥、张营、王冈一线，与敌龚浩部九团鏖战数日。除夕之夜，敌更移铁道下面之刘光部及门炳岳部共十团之众，悉数加入作战，我军仅以五团之众挡之，搏斗甚烈。天明视之，横尸遍野，雪地斑斑尽赤。"

据时在第 11 师任营长的方靖回忆，当时第 11 师所占领的阵地，除利用村庄房屋墙壁挖成步、机枪枪眼构成防御工事外，还在两村庄之间隙空地雪窝内构筑阵地工事。由于官兵白天和夜间都是站在雪窝工事内作战，很多人被冻伤或冻死。每天夜间，有一些唐军的士兵爬到第 11 师阵地来投诚。这些人一个个浑身上下裹着冰，冻得直打哆嗦。有的人刚爬进来见到火堆就去烤火，结果把腿烫伤了……

12 月 28 日，驻刘店的第 11 师师部遭到唐军门炳岳部骑兵的袭击，战局甚为紧张，形成了混乱状态。陈诚亲自指挥警卫营抵抗，恰在此时，第 65 团由后方赶到增援，合力将门炳岳部骑兵击退。有一次，陈诚在前沿阵地指挥，正举起望远镜观察敌情，营长方靖怕他遭到狙击，拉他到战壕隐蔽。陈诚不肯躲避，方靖就把他强拉退下，刚一转身，一梭子弹就打过来了，他们身后应声倒下 5 个士兵，而陈诚得以幸免。

两军对峙之时，陈诚曾派人潜入唐军的部队劝降，唐军中很多官兵也不愿意打仗，经劝降，两个营的官兵缴械，开到蒋军的后方。

因连日进攻毫无进展，且后方驻马店又被蒋军攻击，1930 年 1 月 2 日，唐生智下令全线向北总撤退。蒋军跟踪追击，至 1 月 10 日，唐嫡系部队龚、刘两军被四面包围，全部缴械。唐生智宣布下野。

当刘兴所部被蒋军包围时，陈诚派人携亲笔信和现款5000元，送到刘兴手里，劝刘说："自相残杀，实为痛心，请速逃走，来日国家当有用你之处。"此事为当时在第11师任营长的宋瑞珂所述，应该属实。刘兴与陈诚同属保定军校毕业生（刘系一期），陈诚担心战后蒋介石对唐部军官大兴问罪，念校友之情，让刘兴暂时躲避，也在情理之中。何况还能收买一个将官的人心，来日可为己用。刘兴大概听了陈诚的劝告，放下武器，躲到汉口去了。抗战爆发后，陈诚举荐他担任江防总司令。马当要塞失守，刘兴赖陈诚力保，得以免死。

在蒋唐战争中，第11师伤亡官兵1100余人。陈诚因指挥有功，获得了一枚三等宝鼎勋章。1月下旬，他率第11师开赴武汉整理。虽然人员伤亡惨重，但在蒋介石的授意下，第11师很快就得到了补充。4月份，陈诚收编了由桂系军改编过来的独立13旅，将该旅和原来的补充团组成第11师独立旅（陈诚在回忆录里称第33旅），由周至柔兼旅长。

第11师组建时是3旅6团，属乙种师，1928年9月改为甲种师，

前线激战的士兵

2旅6团制。现在名义上还是甲种师，实际上已拥有9个团，达到了22000多人，实力超过了其他任何甲、乙种师。因为是蒋的嫡系部队，没人敢多嘴。第11师的这一编制和实力为后来扩充为第18军，打下了基础。

说到了第11师此次整编，一些传记和网络文章提到了陈诚武力解散第66团一事，笔者所查到的此说最早源头是1988年国内出版的《蒋介石的宠将陈诚》："1930年2月间，陈诚突然派部包围驻武昌洪山附近的曹万顺残部第六十六团，以武力解散，军官遣散，士兵分散编入其余各团……"该书没有注明史料的出处。

称"曹万顺残部第六十六团"令人费解。曹万顺去职后，第66团属陈诚第11师所辖，即使残缺，也只能称第11师残部，鉴于66团多为原17军老人组成，也只可称曹的旧部。当然这有可能属笔误。作者和引述者的本意就是指"曹万顺旧部第66团"。

中国黄埔军校网发布的由民国史学者杨家宏撰写的《黄埔一期萧乾》一文也有这样一段介绍："1930年2月，第66团因系原曹万顺旧部，陈诚用武力将其解散，军官资遣回籍，士兵拨补各团；第11师另编第66团，由滕云任团长。"其来源恐怕也是《蒋介石的宠将陈诚》。不过该文将残部改为旧部，更加准确。杨家宏也没找出史料依据。

关键问题还是陈诚是否在1930年前后解散过六十六团。

樊崧甫在上世纪60年代撰写的《我所知道的陈诚》一文里，有这样一段回忆：1929年11月"张维玺率兵5万以主力攻襄阳，一部佯攻樊城。陈师史文桂团一营叛变，以戒备严，当即解决。激战三日，襄城兀峙无恙。"樊崧甫时任第6师步兵第33团团长，蒋冯战争中，率部在襄樊阻击冯军。作为历史见证人，他的回忆应该不虚。他所说的"史文桂团"也许就是第66团，只是将团长滕云的名字误记为史文桂了。果真如此，第66团确已为"残部"。

陈诚在《回忆录》里没有提及过部队兵变的事（对他来说毕竟是一桩丑事）。但综合他在《回忆录》里对这段时间的记述和其他历史见证人的回忆，蒋、唐战争未见第66团的踪影。大战当

史文桂

前，没有特殊情况，陈诚当不会将一团之众排除在战斗序列之外。联系樊崧甫的记载，大致可以推测，第66团在此之前曾发生了变故，留在襄樊或撤回武汉。这样，大战结束回到武汉后，陈诚着手改编第66团就在情理之中了。

不过，陈诚以第11师师长和以该师的掌控力，改编己部，应该无需动用武力。所谓“用武力包围解散六十六团”，显然夸大了事态。

经过武汉整军，留在第11师的少数不听话的曹万顺旧部军官，一洗而尽。

第五节 在中原大战

1930年3月21日，陈诚被蒋介石召至南京。

蒋介石在家里设便宴款待了陈诚。“辞修，几次讨逆，你再现不凡，为党国立下了大功，这次只授你三等宝鼎勋章，又没有提拔你为军长，实在是有点委屈你了。你要理解我的难处……”蒋和颜悦色地对陈诚说。

蒋还没说完，陈诚腾地站起来，挺起胸脯，说：“蒋主席，党国给我的荣誉已经够高了，再说辞修自入黄埔那天起，就立下誓言，为革命奉献一生，那么多官兵在战场上连生命都献出来了，我哪能还计较个人名利。”

蒋介石示意陈诚坐下："好，很好！就要这样。辞修，今天我叫你来，还有一件事。阎锡山、汪精卫、李宗仁，还有冯玉祥，他们又在闹事。恐怕战争避免不了。我想把第11师调过来，放在津浦线徐州附近，让你兼任蚌埠警备司令。蚌埠这个地方很重要，是首都的屏藩。你以为如何呀！"

陈诚又站了起来，大声说："愿为党国效劳！绝对服从蒋主席！"

蒋介石满意地微微点头。在他心目中，经过几次战争的历练，陈诚已然成为一员自己可倚托的大将。

陈诚立即回到武汉，将第11师两万余人马，经长江分批船运至浦口，登岸开赴至蚌埠、徐州及苏鲁豫皖交界处的砀山。4月中旬，第11师各团均到达新的防地。此时，大战已迫在眉睫。

这场大战早在年初就开始酝酿了。先是利益分配没有得到满足的阎锡山与蒋介石打了一通口水战，阎以"统一国民党"和"结束分裂"为口号，要求蒋介石"礼让为国"，并表示自己愿与蒋同时下野。蒋介石当然给予拒绝。阎锡山于是决定用武力让蒋

检阅军队的汪精卫

韩复榘

就范。2月26日，他亲自到建安村，向被他软幽在那里的冯玉祥赔礼道歉。两人握手言欢，订下盟约，准备联合对蒋作战。栖身国外的汪精卫也不甘寂寞，派出政客频频活动，游说各方反蒋实力派人物。一个声势浩大的反蒋大联合终于形成了。

3月14日，第2、3、4集团军57名高级将领电请蒋介石下野，并推举阎锡山为中华民国军总司令，冯玉祥、李宗仁、张学良为副总司令。4月1日，阎、冯、李就职，开始调兵遣将，准备开战。

这是规模超过以往近代史上任何一次战争的军阀大战。

阎、冯、李方面，以李宗仁、张发奎部为第一方面军，下辖三路大军，由广西北上经湖南进攻武汉。冯玉祥部西北军为第二方面军，下辖三个军团，从陇海路攻徐州，从平汉路取武汉。阎军为第三方面军，下辖四路军，从陇海路和津浦路，进攻徐州和南京。第四方面军石友三、第五方面军孙殿英协助陇海线作战……三方兵力加起来达70万之众。

蒋介石以韩复榘率第1军团，守黄河南岸；刘峙率第2军团守徐州、汤山、宿县；何成浚率第3军团，在许昌以南布防，守平汉线；何应钦任武汉行营主任，指挥武汉方面的蒋军对李宗仁、张发奎及鄂西宋哲元的作战。蒋军总兵力50万。

冯军先期从陕西潼关等地发动，占领了平汉线和陇海线上的多处要点。

5月9日，蒋介石下达攻击令。第2军团从津浦线南段各驻点出动，在陇海线正面及两侧，由东向西发起进攻，依次夺取已被阎冯军占领的归德（今商丘）、兰封（今兰考）、开封，最终与平汉线的蒋军会师郑州。

归德处于苏、鲁、皖、豫四省交界处，为徐州的前沿阵地，是挺进中原的要塞，历来为兵家必争之地。蒋介石势在必夺。12日，作为第2军团战斗序列中的主力，第11师一马当先，直扑归德附近的马牧集，与守军万选才部开战。“经一夜日之围攻，克之。”随后，蒋军第2军团顾祝同、冯帙裴、张治中、钱大钧部发起反击。万选才部寡不敌众，望风而逃。17日，第11师及教导第1师占领归德，取得中原大战开战第一胜。

夺下归德后，第11师为左翼，向陇海线南侧进攻，配合友军在陇海线的正面作战，19日，兵临宁陵城下。陈诚命令部队暂缓攻城。因为他获得情报，宁陵城守将名叫刘茂恩（字书霖），是保定军校六期毕业生，似有归蒋之意。“且慢，等我给刘写封信劝劝他，能不打最好！”陈诚当即命师部文书草书一封，亲自修改后，派人进城，送到刘茂恩的手中。

“书霖吾兄勋鉴：豫鄙观兵，贤劳为念。吾兄本革命志士，所部多革命健儿，徒为环境所迫，备受摧残，夙抱未伸，同感愤慨……是以奉命在旦夕西征，即奉总座面谕，此次讨逆，罪在阎冯，其被胁从，应予援护，切嘱与足下开诚接洽，拥护中央。弟亦极冀与足下疆场把臂，马上言欢。现我中央各军一举下马牧集，再进据归德，今又连下各寨集，直逼开封矣。顺逆既判，利钝攸分，阎冯覆亡，企踵可待。弟部师抵宁陵东鄙，得悉宁埠悉为足下所部驻地，因是停骖缓进，亟于一晤贤劳。所望勿失良机，贯彻初志，返旗讨逆，奠定党国，惟足下幸之……”

接到陈诚书信后，刘茂恩归蒋之心益强，派出亲信参谋长打着白旗出城，与陈诚接洽，经过几番磋商，刘通电“反正”，率9个步兵团和1个炮兵团，加入蒋军。陈诚当即拿出10万块银元给刘茂恩，以奖励其投诚之功。蒋介石知道后，兴奋地说：“少了少了，再拨10万元！”陈诚哈哈大笑：“本师部就只有这些银子了。”蒋忙说：“从总司令部拨，你那10万元，我也补给你们。”

吉鸿昌画像

刘茂恩“反正”，给冯军防线极大的打击。第 11 师不费枪弹，又夺下了睢县，下一个目标就是处于兰封和开封之间的杞县了。初战连连告捷后，蒋介石大喜，命令各部加快进攻步伐，一鼓作气，拿下兰封、开封。然而，他没料到，以后的战役举步维艰。

陈诚在回忆录里对接下来的战役经过一笔带过：“5 月 25 日，进占兰封以南二十里之杨固集、柿园集一带。26 日午后，逆军宋哲元部向我军突袭，夜以继日，被我猛打迎击，毙其团长刘心镜。其余官兵除伤亡，全团悉被缴械，正拟协同友军会攻兰封，忽奉命赴援津浦线，因又移师。”

在他笔下，第 11 师在杞县附近打了一场胜仗后，很快就撤走了。事实上，在那个炎热的夏天，蒋军与冯军在此地僵持了一个多月，毫无进展。

原来，刘茂恩投降后，冯玉祥派吉鸿昌率部协同孙良诚从杞县方面展开猛烈的攻击。孙、吉二人素以骁勇善战著称，而他们的部队又是刚刚加入战斗的有生力量，一经接战，陈诚部就遭到很大的挫折，几度被孙、吉两部包围，杀伤很多，仅 6 月 12 日一天，陈部就伤亡 700 多名官兵。与此同时，蒋军全线也为之动遥，直至六月上旬蒋军援兵开到，将全线撤至定陶、曹县、民权、河阳集之线，方始稳住阵脚。

蒋介石仍然寄希望左翼部队有所进展，命令他们从杞县以南迂回，取道通许、陈留奇袭开封，但遭到冯军孙良诚、吉鸿昌、庞炳勋、梁冠英部的顽强阻击，从6月中旬，冯军展开进攻。双方在魏寨、陈庄一带形成拉锯战。

4月23日夜间,31旅61团的陈庄阵地被冯军偷袭成功。拂晓，陈诚赶到前线督战，命第31旅旅长李默庵率预备队反击，但是激战一天仍未夺回，李默庵身负重伤，被抬下阵地。陈庄是61团丢的，又未能在第二天夺回，陈诚当即撤了刘天铎的团长职务，任命62团团长萧乾升副旅长兼61团团长。他觉得撤职还不足以振作军威，必须严罚刘天铎。刘是第2军团总指挥刘峙的侄子，又是黄埔毕业生，陈不敢擅自主张，便直接打电话给蒋介石请求指示。在陇海线野鸡岗车站指挥作战的蒋介石，正因战事不利而恼怒，问明情况后，说一声:“同意，枪毙!”

杀了刘天铎之后，陈诚又调整了部署，固守阵地。此时，冯军将主力又调回平汉线，减缓了津浦线的进攻，第11师的阵地再也没有丢失了。

陇海线陷入胶着，蒋军在津浦线又告急。阎军渡过黄河，占领济南，向津浦线南线发起进攻，随即又占领了泰安。孔子的故乡——曲阜岌岌可危。7月初，蒋介石急令在津浦线的第2军团的几支部队调往津浦线，驰援曲阜。陈诚的第11师也被调出。

事后多年，陈诚和别人聊起在津浦线的这段战事，并不讳言自己的挫折。他说，当时第11师没有溃败，是因为兵力充足，武器精良，加之冯军缺乏旺盛的攻击精神，否则后果真不堪设想。(杨安铭《我所知道的陈诚》)

陈诚率部撤出杞县附近的阵地之前，左翼总指挥曾请求蒋介石另派3个师接防。蒋不解，后来问陈诚。陈有点自负地说:“第11师为九团制之师，随时可以整个调度，敌人来攻，我以九团应战。其他师都是六团制，因指挥不统一，敌人来攻，只有六团应战，所以三师不及一师。而且本师对敌情较多明了，所以第11师要由三师接防。”

即将开赴前线作战

陈诚率部经徐州北上，开赴山东前线。7月5日，到达滕县，因铁路受阻，再往前只能步行。陈诚命令部队昼夜行军，一路上，他和官兵们一道，空着肚子，徒步行进。10日下午四点，第11师到达距曲阜20公里的孟林。陈诚接到第2军团总指挥刘峙的电话："本晚十二时以前，曲阜失守，你可不负责任，若十二时以后失守，你就要负责了。"陈诚不敢耽搁，只留下一个营的兵力攻孟林，率领其余各部绕道，连夜向曲阜前进。当时部队既没有休息，也没有吃饭。陈诚站在路边，给士兵们打气："弟兄们，辛苦！曲阜危在旦夕，盼着我们去解围，打完仗再休息吃饭！"

陈诚率部于次日晨赶到曲阜。当时曲阜守军只有蒋军一个旅，已苦战了一周，城墙被晋军轰开了几个缺口。第11师兵临城下后，与守军内外夹攻，很快将围攻的晋军击退。曲阜之围终于被解。

8月1日，蒋介石任命陈诚为第18军上将军长，指挥右翼军，继续向泰安挺进。这是陈诚第一次担当方面军指挥。能否胜任，蒋介石还要考验他。

陈诚指挥右翼第11师和第13师，先在大汶河，与昔日他在保定军校的老师、晋军丰玉玺部(25师)和晋军第12师打了一仗。晋军败退，冒雨渡河，死伤无数。击败了自己的老师，陈诚颇为得意："哈哈，我知道丰老师能说不会打仗。"

渡过大汶河，接下来准备攻泰安和济南。当时守城的晋军指挥官是北伐战争中以坚守涿州而闻名的傅作义。蒋介石担心进攻不顺，亲率一支援军赶到。这时，陈诚截获了傅作义请示阎锡山和告诫官兵的电文，一看内容，忍不住暗喜，他到总司令部向蒋介石汇报："蒋总司令，我看傅作义这回是守不住泰安的。他将在外大小事情都得向阎锡山请示，说明阎用人不专，遥加节制，此其必败一也，他的士兵平时缺乏训练，临阵才加以告诫，如同临阵磨枪，此其必败二也。"蒋介石点头，称陈诚分析得有道理。

是主攻泰安的右翼还是左翼，陈诚与总司令部的参谋长杨杰的看法相左。杨杰说，"此处东为泰山，西为平原，我们长于攻，而敌长于守，如攻其左翼，则敌知凭险拒守，以逸事待劳，我必无功，我认为应该攻其右翼。"陈诚却认为不然。他说，"傅作义能守涿州，不见得能守住泰安，时地不同也，且津浦线路西，山虽然少而水多，我们缺乏渡具，也不可不虑。"蒋介石觉得陈说得有道理，采纳了他的建议：攻左翼！

得令后，陈诚率领右翼军主力向泰安左翼攻击前进，结果进展很快，他们拔下莱芜山口，越过泰山顶，北出仲宫镇，直扑界首。虽然傅作义军利用原山东军阀张宗昌留下的工事，顽强抵抗，但很快就被攻破。8 月 15 日，济南被克，晋军全面溃退。

战争还没有结束。津浦线的战事告一段落后，蒋介石将主力移至陇海线和平汉线，与旁观者冯玉祥的大军作战。

行军作战

9 月初，蒋介石在陇海线柳河东车站总司令部召见陈诚，就下一步战术征询陈诚的意见："6 月份，我们同冯玉祥打阵地战，吃了不少苦头。所以我决定用锥形战术，大胆穿插，钻进去打乱他们的部署，就是胜利。你看如何?”陈诚回答说:“这个计划很好，但一定要各纵队有独立作战和自我牺牲精神。”蒋赞许地点点头。当时，总司令部的参谋还未到达，蒋便把陈诚暂时留在身边，为他策划作战方案，同时作为第18军军长指挥作战。

9月6日，蒋军13个纵队在陇海、平汉路全线发起攻击。9月7日，第11师也挺进到平汉路东的周家口，随即向北进攻。

18日，一直在关外观望战局的张学良，看到蒋军胜利的前景日趋明朗，便发出拥蒋通电，率大军入关，轻而易举地就占领了原来由阎军把守的北平、天津。见大势已去，阎冯联军中的一些将领开始倒戈。这期间，陈诚经手策动了冯玉祥第22路军总指挥吉鸿昌向蒋投降。

蒋介石下令对冯阎联军作最后一击，悬赏20万元，奖励最先进入郑州的部队。

不久，陈诚接到冯军一名将领的密信，告知“冯军将全线撤退”。他随即通知前线部队，加快进攻，直取郑州。有的将领将信将疑，仍然不敢冒进。但第11师和47师搜索部队，根据他的命令，开始大胆穿插。10月6日下午，这两支部队率先进入郑州，其时，冯军大部队已西撤回陕。

时任第18军上校参谋的邱行湘在《随陈诚十九年所见》中说，陈诚为了抢先向蒋介石报捷，事先拟好了电报稿，只待填上时间，就随时可用无线电发出，还派了一名卫士紧跟萧乾团前进，及时了解部队进展情况。10月6日黄昏，萧乾团在二里岗击溃冯军掩护部队后，跑步由郑州南门入城。那名卫士便飞马回报。陈诚立即填上时间向蒋介石发电报捷。实际上，与萧乾团同期攻到郑州还有第9军第47师的搜索部队。情况查实后，陈诚主动提出将那20万元的赏金，分了一半给第9军。

陈诚在回忆录里没有提到具体是哪个团先进城。他坚信那份密报属实，“乃挥军向新郑以北之谢庄挺进。由陇海路白沙车站以南，平汉路以东地区，直薄郑州。10月6日下午，击破螺蝶湖之

蒋介石（左）与张学良合影

庞炳勋部，晚九时，本军首先攻入郑州，总司令甚为欣喜，因有‘马牧集开胜利之端，曲阜挽垂危之局，郑州结胜利之果’。”不管是哪支部队，都是陈诚作为第18军军长指挥的。实际上，他当时真正指挥得动的只有第11师。

11月4日，冯玉祥、阎锡山致电张学良，宣布下野。历时7个月的中原大战终于结束。此战，阎冯李联军共死伤15万，蒋军死者3万，受伤6万，老百姓的生命财产损失就难以计算了。第11师自1929年4月以来，转战数省，死伤也相当巨大。战争结束后，陈诚亲赴武汉、南京、杭州、徐州等地，抚慰这几次战役伤残的官兵，后来又在南通办了一所军工厂，收容伤残官兵。

陈诚在回忆录里称这几次“讨伐”反蒋军的战争是一段“痛苦的回忆”。

第六节 “土木”成形

中原大战结束后，蒋介石和陈诚都在想同一件事：尽快给第

18军拼一个师，完成这个嫡系部队的建制。当然不能是杂牌部队，也不好从其他军里抽调，蒋介石把所有尚未归建的部队的情况在脑子里过了一遍后，决定将教导第3师划拨给第18军。

教导第3师组建于1929年冬，其骨干为中央陆军军官学校武汉分校的毕业生和教官，中原大战爆发后，该师隶属第3军团参加作战。这个师装备精良，而且其班底也算是“根正苗红”（蒋曾一度兼任武汉分校校长）。将该师并入第18军，与第11师组队，可谓是强强联合。唯一不太好办的就是人事安排——教导第3师师长为钱大钧。

钱大钧系日本士官学校毕业生，先后在保定军校和黄埔军校任教官，长于军事理论和战术，在北伐和几次“讨逆”战中，立过不少战功。他早在黄埔任职期间就是少将，1927年9月，升为上将军长。其资历远远超过陈诚，其军事作战能力也不在陈诚之下，而且也颇受蒋介石器重。究竟让谁担任第18军军长，蒋介石应该也有过犹豫。

钱大钧

他的犹豫应该为时不太长。1930年11月，蒋介石将教导第3师的番号改为14师，并带着陈诚一同到武汉检阅了这支部队。此时，在第18军军长人选上，蒋介石已经打定了主意。次年1月，他就正式下令，14师并入第18军建制，由陈诚兼师长，钱大钧调任长江要塞司令。

据知情者回忆，得知蒋介石有意将教导第3师划归第18军时，陈诚对蒋介石说过这样的话:“钱师长对部队的训练，重战术作业，部下带兵重实战训练，如果归并到第 18 军，改变整训方式，恐怕士兵一时难以习惯。还不如拨给部下一些新兵，反而好整顿些。”蒋不以为然:“新兵好训练，老兵就训不好么？原 17 军编入 11 师的不也都是老兵么？你不照样把他们训练出来，打了那么多胜仗吗？你的顾虑恐怕主要在军官。那些人都是黄埔军校毕业的，仗着是我的学生，多少有一点傲气，你不用顾虑，不听话的，该调就调，该罚就罚。”

陈诚微笑着，没有再吭声。事实上，他知道钱老师长于军事理论和战术运用，练兵带兵非其所长，而且治军过于松弛。1928 年第 1 集团军缩编后，钱曾担任第 3 师师长，可第二年 3 月，就因为部队军纪涣散被免职，改任中央陆军军官学校教育长，一名上将当分校教育长，实在有点贬抑。教导第 3 师也同样存在这些问题，一些士兵，特别军官懒懒散散。不过，陈诚有把握制服他们。

据覃道善在《陈诚及其军事集团的兴亡》中回忆，改编命令下达前后，14 师的几个团长怕陈诚治军太严厉，不愿意跟着陈诚，曾一起开会，准备上书反对改建和陈诚的任职，拥护钱大钧。当然没有形成气候。后来其中两个团长张鼎铭和夏楚中向陈诚告密，博得了陈的信任，而那些不愿意跟他的团长都被“清洗”，14 师内部反陈阵线没有维持多久便瓦解了。

为了牢固控制这支部队，陈诚任命周至柔为 14 师副师长，帮他打理师里的具体事务。编制由原来的 3 旅 9 团改为 2 旅 6 团，由夏楚中任 14 师 40 旅旅长，张鼎铭升任第 11 师 31 旅旅长。从第 11 师调来一批黄埔二、三期毕业生，任师中下层军官。原属教导第 3 师的攻城旅，改为师部直辖，由李延年为旅长。陈诚与周至柔，一刚一柔，配合密切，很快把 14 师稳定下来。1931 年 8 月，陈诚见周至柔与全师军官相处融洽，取得了部下信任，便卸去 14 师师长兼职，升周至柔为师长。

第 11 师在他的两位同学——师长罗卓英和参谋长邹洪的打

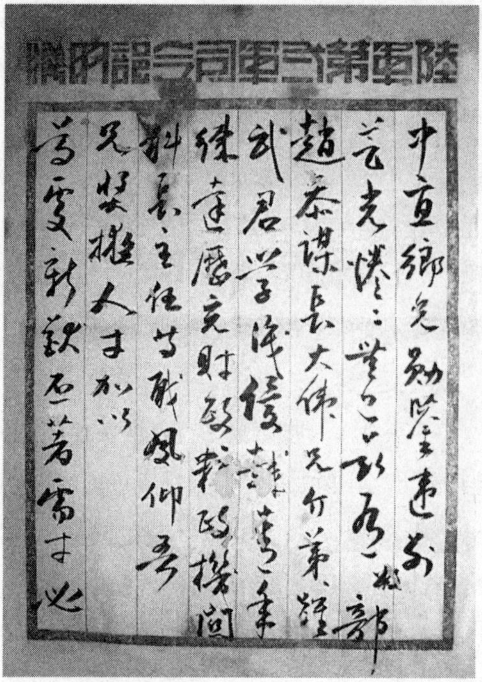

李延年信札手迹

理下，更是虎虎有生气。陈诚可以踏踏实实当他的军长了。

此时的第 18 军共有两个师加一个直属攻城旅。第 11 师 3 个旅 9 个团，加师直属部队 4 个营一个特务连，全师约 22000 人左右；第 14 师 2 旅 6 个团，加师直属部队 4 个营 2 个连，共 15000 人。攻城旅 3 个团，约 6000 人。全军共 18 个团 4 万余人。和其他军相比，第 18 军可谓兵强马壮。

从此，陈诚以这两个师为基础和核心，不断发展壮大，从而在国民党军队形成了一支庞大的军事集团。陈诚从第 11 师和第 18 军发家，“十一”两字合为“土”字，“十八”两字合为“木”字，所以，国民党军内称陈诚军事集团为“土木系”。

第七节　收编风波

为了扩大“土木系”，陈诚率部在江西“剿共”期间，毫不客气地将几支杂牌军收归到第 18 军名下。他的收编行为，曾令杂牌军将领谈虎色变。

陈诚最先收编的是韩德勤的第 52 师和郭华宗的第 47 师残部。这两个师都在第三次“围剿”战役中被红军歼灭或击溃。

收编第 52 师比较顺利。“围剿”战败后，该师只剩下一个番号和未参战的补充团。韩德勤不好意思在第 52 师待下去，请求辞去师长一职。陈诚将第 11 师独立旅和第 14 师攻城旅划入第 52 师，以原独立旅旅长李明任副师长。原第 52 师残部编为独立团。陈诚自兼师长，后交给了李明。原第 52 师独立团团长陈纯德不服新任长官，陈诚在一次军官会议上宣布：陈纯德违抗命令，图谋不轨，将其逮捕。陈纯德被关了几个月后，经人说情被释放。

收编第 43 师遇到了麻烦。该师原系孙传芳的残部扩编而成，参加过中原大战，属上官云相的第 9 军所辖，被红军击败后，师长郭华宗将第 43 师带走，脱离第 9 军建制。因为粮饷无着，部下官兵不满。蒋介石授意陈诚予以改编。但郭华宗拒绝交出部队，声称将以武力相抗。陈诚一面派第 14 师包围，一面通过保定军校的同学，分化郭部的几个旅团长，郭见胳膊扭不动大腿，接受陈

韩德勤与陈毅合影

1943 年 4 月 1 日，新四军以团结抗战为重，释放了在山子头战役中被俘的韩德勤及所部军官并归还枪支。图为释放韩德勤时陈毅（左一）送韩（左二）的情景。

诚送他的三万元，离开了第43师，到汉口做寓公去了。收编后，陈诚给该师官兵发放了粮饷，稳定军心，并派自己的哥们同学邹洪担任副师长，逐步掌握了第43师。

1932年9月，收编第三支杂牌军——59师，陈诚更是颇费周折。该师原属贵州的地方部队，是由军政部长、兼南昌行营主任的何应钦担保，调到江西参加“剿共”的。因为该师纪律太坏，地方百姓和官员都不满，蒋介石密令陈诚相机改编。1932年秋，该师驻防永丰，第18军第43师进击红军，回头路过永丰城的时候，陈诚见时机难得，便下令包围县城，准备解决第59师。南昌行营主任何应钦得报，下令陈诚撤退。陈诚有点气短，想就此罢手，但被军参谋长郭忏阻止：“兵临城下又撤回，威信扫地，且对蒋委员长也不好交待，不如先执行了再说，事后再叩头跪拜向何主任赔罪吧。”陈诚听从了他的参谋，下令部队向城里逼近。第59师师长张英知道打不过第14师，下令缴械。

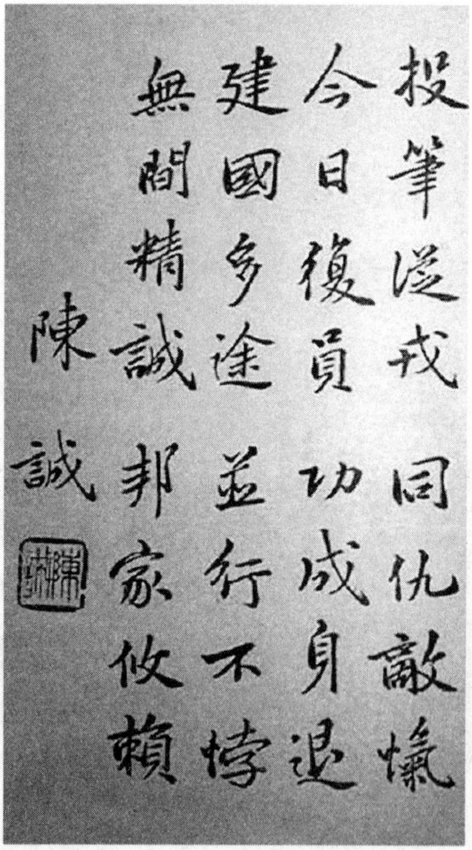

陈诚书法

事后，陈诚来不及去给何应钦叩头，何应钦就告了御状。蒋介石当然不愿意当罪人，于是假装糊涂，回复何应钦说：“前些日子辞修对我说，59师纪律废弛，应该好好改造一下。当时你不在南昌，所以我让他相机处理，但交待他切勿操切，也没有直接命令。不过，他们现在已经执行，势成骑虎，不如下令张英遵照改编，免得留下后患……”何应钦知道蒋是在推责任，和稀泥，但又不敢违抗，只得把火撒到陈诚身上，在行营里大骂陈诚不是玩意儿。

陈诚虽有一肚子火，但好汉做事好汉担，索性把责任全揽了下来，承认是自己为了执行便利，来不及向蒋、何预告，酿成大错。他请求引咎辞职。蒋介石大为“感动”，来电勉励道：“弟能识大体而顾公私。每令中正于苦难中深得以自慰，而不至抱悲观者，亦惟赖此而已。”随后发布了处分令：“该总指挥骄矜逢擅，不遵意图，着即降一级并记大过一次，以明功罪，而昭赏罚。”

陈诚是个聪明人，没有叫一声冤，有人责怪时，他还嘴硬：“59九师纪律太坏，就是应该改编。为党为国，我做得没错。”陈诚因此大大得罪了何应钦，两人从此怨恨更深。但他自认为为蒋代过，蒋不会不回报他。

陈诚解决第59师的行为，让其他在江西的杂牌军将领惶恐不安，对第18军警戒森严，甚至比对红军还害怕。陈诚觉得不妙，此后再也不敢采用这种武力手段收编部队了。

1933年，大别山红军经常活动于平汉路南段，蒋急需派一支部队去护路，陈诚主动表示，愿意将第18军的攻城旅三个团和一部分勤杂部队，编为一个师，开赴平汉路南段。蒋介石当即批准，颁给第98师番号。陈诚调14师40旅旅长夏楚中任98师师长。

至此，第18军扩大为第11师、14师、52师、43师、59师、98师，共5个师，40个团，近10万人，由陈诚管辖或节制，成为一个实力超强的军事集团。

第八节　治　军

陈诚治军有一套独特的办法。

他一直推崇老上级严重的治军之道，将严重在第21师提出的

第 14 集团军总司令部陆军第 121 师钱币

“人事公开、财务公开”，还加上一条“意见公开”，合称“三公开”，先后在第 11 师、14 师，后来又在第 18 军所有的 6 个师里全面推行。

陈诚在第 18 军制定了一套有别于其他部队的人事制度，规定升官调任，没有特殊情况，一般职员哪怕是财务人员，不得随长官离任。有一次，一个军需官要随长官离任，陈诚就是不放他走。那个军需官还要坚持，陈诚火了，叫来军法处的军官，把他关了几天禁闭。出来后，他再也不敢提调走的事了，老老实实待在第 18 军。

陈诚历来痛恨军官吃空额、克扣军饷的现象。据他本人的自述，早在他任东征军炮兵营营长的时候，营里一名军官诬陷他侵吞军饷。上司把他找去，拿告状信给他看，说：“一个营长亏公款数百元不算什么！”陈诚大受委屈，当即抗议说：“一定要查个水落石出，如有分文出路不明或是浪费，愿受严厉处分。”上司还想做和事佬：“我知道你没有贪污，可回营去安心工作。”陈诚哪里肯依，坚决要求调查处理：“革命者遇事含糊，将与反革命者何异？现在我无以见信于所部，恕不能奉命回营。”后来事情查明，对他的控告实属诬告，上峰才让那个告状的军官回家“休息”。

以后，陈诚在第 21 师、警卫司令部任职期间，在财务管理上更加谨慎小心，不敢有半点差池。1927 年 10 月离开第 21 师时，他将手里的公积金全部移交给了下任师长陈继承。1928 年 6 月，总司令警卫司令部遣散，他又将该部结余全部交给了蒋介石。这使蒋对他大为赞赏。后来抗战初期任政治部主任时，陈诚向军政部申请增加活动费用，军政部压着不办，蒋知道后，对时任军政部主任的何应钦说："陈诚是干事的人，不会贪污。你要给他多批点钱。"

第11师驻防襄阳的期间，有一天，陈诚在洗澡堂里听几个士兵说他们的连长拖欠军饷两个月没发，他便马上下令调查。后来查实那个连长果然挪用饷银一个月，陈诚命令师军法处审查。按军法条文，军法处顶多判那个连长撤职或判刑，但陈诚却批示了两个字："枪决。"由于陈诚对挪用军饷、贪污公款、吃空额等行为制裁十分严厉，第11师以及他后来的18军的军官几乎没人敢触犯。

陈诚所谓的"意见公开"，就是官兵如果对部队的人事、经济、训练、作战有意见，可以逐级反映，上级军官解决不了，可以向师部反映。"只要不是诬告，我们都欢迎，决不打击报复。"

有一次，师部开军事讨论会，一向敢于说话的第62团团长萧乾发言，对师部多有批评意见，陈诚没听清楚，对萧说："你站起来讲！"萧觉得陈诚是让他难堪，便不再讲话。回到团部，他闹情绪躺在床上称病，连陈诚打来的电话也不接，对副团长方靖发

正在进行操练的国军士兵

牢骚："师长宣称'三大公开'，他不想让我讲话，不是自食其言吗?"陈诚意识到萧可能是误会了，当天晚上，亲自到62团团部，找萧促膝谈心，解开了他心里的疙瘩。陈鼓励他说："我还是很欣赏你这样敢对长官提意见的人。对长官意旨唯唯诺诺，对长官的好恶揣摩逢迎，这样的干部没什么好处。不过你唯一的缺点就是有点骄傲，有些话说过了头，保定军官学校出身的前辈可能会嫉恨……"

萧乾连连点头："师长请放心，我以后会管住我这张嘴的。"以后，在旅部或师部会议上，萧有什么意见，照样站出来当"大炮"，只是更注意说话的分寸了。

1932 年，第 18 军扩编到 5 个师，实际上大大超过编制，但因为在战时，蒋介石也就没有干涉了。为了让这个庞大的军事集团自成一统，陈诚除了严格控制财务——各师的军饷统一由第 18 军领发，还加强了对人事的控制。从这年 3 月开始，陈诚在军部所在地吉安开办了第 18 军干部补习所，先对下级军官进行训练，后又开办高级军官教育研究班，对将、校级军官进行轮训。这期间，陈诚又延揽了一大批保定军校同学、黄埔军校毕业生和陆军大学毕业生，以培植自己的亲信。

第 18 军军官任用，地域观念并不强，以浙江籍军官居多，陈诚也没有特别偏心，但派系斗争仍然很激烈。当时第 18 军，除了保定派、黄埔派、陆大派三大派，还有一个国民党党部，权力和势力也相当的大。这几个派，明争暗斗，屡禁不止。其中，黄埔生与党部的争斗尤其激烈。陈诚在军部时，他们还有所收敛，一旦他外出，就闹得不可开交。1932 年初，他在杭州度婚假（时与谭曼意结婚），蒋介石一个电话打来，说第 18 军内部几派又在闹事，有人把状告到了中枢，叫他速回军中弹压。

陈诚中断婚假，赶回防地，了解情况后，马上集合部属开会训话，宣布："现在军中因团结精神不够，颇有造谣生事惟恐天下不乱的情事发生，影响军誉。从今以后，如再有违背三民主义信仰，不忠于委员长领导，及有反革命行为者，不论何人，即先行枪毙，然后再向上级呈报。”

军官们都不敢言语了，因为他们都知道，陈诚是真会不讲情面杀人的。1930年夏中原大战，刘峙的侄儿刘天铎因为指挥不力，就是被他一声令下给毙掉的。

朱家骅

经过这一次弹压，几大派系的斗争平定了下来。

陈诚的治军之严，在国民党军队中是有口皆碑的。北伐时，陈诚在第21师做团长，常常戴斗笠，穿草鞋和士兵一同行军。他身体力行，杜绝了下属各级军官骑马坐轿的腐败现象，他日常生活也十分朴素，饮食简单。这跟当时国民党许多高级军官奢华的生活作派，形成鲜明的对比。

有一次，几个客人和陈诚闲聊，说到某些大公馆如何富丽堂皇，宴客一掷千金，茅台酒都不登大雅之堂，非喝舶来品威士忌、白兰地不可等等。陈诚怒形于色，说：“前方吃紧，后方紧吃，如何得了！真是朱门酒肉臭，路有冻死骨啊！”后来有好事者向任国民党教育部长、CC重要人物朱家骅告状：“这句话是冲你而来的，朱门，不指你指谁？”朱家骅气急败坏，大骂陈诚：“在我头上拉屎，欺人太甚！”有人向陈诚劝告：“你说话得罪朱部长了，最好去解释一下。”

陈诚对朱家骅早有不满，气愤地说：“他读过杜甫的诗没有？‘朱门’是指姓朱的吗？他出头认账，很好，我就是要说给他们那班人听的！”

他统帅的部队账目清楚，没有吃空饷的现象，就连与他水火不容的何应钦也不得不夸奖他：“辞修是个奉公守法而又廉洁的人。当时一般军队受旧军阀影响，风气并不好。假报销很多，但辞修的第 18 军，每次都按期据实报销。”

在陈诚的治理下，“土木系”的军官相对比较廉洁，好于国民党其他部队。

第五章
攘外与安内

第一节　日本军演的刺激

1930年11月，陈诚东渡日本，观摩军事演习。

日本自明治维新以来，每年都要举行一次或几次军事大演习，大的演习常常邀请外国武官观摩，说是表示友好，实际为了炫耀其武力。1930年的联合军演，日本政府向南京政府发出了邀请。蒋介石派陈诚、钱大钧、黄毓沛、潘竟、李国梁等11人，前往日本观摩，同时考察日本的军事教育。

20世纪30年代初的日本，军事实力已相当强大。在充足的经费支持下，日本军队，特别是海军的整体实力已居世界前列。他们一方面大力发展国内军工企业，另一方面拨巨资从欧洲购买战备物资。军事训练更是日益加强。他们的海陆军联合或单独军事演习，大多是针对中国的。日本军国主义者一直抱有灭亡中国的野心。

这一次陈诚是第一次到日本，也是第一次出国。久经战事，他本想借此机会放松一下身心，没想到在日本的所见所闻让他大受刺激。

这次军事演习名为海陆军联合大演习，演习部队分为东、西两军。东军约一师之众，外加机械化车队，西军约一师一旅，外加重炮队。演习项目是东军败退，西军追击，目的在演练以不同兵种在复杂地形下的运动作战能力。日军的骄悍，陈诚在济南倒

正在进行巷道作战训练的日军

是见识过，但他们的许多先进装备，他还是第一次见到，远非中国军队所能企及。他感到非常吃惊："他们要是进攻中国，我们该怎么办?!"

演习只有两天，前后的时间，陈诚用来观光和考察军事教育。在东京大街走过，看到大都市一派繁华，他心里感到憋气："这都是用我国同胞的鲜血培植出来的。"在溱川神社，陈诚看到里面陈列着日俄战争时掳获的俄国大炮，日本人都把它视为荣耀。他从日方接待人员口中了解到，日本军人遇有战事，都会到神社来拜祝，以求"武运长久"。他还发现，1928 年 5 月在山东制造济南惨案的日本军官也曾到此拜祝。"难怪他们对我们中国人那么残忍凶狠？他们把侵略当作一种炫耀。"

在日本一些军官学校，陈诚看到日本教官都极力推行武士道精神，还采用普鲁士式体罚方式来维持军纪，保证士兵的绝对服从。在整个参观过程，他强烈感受到一些日本少壮军人，很瞧不起中国军队和中国军人。同行中有几位是东北派出的军官，他们行为轻浮，几次被日本军人嘲弄而不敢言语，陈诚心里窝着一股火，总想找一个机会回敬他们一下。不想，机会送上门了。

有一天，陈诚一行在一所军校参观，接待他们的一个日本军官，看到他身上的上将军衔标志，便问他多大岁数。陈诚回答："33岁。"那个日本军官脸上露出一丝鄙夷的神色："你这么年轻，就当上将了。贵国升军衔可真够快！"陈诚随口反驳道："你们的天皇也很年轻，怎么就当上了天皇？"

日本军官被呛得无话可回，过了半晌，才醒悟过来："你太放肆了！你怎么能和我们的天皇比？"陈诚笑了笑："不能比吗？都是人。"那军官仍不依不挠："就是不能比。我们要抗议！"陈诚冷笑一声，转身走了。据当时在第18军军部任参谋的邱行湘回忆说，陈诚与日本军官的这番口舌之争，差一点引起外交风波，还是何应钦出面给他在日本的士官学校同学打招呼才算了事。

陈诚在日本待了40天，本想在日本研修一下高级军事指挥科目，蒋介石打电报催他回国，他只得提前结束了日本之行。

在回国的海轮上，陈诚躺在床上翻来覆去睡不着，翻看着从日本带回的两本画册，一本是什么《大演习纪念册》，里面印着此次军演的照片，先进的武器、严整的队列，让陈诚后背直冒凉气，他拿出笔在册子的扉页写了五个字："傍君如傍虎"；另一本是《东岛风物彩片》，拍的都是日本各地繁华景象，他也在扉页题了六个字："红映中

军事演练

日军爬上原奥地利兵营的屋顶，假想正在进行北平的巷道作战。

华之血。”题完这几个字，他觉得意犹未尽，又扉页空白处写了几行字作为旁注：“东岛进步实肇始于甲午之役，勒索我赔款二万万两，及汉冶萍公司等，垄断中国之利益，数十年来强取豪夺，挹此注彼，始成其物质文明之突飞猛进。国人士游彼邦者，每出眈享受之乐趣，而忽其所由来。余于十九年冬讨军事告竣，东渡观操，觉娱乐之念息，戒惧之心生，置此作为警惕。”陈诚还在日记中写道：“目睹人日谋我，我日自铄，彼土军民骄焰十倍，咄咄逼人……”

12月16日，在上海登岸后，陈诚没有停留，急忙去南京见蒋介石，汇报参观经历和感想。还没听汇报，蒋介石带着陈诚先去灵谷寺刚刚建起的烈士塔拜祭。该塔是为纪念在中原大战等战役中死去的蒋军官兵。蒋告诉他，政府还准备在中山陵园里修一座官邸。

从灵谷寺回来的路上，陈诚用沉重的语气对蒋介石说：“总司令，这次到日本观操和参观，我强烈地感觉到，不，不是感觉，是断定，日本人不出一年就会对我国发动大规模的武装进攻。他们已经作好了准备。我们要尽快制定对策才行啊，比如，如兵员问题，粮食问题，交通问题等等，都应该迅速开始准备了，临阵磨枪就晚了。烈士纪念塔，虽然意义深远，但我觉得不是急务，总司令要在陵园建官邸，我认为也可以从缓。加强国防和军队建设才是最要紧的事……”

陈诚越说越激昂，蒋介石示意他别说下去了，若有所思地说：“你的感觉是对的。你的意见也很中肯，我们是得有所准备，但也不能操之过急，我们不能给日本人把柄，再说攘外还得先安内，现在李宗仁、阎锡山、冯玉祥、唐生智都被我们打败了，可共产党又在江西湖北等地闹起来了。你赶快回武汉，整编完第18军，就开始参加围剿……”

陈诚轻轻吸了一口，低声说：“是！”

第二节 初次与红军交手

陈诚第一次与红军交手是在1931年。

1928年至1930年，在蒋介石忙于收拾国民党内部反蒋势力的时候，江西的红军日渐壮大，形成了拥有两个军团、三万余人的武装部队，在赣南和闽西开辟了大片根据地。蒋介石视为肘腋之祸，必欲除之而后快。中原大战刚刚结束，他就调集各路大军，向红军根据地发动了大规模的“围剿”。

1930年10月，蒋委任鲁涤平为南昌行营主任，指挥12个师又3个旅，共14万人，向红军发起第一次“围剿”，其战术为“长驱直入，分进合击”。毛泽东、朱德指挥红一方面军两个军团（林彪的红一军团和彭德怀的红三军团）4万人，采取“诱敌深入”的战术，沉着应战，先后歼灭或击溃敌两个师，歼敌1.5万多人，第18师师长张辉瓒被生俘。蒋介石的第一次“围剿”以失败告终。

1931年3月，蒋介石调集20个师又4个独立旅，共20万人，以何应钦为总司令，发动了第二次“围剿”——“稳扎稳打，步步为营”。红军两个军团仍然坚持“诱敌深入”的战术，集中兵力，各个歼灭。在5月中下旬，蒋军3个师被歼灭，两个师被击溃。第二次“围剿”又失败了。

张辉瓒

连续两次失败，让蒋介石吃惊不小，也让陈诚不得其解——数倍于敌的正规部队为何打不过“草莽”之军？

6月，蒋介石（已任国民

政府军事委员会委员长）亲自坐镇南昌，调集23个师零3个旅，约30万人的兵力，开始对中央苏区进行第三次“围剿”。鉴于前两次“围剿”参战部队多系杂牌，这一次“围剿”，他“狠心”将几支嫡系部队投入了战役。仗着人多势大，蒋军又采取“长驱直入”的战术，直赴赣闽交界地区——他们综合情报判断，红军主力正从闽西回师赣南根据地。

两次“围剿”，蒋介石决定调集嫡系王牌军加入“围剿”大军，对中央红军进行第二次“围剿”。刚刚完成整训的第18军不能再袖手旁观了，两个师悉数上阵。陈诚受任为左翼第二路指挥官——这是他继中原大战之后第二次指挥方面军参战。

这是陈诚第一次与红军交手。他本以为马到成功，旗开得胜，没想到数万大军在丛林小道“转战千里”，竟然连红军主力的影子都找不到。

陈诚在回忆录里记述的第二路的进击历程:“28日率部自临川出发。时共军主力，正拟窜扰闽西，我军乃急于7月12日，抄出广昌以南之文会，自后予以痛击，俘获甚众。越数日，克黎川，与驻闽友军取得联络，双方夹击，共军到处奔窜。我军由黎川经广昌、宁都、兴国、富田、东固，转战千里。共军以埋伏躲藏之法，时隐时现，无法捕捉其主力而歼灭之，然已使其不胜疲惫与惊慌。”

蒋军找不到红军主力，红军主力却能找到蒋军，并不时地歼其一股或几股。

据红军军史记载，1931年7月10日前后，红军主力从闽西地区开拔，绕道千里，回师赣南兴国地区。蒋介石发现后，命令其主力部队，分路由北向南、由东向西进攻。在敌重兵压境之下，红军避敌主力，由兴国经万安突破富田一点，然后由西向东，向敌之后方联络线进击。正当红军向富田开进之际，被敌察觉发觉，敌第11、第14两师先我到达富田。在东、南、北三面受敌的危急形势下，红军向东面的莲塘、良村、黄陂方向突进。并以一支部队，伪装主力，向赣江方向佯动，将蒋军牵开，红军主力由于

8 月 4 日晚，巧妙地通过蒋左翼军与右翼军之间四十里的空隙地带，迅速转移到了莲塘地区。8 月 7 日，在莲塘歼敌第 47 师一个多旅；接着，又在良村歼敌第 54 师大部；8 月 11 日，在黄陂歼敌第 8 师约 4 个团，取得三战三捷的胜利。接着，红军又牵着蒋军跑了一个来回，运动中又打了三个胜仗。至此，红军六战五捷，击溃敌人 7 个师，歼敌 17 个团，毙伤俘敌 3 万余人，缴枪 2 万余支……

从战斗历程来看，红军绕道千里回师，又与数倍于我的敌军周旋于赣南，毫无疑问处于“疲惫”，可是在疲惫之时六战五捷，似乎并不像陈诚描述的那样“惊慌”。

更“疲惫”的倒是蒋军。据时在第 18 军任职的邱行湘和宋瑞珂回忆，第 18 军奔驰了两个月，虽然没有打仗，但被红军拖来拖去，饥疲沮丧，无能为力，而且加上疟疾等病困扰，部队减员相当严重，陈诚本人都未幸免。9 月初，第 18 军撤到吉安，“有的连只剩下一个排，有的连甚至只剩下十几个大兵了”。因为没有和红军真正交手，陈诚倒也没有“惊慌”，他还自吹：“红军不敢同第 18 军打仗。”

陈诚在回忆录里记述了发生在第三次围剿中的一段趣话：“当本军调吉安之际，南昌行营何兼主任敬之（应钦）命令说：据报共军已南窜，着该军南下跟踪追击，同时总指挥蒋铭三（鼎文）却电告说：现共军情势不明，请兄部就地待命。时友军朱一民（绍良）在南丰，与共军正接触中，希望我东进夹击，凑趣的是陈铭枢亦于是时

蒋鼎文

来电说：共军有进击十九路军模样，希望我北上与该军协作。本军行止至是有东西南北进和就地不动五种歧途，可见当时情况之乱。”

这一喜剧乱象之出现，大概是习惯于阵地战的蒋军不适应红军灵巧的运动战，被搞得晕头转向，另外更重要的是，根据地的老百姓大多同情、拥护共产党，不给蒋军提供正确情报。这两点在第四次“围剿”中，陈诚体验得更加惨痛，也更加深刻。

第三次反“围剿”胜利后，红军趁势发展，使赣南、闽西两块根据地连成一片，范围达到 21 个县，面积 5 万平方公里，人口约 250 万，形成了以瑞金、广昌为中心的中央根据地。

陈诚的第 18 军驻守赣南县城吉安。

第三节　请战抗日

就在陈诚指挥第 18 军“围剿”红军的时候，一个震惊中外的历史事件——“九一八”事变爆发了。

1931 年 9 月 18 日晚，日本关东军将南满铁路一段路轨炸毁，称是中国军队破坏铁路，随即向中国东北军驻地北大营发动进攻。次日下午，东北军驻军第七旅撤退，日军占领北大营。9 月 19 日上午，日军几乎未受到抵抗便将沈阳全城占领……

事变激起了全国人民的抗日怒潮。各地人民纷纷要求抗日，反对国民党政府的不抵抗主义行径。陈诚也像绝大多数中国人一样，对日军的侵略行径愤激万分。“九一八”事变后第四天，他以第 18 军军长的名义，给国民党政府中枢发电，请缨抗日：

……倭寇凶横，藉端启衅，占我沈阳，辱我军民，犹复续开驻韩倭军入境，节节侵迫，此种举动，欺人大甚。凡属国民，同深愤慨，国难之急，至今已极。亡国之惨，转瞬即见。吾革命军人，以打倒帝国主义为职志，此而可忍，何以为人！职等分属军人，责在卫国，愿率所部与倭寇决一死战，成败利钝，概不暇计。

被日军占领的东北某旅司令部

宁可致死于亡国之前，不愿偷生于国亡之日。执戈待命，谨候明示。

当然，他们的这一请求未被国民党政府接纳。因为国民党政府对日本进攻采取的政策是“不抵抗”。在事变发生前两天，蒋介石就致电东北军首领张学良：“无论日本军队此后如何在东北寻衅，我方应予不抵抗，力避冲突。”他采取不抵抗政策的理由有两条：国力太虚弱，日军太强大；国内局势不稳，“攘外必先安内”。

在“九一八”事变发生后的那段时间，陈诚满腔义愤和爱国热情，对不抵抗政策产生本能的反感，认为上述两条理由站不住脚。于是，在9月24日，他以个人的名义给蒋介石发去专电，申明自己的观念，请求蒋介石明令对日宣战。据《陈辞修先生言行纪要》记载：

倭兵据辽，全国悲愤，我政府除明令对日宣战外，别无瓦全之道。经于马电、梗电留存梗概，重请钧座详陈之。我国历年变乱不已，最近叛逆赤匪等任意肆扰，无一非帝国主义从中作祟之所致。是不直接打倒帝国主义，而日事讨逆剿匪，乃舍本逐末。

其谓须先求国内之统一，肃清一切反动，而后始能打倒帝国主义者，适倒因为果也。日本帝国主义者，对我国横加压迫，已非一次，此番事变，尤为彼国久有计划之举动，绝时下秘密外交所能消弥。我政府自二次北伐后，对帝国主义低声屈服，士气日就消沉，民众离政府日远，因此变乱相寻，民不堪命。今犹不唤起民众共同奋斗，更待何时？我革命军在昔根基未固时，尚以一敌百，无坚不摧，今反日渐萎顿，所以然者，亦以频年一逆方平，一逆又起，国民既厌闻讨逆，士气因而日疲。兹如举全力对帝国主义者宣战，势必振聋起聩，国民一致，人人有必死之心，视第一次北伐之叱咤风云，有过之无不及也。纵不幸而败，亦可表示我民族不屈之精神于世界，人心不死，何难复兴。

从这封电报的一些用词可以看出，当时的陈诚除了强烈的民族情感，还保留了一点革命时期的思想，也属难能可贵。可是，他的慷慨陈词丝毫没能改变蒋介石的主张和国民党政府的政策。他奉令继续驻守赣南“剿共”。作为一个中国人，眼看着国土被异族军队侵略、蹂躏，满腔义愤而无所作为，可想而知是怎样的痛苦。但作为军人，他又不得不服从军令。

他的这种内心矛盾和痛苦在几个月后又经历了一次。

由于东北军奉行不抵抗主义，日军很快侵占了东三省。1932年1月28日，日军又悍然出兵进犯上海闸北。当时驻防淞沪地区的国民党十九路军总指挥蒋光鼐、军长蔡廷锴率全军将士奋战抗击敌人，爆发了震惊中外的“一·二八”事变。第18军许多将士义

中国军人在街上呼喊抗战口号

愤填膺，请求赴援上海抗敌，陈诚也做好开拔的准备。可当时赣南的军事局势也十分紧张，蒋介石和国民党政府给他的电报，虽然没有明确命令，但倾向于让他留在赣南，驰援赣州。

陈诚很为难，只好找时任第18军总参议的樊崧甫商量，拿一个妥善的办法。樊说："援沪与援赣，当然以抗日为主。但据我看，我军从陆路援沪，行程近月，未到而战事早已结束，势必重新回转江西，重与红军作战。若是放弃赣南、赣州。援沪不成，丢了赣南，甚至江西，前途不堪设想。我以为先援赣州为是。"陈诚觉得樊说得有道理，决定采纳他的意见，将第18军主力援赣，另外将四个独立团编成一个先遣纵队，准备援沪抗日，等赣南局势稍为平稳，即将主力调往上海。

部队行将开拔的时候，第18军又遇到麻烦——无粮无饷。赣南大片地区成了苏区，而苏区实行"坚壁清野"，想抢也抢不到。蒋军就地解决粮饷的计划，成为泡影。新组阁的南京政府也捉襟见肘，入不敷出。陈诚向蒋介石叫苦，好不容易借来一笔钱，先发了拖欠的兵饷。口粮还是没有着落，找南昌行营要，南昌行营一口清，没有。陈诚牛脾气来了，说你们总不能让士兵饿着肚皮打仗，再不想办法给吃的，他们就要罢战了。南昌行营这才急了，四处寻找，好不容易打听到"白区"一个县的粮库里存了一些粮食，批给第18军救了急。

虽然按樊总参议的意见，第18军倒是比较稳妥，但陈诚对上海的战事却忧心忡忡。他给蒋介石发电说："沪战胜利未知谁属，任警卫队及十九路军顽抗，及随意调一二无战斗力之师，呐喊充数，来日大难，至为可虑。"

陈诚的忧心是多余的。正如樊崧甫所预言，由于南京政府实行不抵抗政策，第18军的援沪先遣纵队尚未参战，淞沪战事就停息了——国民党政府和日本签订了《淞沪停战协定》，十九路军奋战一个多月后，被迫撤离上海，并被下野后又复出的蒋介石调到福建驻防。陈诚在回忆录里写道："事后想来，我们当时转移抗日的军心而为剿共，也未尝不是捏着一把汗干的。"

虽然想上沙场抗日的壮志未酬，但陈诚知道，与日本的交战迟早会发生。

第四节 “第三党”风波

在江西“剿共”的陈诚没想到只差一点就被卷进了邓演达的“第三党”风波。陈诚是否参与或支持邓演达反蒋，有关野史史料，庞杂无绪，似乎成了一个历史悬案。

邓演达是著名国民党左派，前文已有介绍。1895 年出生于广东惠州，字择生，早年加入中国同盟会。1919 年毕业于保定陆军军官学校。第一次国共合作期间，1925 年任黄埔军校教育长。1926 年 1 月当选为国民党二大候补中央执行委员。同年 7 月任国民革命军总政治部主任、随军北伐，指挥攻克武昌。曾被国民党

“四一二”反革命政变后各界人士大游行

二届三中全会选为中央执行委员、中央政治委员会委员、中央军委主席团成员和中央农民部部长。蒋介石发动“四一二”政变后，邓公开反蒋。1927 年 7 月 15 日，汪精卫在武汉“分共”，邓被迫流亡国外。

1930 年 5 月，邓演达秘密回国，在上海成立了中国国民党临时行动委员会（简称临委会，即中国农工党前身），邓任中央干事会总干事，并在全国各地成立了分支机构。该党除了反蒋，还要“推翻买办阶级与豪绅地主的联合政权，建立平民政权”，遂被称为“第三党”。它既不为蒋介石所容，也与国民党内部其他反蒋派系保持着距离。

邓演达曾任黄埔军校总队长、教育长，在黄埔学生中颇有影响，临委成立后，邓演达即在黄埔嫡系军人当中联络、争取反蒋同志。第 18 军也成了他策动起义的对象。当然，他不会忽略他的旧部、如今已统帅 10 万大军的陈诚。

陈诚与邓演达同为保定军校的毕业生，只不过两人并非同期。邓为工科六期，陈为炮科八期。但后来陈诚离开浙军投奔广东，在粤军第 1 师任职，一直为邓的部属。他的升迁都得到过邓的关照。在 1923 年西征战役中，邓对陈还有过救命之恩。1924 年 9 月，陈诚由粤军进入黄埔军校发展，也是受时任军校训练部副主任的邓演达推荐。虽然期间邓离开过黄埔，但 1925 年下半年，邓回到军校后，陈也从第 1 军调回军校任教官和学生队队长，直接受邓的领导。

不论陈诚是否拥护邓的政治主张，但以上述历史渊源，他们的个人关系也非同一般。邓演达争取陈诚反蒋，也在情理之中。根据现在史料推测，陈诚与邓演达及“第三党”高层人物曾有过接触。

时任第 18 军军部参谋的邱行湘回忆说，1930 年 12 月，陈诚赴日本观摩军演，他送陈诚到上海，同住陈诚在沪的寓所（法租界爱咸斯路），他发现寓所里有临委会的文件（内容没有注意），陈在住处会见了临委会干事黄琪翔等。不过，他们的谈话内容，

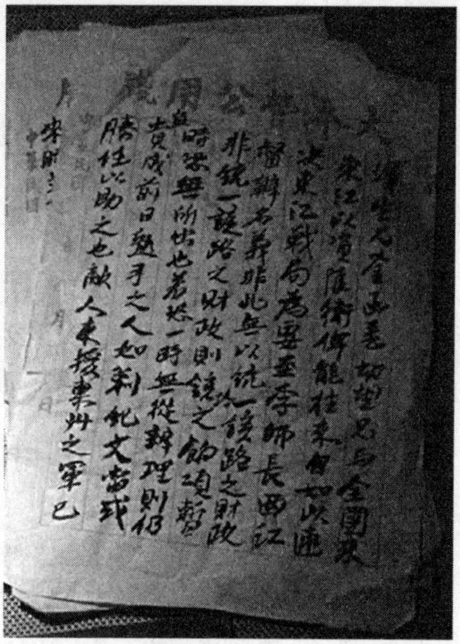

邓演达信札手迹

他没有听到。

1931年下半年，临委会在第18军已做了一些前期工作。据黄琪翔回忆，邓演达在1931年6月给他的一封信中说：“11D又14D的工作，现在大规模的进展，已派特派员去指导。”《中国农工民主党的奋斗历程》一书还记载：在第18军中，先后有数十人成为“第三党”的成员。

据时任“临委会”干事的朱蕴山回忆，1931年8月上旬，临委会曾商定：由邓演达率得力干部，亲赴江西指挥陈诚的第18军在临川、清江一带起义，首先攻取南昌。临行前三天，邓到朱蕴山的住所话别，说：“我要穿草鞋去行动了，请你留守上海代我负责……现在一不做，二不休，生死只有置之度外。”

陈诚与第三党人士有所接触，应该不虚，毕竟黄琪翔是他的校友、老师、粤军老战友，他来求见，以私情，陈诚不会拒之门外。念与邓演达的关系，其他“第三党”人士到第18军活动，他可能也会睁只眼闭只眼。但要他真的参加反蒋队伍，可能性不大。从思想上说，陈诚虽然信奉孙中山的三民主义，有一定的民主革命理想，但并不十分赞同联俄联共的政策，这从他在黄埔时积极参加右派组织——孙文主义学会的行为即可看出。从个人感情论，邓演达和蒋介石对他都有知遇之恩。蒋介石第一次下野复出后，一直器重陈诚，让他掌握自己的嫡系部队，提拔他当第11师师长、第18军军长，升军衔为上将，知遇之恩比邓更深更重。陈诚称“生我者父母，知我者钧座（蒋）”，并非虚言。从现实分析，起兵反蒋，败数更大，有可能掉脑袋——李宗仁、唐生智、阎锡山、冯玉祥等，拥有强大实力，与蒋对阵，均在数月之内就灰飞烟灭。更重要的是，一旦打起内战，国家势必又会动荡，甚至分裂，老百姓又要遭殃，在日军随时入侵中国的大难面前，陈诚最不愿意看到这一局面。

当然，他对蒋，特别是南京政府并非没有看法，如，对日军侵略太过忍让；官僚、买办充斥政府要门等等，他极为反感。所以结论是，他可能会有限度地支持“第三党”，骂一骂，敲打敲打蒋的神经，但决不会赞同，更不会参与武力反蒋行动。

知陈诚者，莫如邓演达。他动身去第18军策动起义之前，一些党内人士表示担忧，邓就说：“如果他反对起义倒蒋，我就叫他将我捆送给蒋！否则，或者同我一起发难，或者离开部队。”邓很自信，意图也很明显：虽然不赞成起兵反蒋，但也不会出卖自己，最大的可能会离开第18军，让邓还领导这支部队。

历史老人没有给邓演达这个机会，也让陈诚避免了一次艰难抉择。因叛徒告密，1931年8月17日，邓被上海租界巡捕逮捕，次日，“引渡”到上海龙华警备司令部，8月21日被押解到南京。

邓演达被捕，“第三党”的反蒋军事行动也就胎死腹中了。

第五节 国恨友仇

邓演达被捕后，陈诚如何动作，有史可查。

8月23日，陈诚闻知国民党党内和军内有人主张杀掉邓演达，立即给蒋介石发了一封电报，请为国惜才，贷其一死。25日，蒋复电，准从宽大处理。陈诚未请求政府无罪释放邓演达，也可见他对第三党的态度。请求免其一死，更多的是从私人感情出发的表态。8月31日，陈诚写信给在南京的未婚妻谭曼意，说：“闻择生兄被捕，心甚不安。”

蒋介石答应宽大处理邓演达，让陈诚松了一口气。他以为邓演达真的会免于一死。事态的结果让他大失所望。12月19日，

邓演达在黄埔军校中的演讲模型图

陈诚从报纸上得知邓演达被判死刑，既痛心又愤慨，当即给已经下野的蒋介石发出电报，请求辞职。

“八月择生被逮，曾奉梗亥电（8月23日）请为国惜才，贷其一死。当即蒙覆回二十五参电，准从宽大处理在案。顷据确讯，择生兄经军法司判处死刑。人亡国瘁，痛澈肺腑，猥以微贱，久承嘘植，而今公不报国，私不能拯友，泪眼河山，茕茕在疚。江西匪乱犹炽，自宁都陷后，益形猖獗，靖饬朱主任（朱培德）速莅江右主持。职决定即离职赴京待罪。急不择言，伏乞睿察，并候示遵。”

需要说明的是，蒋介石已于12月15日下野——通电辞去国民政府主席、行政院院长及陆海空总司令等职。陈诚此时得知邓演达被判死刑的消息，或许真以为是新任南京政府（孙科时任行政院长）所为，与蒋无关。他请求离职，并非“要挟”蒋介石，而是表示对新政府的不满。他之所以打电报给蒋，意在仍视蒋为领袖，以求一些安抚。

没想到，蒋的回电火气十足：“今既证实择生有叛党乱国罪，而不能伏诛，则纪律不张，何以革命，望勿以私害公，为友忘党。”

蒋发火了，陈诚不敢再提离职一事，语气也缓和了：“择生事，蒙以不可为私情而忘公义切责，敢不凛遵。惟职之出此，全为革命前途着想，非尽为友谊。职久承植，论私情，生我者父母，知我者钧座。而职追随钧座革命数年，无时不勉为一士之谔谔，殊未敢丝毫上干以私，久隶帡幪，当承眷察。而于择生处死，独斤斤以为不可，妄附古诤臣之末者，盖一为国家惜才，二为革命者知所自勉，三以成钧座继先总理之宽大也。万祈俯赐采纳，贷择生一死，则职有生之日，即报答钧座之年，不胜迫切待命之至。”

除了替自己辩解，他在电报里还是一再请求蒋介石，“贷择生一死”。

其实，邓演达在一个月之前就已经被杀害。据有关史料称，蒋介石抓到邓演达之后，起初还没有动杀机——毕竟邓也曾是黄埔军校领袖人物，在黄埔师生当中颇具影响。他曾派人甚至亲自出马，多次劝降邓演达，均被邓严词拒绝。但不久发生了“九一八”事变，粤方反蒋派以蒋介石下野作为“宁粤合作”、“共赴国难”的条件，他准备暂时下野；与此同时，黄埔军校历届毕业生联名保释邓演达，让他意识到邓的影响力有可能动摇自己在黄埔生当中的地位。此人一旦被新政府释放，后果不堪设想。于是，下野前夕的蒋介石决定秘密杀害邓演达。

1931年11月29日夜，蒋介石派他的卫队长王世和，带着几名卫士将邓演达从囚禁室带出，谎称将他转移他处。囚车开到南京城东麟麟门外沙子岗时，司机佯装汽车抛锚，王世和要邓演达下车。邓刚走出车门，身后几声枪响，邓应声倒地，再也不能起来，死时年仅36岁。邓演达被杀害之后，蒋介石秘而不宣。直到12月19日，宋庆龄在《申报》发表《宋庆龄之宣言》，公开揭露蒋介石的罪恶。

正在演讲的宋庆龄

蒋介石在给陈诚的第二封回电中，应该告知了邓的死讯，只不过把杀邓的责任推卸给了军政部军法司和任军政部部长的何应钦身上。事实上，何应钦等也是力主杀邓的元凶。

陈诚也许真的相信了。12月22日，正是他与谭曼意的订婚七周月，他给谭写了一封信："今天是我俩订婚的七周月纪念，国仇友恨，岂堪回首。择生兄为革命而死，为中华民族而死，为世界弱者而死，死得其所矣！又复何憾？惟壮志未酬身先死，不能不为革命前途、中华民族前途、世界弱者前途痛哭耳！"信里还附了他写的一幅字："国恨友仇——陈诚七周月纪念，于吉安军次。"

他在这里说的"国仇"，指的是日本制造九一八事变，公然侵略东北三省；所谓"友恨"指的应该就是邓演达被害。对于邓演达的死，陈诚的悲痛、愤激在情理之中，悲痛愤激之下，他给予了邓演达极高的评价。不过，应该指出，如果陈诚因邓被杀而心生"仇恨"的话，这个"恨"针对的应该不是蒋介石，而是逼蒋下台的新政府，和力主杀害邓演达的何应钦之流。陈诚对蒋介石的话笃信不疑。

1931年12月22日至29日，国民党四届一中全会在南京召开，是由宁、沪、粤三方中央执、监委联合举行的，表面上实现了国民党的"统一"。会议改组了国民政府，选举林森为国民政府主席。蒋介石、胡汉民、汪精卫被选为中央政治会议常务委员。蒋介石参加开幕式后，于当天下午偕夫人宋美龄悄然离开南京，回到老家浙江奉化去了，又和第一次下野一样，他在暗中操作，伺机复出。

林森肖像

蒋介石这次下野的时

间不到两个月。在内外交困之下，孙科（任行政院长）主持的南京政府很快就维持不下去。亲蒋派便联合汪精卫一派，把蒋介石从奉化请出山。1932 年 1 月 28 日，蒋主持国民党临时中政会，决定任命汪精卫为行政院院长，孙科为立法院院长，林森仍为政府主席，蒋改任政府军事委员会委员长。虽然表面上权力有所分散，但至关重要的军权依旧掌握在蒋的手上。

对陈诚在邓演达一案中的表现，蒋介石多少有些失望，但仍然相信陈诚对他是绝对忠诚的。因为经他手下人查明，陈诚与邓的交往纯系友谊，并未真正参与起义活动。如今，邓演达已死，陈诚必会更加紧密地追随自己。加之，江西的红军正日益壮大，日军在华北也蠢蠢欲动，像陈诚这样有较强军事才能的将领，他还得利用。

邓演达一案后，蒋介石不但没有抛弃陈诚，相反还把他拉得更紧了。1932 年 1 月 1 日，下野的蒋作为主婚人，出席了陈诚与他干女儿谭曼意的婚礼。从此，陈诚与蒋介石又多一层翁婿关系。

国内有史学研究者认为，陈诚背叛了邓演达，卖友求荣，实则凭空臆测。因为陈诚并没有加入第三党。邓演达被捕，是因为内奸陈敬斋出卖。此人在解放后被人民政府镇压。一些被第三党安排在第 18 军的人，陈诚虽然知道，但没有把他们供出去，相反重用了他们。

第六节　王牌师被歼

请求抗战不批，陈诚还得在赣南继续作孽。1933 年初，蒋介石开始发动了第四次“围剿”。

这次“围剿”由蒋介石任总司令，分三路进攻中央红军。陈诚指挥中路军 12 个师、兵力共 16 万人，担任主攻任务。他把中路军编为三个纵队：第 1 纵队辖第 11、第 52、第 59 师，由罗卓英指挥，集结黄宜；第 2 纵队辖第 10、第 14、第 27、第 90 师，

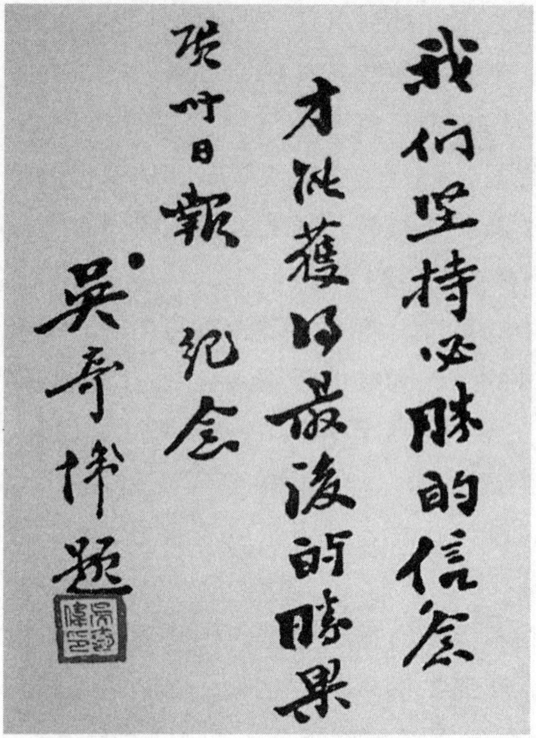

吴奇伟书法

由吴奇伟指挥，集结南丰；第 3 纵队辖第 5、第 6、第 9、第 79 师，由赵观涛指挥，集结南城。另有左路军及右路軍，各辖 6 个师及 1 个独立旅。

三路大军加预备队，总兵力达 40 万人，采取“分进合击”的战术，企图将红一方面军主力歼灭于黎川、建宁地区。当时中央红军三个军团，加上其他部队，才 7 万人。兵力如此悬殊，以致陈诚想包打包吃。他还真以为第三次“围剿”，找不到红军主力是因为红军害怕他的王牌军第 18 军呢。

红军的情报工作十分到位。据时任第 18 军总参议的樊崧甫回忆，蒋军各路大军尚未完全到达集结位置，其进攻路线图就被红军指挥官拿到了。为了争取主动，调动蒋军，伺机歼敌，2 月 12 日夜，红军抢先一步，打响了围攻南丰的战役。

陈诚急令驻南城的第 14 师驰援南丰，令中路军各纵队迅速向南丰挺进，企图合围红军于南丰城下。在蒋军优势兵力进逼下，红军改强攻为佯攻，主力转移至南丰以西地区，准备打援。22 日，考虑到蒋军兵力密集，打援无胜算把握，红军遂主动撤围南丰，诱敌深入。以红军一部伪装主力，东渡抚河，造成撤退黎川假象。主力则转移到广昌以西的东韶、洛口、南团、吴村地区，隐蔽待机。

陈诚被迷惑了，以第 1 纵队于宜黄以南地区集中，然后出广昌、宁都，堵截红军归路；第2纵队由南城、南丰出康都，侧击黎川、建宁；第3纵队由金溪地区南下，从正面向黎川方向进攻，企图合击红军主力于黎川、建宁地区。据此，第1纵队第52、第59师准备由乐安地区东进黄陂，与由宜黄南下的第11师会合，形成单独作战的局势。

红军的战机出现了——第1纵队迫近红军主力隐蔽之地，且与第2、第3纵队相距较远。红军第一方面军总指挥朱德、周恩来当即决定：在宜黄之黄陂地区，伏击第52、第59师！ 2月26日，第52师、第59师由乐安分路向黄陂前进，两师之间有摩罗嶂大山相隔，戒备亦不严密。此地“山抛陡峭，路径险峻，时天冥雾重，莫辨东西南北”。行进之中，枪炮声大作，红军突然对他们发起猛攻，从27日上午至28日下午，经过两天激战，第52师被全歼，师长李明被击毙，第59师大部被歼，师长陈时骥被生俘。

两个师被歼并没有让陈诚清醒过来。他们认为这两个师属新组建的部队，战斗力不强。他急调第二纵队为先锋，经东陂、黄陂、侯坊向广昌探进；第一纵队在后面跟进。第11师新任师长萧乾（2月3日接替罗卓英任师长）傲气十足地说：“敌军的狂妄气焰，使他们得以侥

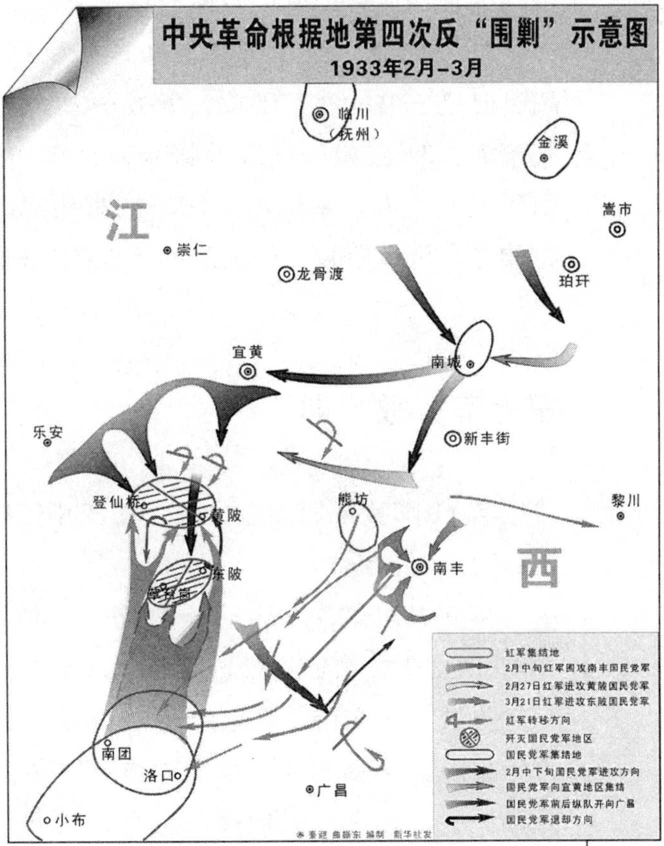

第四次反“围剿”示意图

幸取胜，我们要为兄弟师报仇雪耻，就只怕敌军避与第 11 师交锋……”他让士兵多带绳索，准备捆绑红军俘虏。

他们哪里知道，红军仅以少量部队在广昌西北地区现身，吸引敌纵队南进，而以主力向北移动，埋伏在草苔冈的崇山峻岭之中。他们放过兵力强大的第 2 纵队，集中强大兵力截住第 1 纵队——陈诚的王牌师第 11 师和新加入的第 9 师。

3 月 20 日，第 11 师进至草苔冈、徐庄一线，第 59 师残部在后跟进，第 9 师位于东陂附近，与前纵队已相距 100 里，又处于孤立态势。红军开始阻滞第 9 师的行动，准备围歼第 11 师。下午，第 1 纵队指挥官罗卓英率 59 师残部 175 旅到达东陂以北之五里牌。他判断次日将有大战，而草苔岗附近地形不利，打电话给萧乾将第 11 师连夜撤回五里牌。但萧乾不同意，说，夜间撤退，易致队伍混乱，并且有把握在原地与红军决战。

21 日拂晓，红军源源不断地开到草苔岗，第 11 师遭到数量超过自己三倍的红军围攻。激战一天，该师大部被歼。第 11 师师长萧乾、31 旅旅长黄维等将领皆受重伤。萧乾退到东陂附近时，由于无面见人，举枪自杀，一枪对头部，一枪对腹部，但两枪都打偏了，再举枪时，他的副官将他的手枪抢走了。

第七节 教 训

第 11 师被歼的消息传来，在抚州指挥中路军作战的陈诚，抱头痛哭。

蒋介石对这次失败也十分伤心，他在给陈诚的手谕中写道：“惟此次挫失，凄惨异常，实有生以来唯一之隐痛。”

陈诚无法交待，赶紧给蒋介石写了一份辞职报告：“职于外寇方张之际，奉令剿匪，肃清内盗，才薄任重，自知弗胜，惟当此万难关头，怀古人见危授命之意，责无旁贷，义不敢辞。并承钧座意旨，拟于最短期间摧陷廓清，藉纾中央内顾之忧。不意一月以来，五十二、五十九两师失利于前，第十一师挫败于后，影响中央安攘之大计，蒙受从来未有之损失……至职奉命无状，措置失当，并恳严厉处分，藉鼓士气。如蒙另择大员接替斯职，俾奏肤功，奠安党国，实为感祷。”

受到这次打击后，陈诚才真正尝到了红军的厉害，再也不敢说大话了。不过他仍有些怨气十足：本想率部华北前线抗日，而蒋介石非要强留下他“剿共”，如今打输了，你撤我职吧。

蒋介石当然不会撤陈诚的职，因为此次“剿共”失败，他也难脱干系。得知第11师被歼噩耗后，他特地从南昌来到抚州看望陈诚，江西省主席熊式辉陪同偕往，一路挑剔，临下车时，一面双手扶着蒋下来，一面说：“委员长年纪大了，为了辞修兄措置失当，使委员长长途跋涉，真正该死！”蒋大发脾气，听了熊式辉的话，勃然大怒，说：“谁要你来，你先回去吧！”熊碰了一鼻子灰，回到家里把一桌饭碗摔了个粉碎。

蒋介石的王牌部队被红军歼灭，这还是第一次，蒋介石当然要有个交待：中路总指挥陈诚记大过一次，降级任用、第5军军长罗卓英革职留任，戴罪图功。

轻微的处分下来后，陈诚才静下心来总结战败的原因。

在他看来，第52、59师被歼是因为其“劣”：“这两师是由第11师两个独立旅改编的。补充进去的部队，都是些纪律不良的杂色队伍。以此这两个师素不为民众欢迎。师行所至，民众逃避一空。他们得不到民众的助力，只得摸索行进，这才使他们陷入伏中而不自知……”

第11师被歼是因为“骄”：“第11师那种布阵法，预备队留得那样少，对于敌人‘以大吃小’的惯技，完全不拿来放在心上。这能说不是疏忽大意吗？这能说不是骄傲轻敌的表现吗？”

陈诚并没有推卸作为中路总指挥的责任：“以上轻敌致败的责任，都应由纵队指挥官来负。至于改变计划，于进备尚未完成之际，急于求敌决战，以致欲速不达，反而失事的责任，是推卸不掉的……再则黄陂之败，由于我之事必躬亲，也是一大原因。那

毛泽东与林彪（右）在延安

時我处理公务，不大假手幕僚。以致形神劳瘁，往往数夕不寐。一夕得前方电报，请示机宜，我因疲困已极，竟手持电报睡去，及醒，再行处理，已失时效，此一事给我的教训甚大……”

陈诚说第11师官兵傲气，其实他自己也何尝不傲？有一次，江西省主席鲁涤平请他吃饭，谈到“剿共”，鲁涤平流露出畏惧之意，陈诚就夸下海口：“有什么可怕的，我们第18军出马，共军必败无疑！”这话后来传到蒋介石的耳朵里，蒋把他教训了一顿，但他仍然口服心不服。这次惨败后，他才意识到自己确有轻敌情绪。

他也许当时不知道，在草苔岗歼灭第11师的正是林彪指挥的红一军团。林彪是黄埔四期生，算起来还是他的学生。如果知道他是被学生打败的，不知道心里会是何种滋味。十多年后，他在东北战场，又一次与他的这位学生交手，也是被打得落花流水，而且过程更精彩。

其实，蒋军在江西历次“围剿”失败的最根本的原因，还是“得不到民众的助力”。陈诚多少能认识到这一点，也算是“贵有自知之明”。

以上失败之教训，对陈诚后来治军和工作作风多少产生了一些作用。

第四次围剿失败后，蒋军内部对陈诚大肆攻讦，尤以何应钦、熊式辉攻击最烈，南昌行营下令对第18军进行缩编。原来的每师2旅6团制，改为每师3团制，这样算来，全军约计缩减兵员一半左右。陈诚极为不满。他晚年在回忆录里写道："这不是委员长的意思，这简直是对于不怕牺牲部队的一种无情打击……如此改编部队，足使军心涣散，剿共将永无成功之一日。南宋不能光复故物，是秦桧必欲诛除岳武穆的结果。我虽不敢比拟岳武穆，但委员长左右确有秦桧其人是事实。"

在抚州稍事部署后，陈诚打电报向蒋介石辞职，不待回电，他就回到南昌的家里，谢绝宾客。他不去见蒋，蒋也不便召见。后来，还是由陈夫人谭曼意出面，想办法让陈与蒋面谈了一次。蒋要陈诚回前方主持军事——赣粤闽湘鄂北路"剿匪"军第三路军总指挥。

当然，陈诚的一些要求，蒋也不得不给予满足。

原来对第18军的缩编计划被推翻，相反，第18军3个师（第52、第59师已于2月份拨出，编成第5军，由罗卓英任军长），还得到了变相的扩编——取消旅部，一个六团制的师扩成两个三团制的师。

第11师改编为第11师、第67两师。第11师师长萧乾（后黄维），团长王严、马励武、胡琏。第67师师长傅仲芳，团长杨组征、陈希平、宋瑞珂。

第14师改编为第14、第94师。第14师长霍揆彰，团长阙汉骞、杨勃、曾伯熹；第94师长李树森，团长李精一、戴炎奇、傅锡章。

阙汉骞

第43师改编为第43、第97两师。第43师师长邹洪，第97师师长孔令恂，团长韩锡侯、金德扬、李士林、袁景凡、董得乾、梁树森。

陈诚的军事集团又得到了壮大。

第六章
抗战骁将（上）

第一节 抗日主战派

卢沟桥事变的发生，迫使中国政府仓促应战。

1937 年 7 月 7 日夜，卢沟桥的日本驻军在未通知中国地方当局的情况下，径自在中国驻军阵地附近举行所谓军事演习，并称有一名日军士兵失踪，要求进入北平西南的宛平县城（今卢沟桥镇）搜查。中国守军拒绝了这一要求。日军向卢沟桥一带开火，向城内的中国守军进攻。中国守军第 29 军第 37 师第 219 团被迫

进入上海的日军

装备精良的日军进入上海，在街头支起机枪，架起大炮，准备对上海发动全面进攻。

还击，从而掀开了全面抗日战争的序幕。

事变爆发后，南京政府一边寻求和平解决办法，一边着手应战。

正在庐山主持暑期训练团的陈诚，忙于派送受训将领赶赴前线。每天早上，他手拿一份学员名单，向点到名的军官下达委派命令，一些被点到名的军官即刻离队，从庐山直接走上抗日战场。一天早上，陈诚点完名后，蒋介石还要训话，一讲几个小时没有停下来，陈诚上前打断他的讲话，提醒说有将领等着上前线。蒋介石连忙结束了训话。

可以想象，当时的陈诚一定是激情澎湃，因为他早等着这一天。事变发生后，日军一方面与冀察当局谈判，迟缓时间，一方面大量增兵，不断向平津进攻。7 月 15 日，一直关注北方战事的陈诚上书蒋介石，陈述自己的建议：

"卢沟事件，迄今已一星期，虽一再言和，而日人不顾信义，迭施攻击，其别有所图，昭然若揭。我军既有不屈服之决心，更应攻击前进，坐以受击，静候敌人之增援，无异待毙，实兵家之大忌，淞沪战役之失败，即为殷鉴。此次事变，敌如为预定计划，则我虽不攻，敌必贯彻其目的，我如攻之，或反可挫折其企图。若敌无作战决心，必不因我一击而改变其计划，若果激而出此，则已非其本意，而我反立于主动地位矣。"

在这封电报里，陈诚还向蒋介石提供了一条特别建议："敌如出兵扰我长江，则我国应即整个发动，先肃清其各地租界，及海陆驻屯军。理由：我国对日作战，其唯一之有利时机，厥在制敌机先，予以奇袭，消灭其驻军，巩固我腹地。最初之胜利既得，斯最后之胜利可期。故在此时我军应即完全主动，出其不意，先予敌以歼灭。日本政府根基不固，而政党财阀，情况复杂，颇有困于因应之感，然在关东军人，为抵抗彼邦人事异动起见，亟思乘机造成恐怖，一以缓和国内情形，一以延长关东军人之寿命。若一旦遭中国之奇袭，必将穷于应付，则我政府或将纯立于主动矣。总之，今日我国只有以决战之准备，与牺牲之决心，方可挫敌之凶焰。”

对空击落日军飞机

中国军队对日军侵扰历来是被迫还击，陈诚建议“主动进攻”，确属大胆。与主张“求和”的何应钦等人相比，陈诚属于强硬派。对于日军历次的侵略行动，他都是坚决主张抵抗。早在1931年的九一八事变和1932年的一·二八事变当中，他就几次主动请缨，要求上前线杀敌，只可惜没有得到蒋介石的批准。以往，因为远离中枢，他的主张还不大可能影响蒋介石和政府的高层决策，而现在作为蒋介石的高级幕僚、一个掌控着庞大军事集团的将领，他说话的分量就非同往日了。

电报发出的第二天，即7月17日，蒋介石在庐山发表了那个闻名抗战史册的“庐山谈话”：“我们希望和平，而不求苟安；准备应战，而决不求战。我们知道全国应战以后之局势，就只有牺牲到底，无丝毫侥幸求免之理。如果战端一开，那就是地无分南北，人无分老幼，无论何人，皆有守土抗战之责任，皆应抱定牺牲一切之决心。”

蒋介石的庐山谈话，宣告中国政府长期以来的忍让妥协政策的结束。全国军民为之一振。在同期，经过多轮谈判，国共两党开始第二次合作，携手抗日。

不久，上海方面也动兵了——八一三事件爆发。以往的官方资料称，这一事件是由日军挑起来的，实际上8月13日之前，张治中率领的两个正规师（大概穿了保安队服装）已进驻上海市区，而当时日本的驻军只有8000人。而且按1932年签订的《淞沪停

日本援军登陆上海

战条约》，上海市区不得驻扎中国军队。这一天也许就是日军先开的枪，但中国军队的某种程度的“主动性”，也毋庸否认。至于虹口机场事件——8 月 9 日，日本海军陆战队中尉大山勇夫率士兵斋藤要藏，驾车强行冲击虹桥中国军用机场，被机场卫兵击毙，被认为是“八一三”事件的导火索：日方拒绝以外交方式解决，要求中国军队撤离上海、拆除军事设施，同时向上海方面增派军队。

事件之前，蒋介石派军队进驻上海，是否受陈诚的那个条陈的影响，没有史料证实，但这显然符合陈诚的战略意图——“敌如出兵扰我长江，则我国应即整个发动，先肃清其各地租界，及海陆驻屯军。”

8 月 14 日，南京政府发表《自卫抗战声明书》，宣布：“中国为日本无止境之侵略所逼迫，兹不得不实行自卫，抵抗暴力。”耐人寻味的是，直到 1941 年 12 月 9 日，日本偷袭珍珠港的第二天，中华民国政府才在重庆正式发布对日本宣战的公告。而日本对中国始终是战而不宣。

同一天，蒋介石电召陈诚赴南京。15 日，陈诚离开庐山，乘船到芜湖，改走陆路，连夜到京。

陈诚在 5 月 1 日已正式就任军政部次长，但此后大部分时间要么在外视察部队，要么在庐山主持训练团事务，并没有在南京军政部坐班。他在回忆录里解释未主动下山的原因，除了训练事务繁忙，就是“当时政府中，少数妥协亲日分子与我积不相能，我也殊少和他们共事的可能。”他说的“妥协亲日分子”，应该是指军政部长何应钦等人。其实，蒋介石发表庐山谈话后，何也开始积极筹画应战。

到南京后第二天，陈诚立即去见蒋介石。蒋给他交办了二件事：一、赴上海视察张治中部作战，并协助之；二、迅速厘定全国各军战斗序列。第二件事，陈诚当天就办完了。他与海陆空统帅部副参谋长白崇禧等会商，将自己所掌握的各方将领的历史、个性、能力等，一一向他们作了介绍，供他们参考。白崇禧后来决定的抗战第一时期的战斗序列，采用了他的很多意见。

8 月 16 日，陈诚和熊式辉赴沪视察。当时沪上抗战部队只有第 9 集团军的第 87 及第 88 两个师。日军先期登陆部队已经被他们包围，但兵力不敷分配，预备队也很少。陈诚觉得这种战法，与“十则围之”的原理不合，但提议将第 36 及第 98 两师加入攻击，先将敌方阵地中央突破，再向两方席卷而扫荡。集团军总司令张治中采纳了陈的意见，马上着手部署进攻。

18 日晚，陈诚和熊式辉返回南京。路上，熊问陈诚，是不是形成一致的意见报告给蒋？陈诚知道熊与自己的意见不统一，便说：“不必了吧，各人说各人的意见，也好让委员长多得一份参考数据。”果然，蒋问熊式辉对沪战有何看法，熊说了一通，结论是“不能打”。而陈诚的意见截然相反：“不是能不能打的问题，而是要不要打的问题。”

日军占领太仓城

蒋说：“你说说看，要不要打？”陈诚一一道来：“我认为当然要打。华北战事扩大，

张发奎与李宗仁（左）在桂林公馆合影

已无可避免。敌如在华北得手，必将利用其快速装备，沿平汉路南犯，直趋武汉；如武汉不守，则中国战场纵断为二，于我大为不利。不如扩大淞沪战事，诱敌至淞沪作战。”

蒋介石连说：“打！打！一定打！”陈诚趁机建议道：“如果要打，必须向上海增兵。现在上海的兵力太少。”蒋决定在上海和日军打一大仗，主要是从政治考虑：以示抗战决心，争取国际上的同情。而陈诚主要从战略考虑：分散日军兵力，并将他们拖住在淞沪。蒋同意陈诚的看法，不过，蒋介石用的是政治家的角度说打，而陈诚用的是军事家的角度说打。

8 月 20 日，国民政府军事委员会颁布中国军队战斗序列，将全国划分为 5 个战区，京沪杭地区为第 3 战区，以冯玉祥为战区司令长官，顾祝同为副司令长官，前敌总指挥则由陈诚亲任，兼第 15 集团军总司令。

各路大军迅速调往淞沪地区，共计有，张治中的第 9 集团军，霍揆彰的第 54 军，常恩多的第 111 师，张发奎的第 8 集团军，刘建绪的第 10 集团军，陈诚的第 15 集团军，薛岳的第 19 集团军，兵力达 40 余万，几乎全部为原中央军精锐部队。作战意图和陈诚的条陈如出一辙：“以主力集中华东，迅速扫荡淞沪敌海军根据地，阻止后继敌军之登陆，或乘机歼灭之。”

不可一世的日本政府不能容忍上海据点丢失，也源源不断地增派大军。一场大战在淞沪拉开了。

作为此战的前敌总指挥，陈诚热血沸腾，赶往苏州指挥部上任："从'九一八'事变起，我誓愿为抗日战争效命，至此乃得如愿以偿。"

第二节 淞沪血战

按陈诚原来的预想，先发制人，以数量的优势压倒对方，消灭驻上海的日军，可他没有想到，淞沪之战后来演变成了一场血肉之战。

陈诚到任的时候，他建议张治中的进攻已经结束。他在回忆里称，因为攻击开始过早，第36师已迫近汇山码头，而第98师尚未开到，致使进攻部队陷于被动地位，功败垂成。他对此耿耿于怀，后来总结会战教训时，特别提到了这次失败。

初期进攻失败，导致日军后来反守为攻。8月22日晚，日军增援部队第3师团、第12师团、第1师团之第1旅团、第8师团

激战过后的上海罗店

被称为"血肉磨坊"的罗店战役过后，到处是断壁残垣，昔日的繁华变成了一片废墟。

之第一旅团，由狮子林、石洞口、川沙口及张华滨附近，同时强行登陆，向宝山、罗店、浏河之线进犯。我方因沿江配备兵力单薄，未能阻止敌军之登陆，淞沪之战扩大了。

24日，陈诚任总司令的第15集团军，先后到达上海，投入战斗，向登陆之敌猛攻，在罗店附近展开激战，攻击登陆日军。这个集团军的主力为第18军和第54军，其中第18军是他的嫡系部队，54军是他的岳丈谭延闿的旧部，都能打仗，而且士气甚盛。

罗店战役为淞沪会战中最惨烈的一役。第18军第67师由嘉定东来，经过激战，一度夺回了罗店。日军立即组织反扑，该师官兵奋勇苦战，近身肉搏，但阵地得而复失。罗店失陷后，军长罗卓英又增派第14师支援，趁夜晚突袭罗店日军，反复冲锋，终于又夺回阵地，反复三次，伤亡枕藉，阵地均成焦土。日军第11师团称罗店为“血肉磨坊”。

9月初，吴淞、宝山相继失陷，11日，日军主力进踞杨行，随后向刘行进攻。此时，蒋介石亲兼第3战区司令长官（冯玉祥调第六战区任总司令），以陈诚的第15集团军为左翼作战军，以张治中的第9集团军为中央作战军，以张发奎的第8集团军为右翼作战军，坚守刘行、罗店一线。14日，陈诚亲往刘行阵地视察，发现形势岌岌可危，于是请示相机退却，以保存战力，节节抵抗。但蒋介石命令各部再守3天。

此时，淞沪会战的最初目标已基本破灭，另作调整也许是明智的选择，蒋介石之所以要部队再固守3天，是想争取国联的干涉。9月13日，国联在比利时召开第十八届常会，中国政府代表正式申诉，并发表长篇宣言，陈述日军侵华之经过，要求国联采取适宜及必要行动。蒋介石也想打一个胜仗，在国际上显示中国军队力量。

16日，第9集团军被迫撤至上海北车站、江湾、庙行、杨家宅之线固守。于是，蒋介石调整部署，分为左、中、右三方面军，向敌进攻：陈诚任左翼作战军总司令，下辖第19集团军（薛岳为总司令）和第15集团军（罗卓英为副总司令）；朱绍良任中央作战军总司令兼第9集团军总司令；张发奎任右翼作战军总司令，下辖第8集团军（张发奎兼总司令）和第10集团军（刘建绪为总司令）。

装备精良的日军轰炸机

9月底，刘行方面也被日军突破。考虑到罗店方面阵地过于突出，陈诚放弃原定计划，退守到罗店西南施相公庙一带，继续抵抗。至此全部攻势即告停止。其时，日军增援来的总计兵力已超过20万人。而中国军队也在源源而来，湖南、广东、广西各省部队均编入战斗序列，但在日军陆海空联合作战之下，中国军队的官兵，几乎成了日军炮火和飞机轰炸的活靶子。

10月初，蒋介石见淞沪会战败局已定，便任命陈诚为第三战区前敌总司令，负沪战全局指挥之责，他自己回南京部署南京保卫战去了。遵照蒋的旨意，陈诚重新拟定新的进攻方案，力争多延长一点守土时间。

19日夜，陈诚督率各部开始反攻，不料日军也正发起新一轮进攻。两军相撞，战场上立时血肉横飞。

双方绞杀了三个昼夜，伤亡惨重。24日，中国军队退守大场、走马塘之线，第二天，大场被围，阵地大部陷落。中国军队只好再退，撤到苏州河南岸。日军随即渡河南犯，中国军队顽强抵抗，几次反攻，但因为日军炮火猛烈，均未能击退日军。坚持到11月初，中国军队的阵地危如累卵。而此时，日军两个师团在上海南侧的杭州湾金山嘴等地登陆，由南北犯，对上海方面的中国军队实施迂回包围，再不撤退，有全军覆没的危险。

收到这一情报，陈诚后背只冒冷汗，打电话给蒋介石，请求

日军在南京中山门举行入城仪式

全线撤退。蒋问：“撤到哪里?”陈说：“北撤，撤到常州武进国防线，那里建有永久国防工事，应该可以抵挡一阵子。”蒋考虑了半个小时，回电话说：“再支持三日！国联的会议还在讨论中国问题，现在就撤退，太没面子了。”

军令如山，陈诚只好调整部署，一面阻击当面之敌，一面派部队迎头堵击杭州湾登陆之敌，以保障侧背有安全，但因日军空军轰炸太猛烈，迟缓了中国军队的行动，日军得以长驱直入，很快就占领了松江和枫泾。至此，中国军队的淞沪阵地全部陷入日军的大包围圈，只留下西北一个小口。请示蒋介石同意后，陈诚立即下令全线撤退。

此时，部队秩序已乱，撤退成了大溃退。薛岳的第 19 集团军总部被敌冲散，“薛泅水连越三河，力疲不止，几殆，赖获一浮木得免”（陈诚 11 月 9 日日记）。

陈诚见此情状，退到昆山后便停了下来，在一座宝塔内坐镇指挥，部署后卫、收容退兵，崩溃之势才得以稍稍稳定下来。他以为在新防线可以抵挡日军的进攻。但噩梦没有结束，因为撤退太晚，日军追击又快，后撤部队无法在新防线立脚，只能继续后撤：一部沿京沪线撤到常州，主力撤向浙皖赣边境……

至此，淞沪会战宣告结束，南京门户大开。下一个战役便是同样惨烈的南京保卫战。担任该战役总指挥的是当年反蒋的唐生智。陈诚被派往皖南，收容淞沪会战溃退的部队。

淞沪会战，双方伤亡人数官方没有正式统计，根据参战的黄埔一期生孙元良将军计算，日军约为 5 万余人，中国军队为 18 万人左右。

陈诚认为，中国军队虽然损失惨重，但战略却取得了胜利。他后来总结说，淞沪会战后，日军再也不敢以“三个月灭亡中国”的眼光来轻视中国了，世界各友邦也因中国军队英勇抵抗，而对中国产生了相当的认识与同情。更重要的是，淞沪战改变了敌沿平汉路南下之原定计划，使日军由北而南的侵扰，变成由东而西的仰攻。而在中国历史上，由东而西的进攻路线，都以失败告终。后来，连日本的史学家也承认，把主力投入淞沪之战，由东向西进攻，是日本的战略失策。

但教训也十分深刻。陈诚晚年在回忆录里总结道：“精神虽说胜过物质，可是血肉筑成的长城，事实上是抵御不了无情的炮弹的。所以我军虽多，终不免于败北。财物的损失不计，光是兵员的损失，我军超过敌军的数目，至少在一倍以上。人海战术是残酷的，淞沪会战，我军虽未尝有意使用此种战术，但其结果却与使用此种战术者没有多大区别……我们抗战的决策是持久战、消耗战，胜败的关键原不在一时一地之得失。此种道理，早已宣告中外，人所共知。然淞沪一役，寸地必争，牺牲惨重，适与我们所标榜的抗战决策背道而驰……”

1938 年 2 月，他在武昌珞珈山将校研究班所作的《沪战的经过与教训》讲话，对决策层的批评更为直接，他认为沪战最大的教训之一是政略影响了战略：“战略原是达成政略目的的一种手段，但是战端既启，就应该以战略为主，不能因政略牵制战略。因为战略保得胜利的时候，政略的环境就可以跟着好转。反过来说，如果战略失利，

口军的高炮阵地

就是最初认为有利的政略，亦必跟着变化。”

1937 年 11 月 25 日，陈诚刚到皖南宣城指挥所的第二天早晨，敌机就来轰炸。上午炸完，下午回来。司令部人员劝他躲避，陈诚镇定自若地坐在指挥所里不动。忽然，一枚炸弹落在门口爆炸，三个士兵被炸死，两个参谋负重伤。陈诚却安然无恙。司令部的人都神色木然，只见他扑去身上的尘土，说：“大难不死，必有后福。”

第三节　武汉保卫战

1938 年 5 月，徐州会战和兰封会战结束后，武汉就成了日军下一个进攻目标。

武汉是华中重镇，历来为兵家必争之地。中国政府决定坚守武汉。1938 年 1 月，陈诚就任武汉卫戍总司令、军事委员会政治部部长。此时，他原任军政部次长、第十五集团军司令等职均已卸去。

接到任命，他心里有点惶恐：“保卫武汉的重责大任，几完全集中于我一个人的身上，为了对国家和人民效忠，为了达成我多年抗日的心愿，除了感觉材轻任重外，原属义不容辞。不过，估量一下我们抗战的条件，以及检讨一下一年来抗战的经验，谁也不敢保证保卫武汉使命的绝对成功。”

进攻武汉的日军

早在 1936 年上半

年到 1936 年秋，陈诚兼任武汉行营城防整理委员会（后改为委员长行辕城防组）主任委员期间，就曾奉命在武汉外围选择防御要点，构筑增筑若干野战工事及辅助防御物、交通壕。

就任卫戍总司令后，陈诚深知责任重大，马上召开了武汉城防工事构筑会议。因为在淞沪会战中，他发现原来构筑的工事，大多不符合新式野战的要求，必须重新构筑。会后立即成立了武汉城防工程处、河川工程处、筑路工程处等机构，分别负责施工，在可能范围内使城防、江防、交通等方面，兼筹并顾，以作为保卫大武汉的主要措施。在陈诚的督促下，后期防御工程，从 1 月开始，历时 3 月完成。但由于经济条件限制等原因，许多工程仍然未能达到标准。

武汉军民举行保卫武汉大游行

除了督促防御工程建设，陈诚还对民众战时动员倾注了大量精力。在这方面，他指导监督卫戍区内所有民众团体及动员机构，开展兵员补充、物资补充、民众自卫、军事配合及破坏敌人后方 5 个方面的具体工作。还在工商界、农村和青年学生中组织了各种自卫团，以及民众宣传队、慰劳队、救护队、消防队、输送队、侦探队、技术队、征募队、工程队、向导队等。这些民众组织在武汉保卫战中，配合部队正面作战，发挥了一定的作用。

6 月 13 日，陈诚向蒋介石请示：

一、为增进武汉会战胜利把握，及加强保卫武汉力量，所有武汉卫戍区内之党务、政治、军事指挥之权责，应确定统一集中于武汉卫戍总司令部。

二、中央党政军机关，统筹全局，决定策略，授权武汉卫戍总司令，指挥命令所有卫戍区内之各级党政军机关，及民众团体，遵照施行，所有卫戍区内之各部队，各机关，各民众团体，各特务情报人员，无论平时系统隶属如何，一律须接受卫戍总司令之命令与指挥。

三、即日成立武汉卫戍总司令部政治部，加强卫戍区内各部队之政治训练，并组织民众，以免临时混乱，而利军队作战。

四、即日切实严格整理卫戍区内之民众团体，其有名无实或另有作用者，一律取缔解散，以免汉奸间谍混入，而克保地方治安。

五、所有卫戍区内之壮丁、工人(尤其是码头工人、人力车夫、工厂工人)，应严密切实登记，编组训练，俾尽协助军队作战之实。

上半年，陈诚每天的工作日程是这样安排的：每周一、三、五上午在政治部办公，下午在卫戍总部办公；二、四、六上午在总部办公，下午在政治部办公。每周二、四上午十点会见顾问，一、三、五下午二至四点在总部会客，此外一、三、五下午四点到蒋介石长官邸参加汇报，二、四、六上午八点主持总部汇报，下午四点主持政治部汇报。日程如此紧凑，可以想象，他每天一定是忙得不可开交。

相比之下，他较多的时间放在军事方面。值得一提的是，他每周要安排数小时会见顾问。当时，蒋介石聘请了大批德籍军事顾问，“自参谋以下重要人员，皆由德顾问充任”；“对步、炮、工各科，及交通、兵器、卫生各处与各部队训练、补充、检阅等，亦聘德顾问若干人指导”，“并令其负责，付其全权处理各该科处业务”。可见，当时陈诚对这些德籍顾问是相当信任的。

6月中旬，日军沿长江西进，发起了对武汉的进攻。由于蒋介石下令炸开花园口，滔滔黄河水冲断了陇海线，造成豫东宽大的黄泛区，在使数十万民众流离失所的同时，也迫使日军改变沿平汉路南下取武汉的计划，由东向西，走水路和陆路，“仰攻”武汉。虽然吃了台儿庄战役的败仗，进攻路线也不太平坦，但他们仍然气焰嚣张，扬言在 8 月 15 日之前拿下武汉。

日军举行占领武汉新闻发布会

21 日，统帅部调整作战序列，成立第九战区，陈诚受命为战区司令长官，同时，兼任湖北省政府主席、湖北全省保安司令，及湖北省军管区司令、航空委员会委员、军委会军官训练团教育长、三青团书记长等职。陈诚集数要职于一身，以致当时日本发行的《最新支那要人传》中，称他为“蒋委员长的后继者”。

在“七七”抗战周年纪念日，陈诚多次撰文并发表讲话，表明了保卫武汉、抗战到底的决心和夺取抗战最后胜利的信念：“今日武汉已成为第三期抗战中最重要的据点，这里是我们雪耻复仇的根据地，也是中华民族复兴的基石。今日全国民众，尤其是在武汉的每个军民，应当激发最大的同仇敌忾心，人人都应有与武汉共存亡的决心，来守住这个重大的国防的堡垒，必能给予敌人以致命的打击，造成将来决战中极有利的形势……”

当时，日军进攻武汉的兵力在 12 个师团以上，约 20 万人以上，配合海军陆战队，及飞机 500 余架，分四路进犯：一路沿南浔路（九江至南昌铁路）南进，掩护其左翼安全；江南方面；一路沿瑞武路（瑞昌至武宁公路）西进，以迂回武昌之南属第九战区；一路沿长江北岸，径扑汉口江北方面；一路沿大别山麓，进犯信阳属第五战区；另以舰队溯江而上，到处登陆窜扰。

第九战区的主要作战地带为湖口至南昌以西及长江以南广大地区。值得一书的是，在陈诚的指挥下，防守江南的中国军队，先后在湖口、庐山、万家岭等地给予日军以重创。其中最有名的是万家岭大捷。

会战一开始，陈诚就想捕捉战机，聚歼一股敌方孤军深入之敌。可是日军行动飘忽，狼奔豕突，守军抽调困难，虽然几次遇到战机，往往当面放过。但万家岭一役，中国军队终于抓住了战机，一显身手。

万家岭是介于瑞武公路与南浔铁路之间的一个据点。此地山多路窄，是伏击敌军的好地方。10 月 2 日，日军第 106 师团先头部队 136 旅团撞入该地区，中国军队第 4 军的第 90 师和第 102 师早就在此地布防。敌前锋部队在闵家铺附近与第 4 军前哨警戒部队交上火了。陈诚得到报告，马上指示第一兵团司令薛岳：“诚千载一机，望力图之!”随后即指挥其他部队，总量超过 10 万人的兵力，向万家岭附近运动，围击日军。

中国军队在武汉外围阻击进犯日军

日军南路总指挥冈村宁次通过飞机侦察发现后，急忙命令第 106 师团突围，同时命令第 27 师团警戒第 106 师团右翼，企图把第 106 师团接出重围。但第 106 师团的长官使用的地图不准，指南针也失灵，像无头苍蝇般在山中冲撞一两日，处处遭到中国军队阻击，也未找到一条生路。

10 月 6 日，薛岳下达了对敌第 106 师团展开总攻击的作战命令，激战至 9 日，日军第 106 师团损失惨重。当天下午三点，薛岳命令各部队选拔勇壮士兵 200 至 500 人组成奋勇队，担任先头突击。至五点，炮火准备。晚七点，奋勇队出击，各主力部队紧随其后，全线攻击。各部队前仆后继，踏尸猛冲。经一夜血战，第 106 师团的防御阵地彻底崩溃。至 11 日，第 106 师团残部退守在不到 5 平方公里的地区内固守待援。鉴于基本歼灭第 106 师团的主要目的已经达到，而各部队伤亡均极惨重，薛岳命令各部撤出战斗。经此一战，日军伤亡达 8000 多人，第 136 旅团彻底失去战斗能力。

陈诚评价说，这是继台儿庄之后，又一次很辉煌的胜利。可是，一次战役的胜利改变不了整个战局。先是长江马当要塞、田家镇要塞相继失守，沿大别山进犯之敌，已于 10 月 12 日陷信阳。21 日，陈诚部署部队组织一次反攻，攻击开始时间，定为 25 日拂晓。可就在这一天，沿长江北岸西犯之敌于 10 月 24 日窜抵黄陂，是夜先头到达横店，已入汉口门户。武胜关也旋告不守。24 日，统帅部决定放弃武汉，蒋介石离汉赴湘。

武汉会战至此告一段落。陈诚认为，第九战区在武汉会战中所负的使命，“拱卫武汉，达成长期抗战；在武汉外围，利用有利地形，极力消耗疲惫敌人，乘机予以局部歼灭”等已大致达成。日军扬言 8 月 15 日前占领武汉的企图落了空。

陈诚后来总结说，“虽然我们的兵力占优势，但在装备、训练显居劣势，尤其制空权完全操之于敌的情况之下，我们的屈居下风，实在也是无可奈何的事……大部分的战斗，几乎都是一个山头、一个村镇的往复争夺，所以双方的伤亡都很大。敌人惯用的长技就是施放毒气，我们既无防毒装备，又不能以毒攻毒，最后的结果就只好撤退了。”

日军悍然实施毒气战

会战结束后不久，

陈诚向蒋介石提供了一长串赏罚将领的名单，就指挥武汉会战中的江南战事，作了一个交待。

第四节 “文夕大火”之争

1938年11月12日，长沙一场大火，点燃了陈诚的怒火。

因为起火之日——12日的电报代码为“文”字，大火发生在夜里（夕），所以称为“文夕大火”。如今70多年过去了，这场大火的起因及具体责任的归属，仍然扑朔迷离。不过，根据现有的史料，可以大致还原这起惨剧的酿成和发生经过。

继武汉沦陷后，中国军队节节后退，1938年11月8日，日军攻入湘北。长沙局势十分严峻。蒋介石等军政高层人物对守住长沙缺乏信心，便提出焦土抗战的思想——即使烧毁长沙也不能让日本获得任何物资。时任湖南省政府主席的张治中遵照蒋介石的指示，组织纵火队，约定以城东南的天心阁放火为号，开始全城放火。9日、11日，临湘失守，日军攻至岳阳城郊的新墙河。12日晚（13日凌晨二点），纵火队员在毫无预告的情况下，忽然在全城放火。大火持续了整整3天……

烧　城

郭沫若亲历了“文夕大火”，《郭沫若传》中对当时的情景作了描述：“只见城中烈焰升腾而起，映红了整个夜空，来不及撤退的长沙百姓，披头散发寻找亲人的，顿足捶胸的，望着大火发呆的，扑向火丛抢救财产的……歇斯底里失望地绝叫，伴随着房倒屋塌的轰隆声……车至城郊关帝庙前，极目远望，根本不见长沙踪影，惟有冲天的火光和翻滚的浓烟，显然火势还在蔓延。”

事后统计，在这场大火中，3000多人丧生，90%以上的房屋被烧毁，共计5.6万余栋，古城长沙2500多年的历史财富毁灭殆尽。

“文夕大火”头一天，即12日白天，陈诚刚刚随第九战区长官司令前线指挥部，从平江迁到长沙南门外土地堂的章家宅院。当天，在长沙开完军事会议的蒋介石离开长沙，前往韶关处理要务。

目睹火灾惨状，陈诚怒火中烧：“一定要追究这场大火的罪魁祸首！”然而，蒋介石到长沙后，只就火灾善后事宜作了指示，对火灾责任只字未提。陈诚觉得不公平，17日上书蒋介石，故作姿态，要求惩处自己：

“此次长沙有计划、有组织之暴行，其惨状令人闻而心酸，何况目睹？影响所及，足使军心动摇、民众失望，显可成为抗战之危机。昨闻钧座莅临，实不胜喜惧。喜者，必有以昭示天下而挽人心也；惧者，此种惨状，钧座目睹，必增加烦恼与廑虑也。今数聆训示，仅及扫街、巡查、救护、警戒、收容等末节，则钧麾似无莅止长沙之必要矣。以职之愚，实深感姑息优容、讳疾忌医之非计，忧愤曷胜！窃维一切大计，钧座固自有成竹，今日职之态度，自知失体，顾心所谓危，不能不痛切陈之。尤恳明令处职以应得之罪，以慰湘民，而定军心，迫切陈词，伏维垂察。”

长沙虽在第九战区内，但长沙城的治安由省主席张治中、长沙警备司令酆悌等负责，与陈诚并无直接关系。蒋介石一看就明白，陈诚意在逼他追究真正的纵火责任人。在陈诚看来，张治中就是这场大火的罪魁祸首。

但据张治中在解放后陈述，他只是执行了蒋介石的指令。11月7日，蒋在长沙召开军政人员会议，指示要实行“坚壁清野”，长沙如果不守，即付之一炬，命令张治中执行。岳阳失陷后，蒋

张治中

介石于12日上午九点以“限一小时到达”的紧急电报，指示张治中，“长沙如失陷，务将全城焚毁，望事前妥密准备”。同时，侍从室主任林蔚也用长途电话告之张治中，“对长沙要用焦土政策”。(《张治中回忆录》)由此看来，张并无大错，只是由于工作的疏忽，火烧早烧快了些。

陈诚凭一时之愤上书蒋介石，显然是莽撞，他没想到，追究张治中，有可能扯出背后的老蒋。不过，蒋介石做事老道。接到陈诚“上书”的第二天，他就下令组织高等军法会审，严惩肇事人员。20日，审讯结果就出来了：长沙警备司令酆悌、警备第二团团长徐昆、湖南省会警察局长文重孚判处死刑，湖南省政府主席张治中革职留任，责成善后。

案子了结后，蒋介石在南岳衡山给“辞修长官弟”回了一封长信，把他狠狠地批评了一顿：

“此次长沙火灾，无论如何，皆不能疑及于弟身，因此更不必避嫌避责。尤其在此时，对于负责之朋辈，必须全力协助善后，不能袖手不管，甚至要为人分谤代过，如此方是任大事成大业者之风态。且以吾弟今日之地位，此种大度包容之态度，实为必要，否则不能当大事也……又当武宁危急，而弟不能留驻防地，以定军心，将此重要任务，付之部下，此乃非在上者负责御下之道也。此次在长沙会议时，吾弟忽由平江回来，并言前方已稳定……如果当时弟不回长，若知前方尚未稳定，则中决不敢离长。以文白(张治中)慌张浮躁，不能当此危局，乃中所深知也。总之，吾人经此长沙大火之教训，全体上下，皆应引为戒慎恐惧，对内尤应和衷共济，不怨不尤，互助合作，共同肩负艰巨，以当未来不测之大难。长沙善后，更应同心一德，早日完成，以安定军心，而减少民众对我革命之痛苦与怨尤。此非某一人之责，而实为吾人共同之天职。总之，厚于责己，轻于责人，分谤代过，舍己从人，浑厚宽大，不矜不伐，是为任事负责者必备之素养，务希于此存养省察，期得圣神功化之用则庶几矣……”

信中说得很清楚，长沙大火，大家都有责任，包括你陈诚。他还暗示，这起大火与蒋本人也有关系。你陈诚应该以大局为重，替人代过，而不要严于责人。看了这封信，陈诚才猛醒过来。不但不再责难张治中，还指示政工人员，统一宣传口径：“大敌当前，不可暴露我政府之弱点。此次剧变之发生，并非中央与地方当局所下命令，酆悌负长沙警备责任，实应负责。”

陈诚不得不向蒋作出“深刻检讨”：“委员长教我存养省察，这不是第一次，可惜我生性驽钝，对于看不过眼的人和事，总好较长论短，作是非臧否的批评，自不免开罪于人，以致遭受围攻。所幸委员长不为浮言游语所动，不因其有尺短，而轻弃其寸长，乃得奉命驰驱，始终如一。我和委员长的这种遇合，无论于今于古，均不多见。待罪海隅以来，亦既十有余载，抚今追昔，愧悔何极！然以垂垂老迈之年，虽欲补过，已有噬脐莫及之感！搔首问天，可为奈何……”

遭日军炮轰后的上海

对于“文夕大火”相关责任人的处理，以及蒋介石的焦土抗战政策，陈诚一直持保留态度。他在回忆录里仍然直指张治中放火烧了长沙城，对焦土抗战政策也颇有不满。

“焦土抗战”的口

号最早是李宗仁提出来的。1933 年，他在《焦土抗战论》一文中，宣扬宁为玉碎不为瓦全，以激发全国人民的抗战热情。嗣后“焦土抗战”的口号不胫而走，成为一句最悲壮的抗战口号。抗战爆发后，汪精卫也曾鼓吹焦土抗战：“我们要使每一个人，每一块地都成为灰烬，不使敌人有一些得手。”蒋介石不仅赞同，而且还实施过焦土抗战——1938 年 5 月炸开黄河花园口，以阻止日军前进。

但陈诚并不赞成焦土抗战，特别是极端或盲目的焦土抗战。

据曾任国民政府湖北省参议员的吴先铭回忆，他曾听省议会议长何成浚说，在武汉保卫战前夕的一次高层会议上，国民党副总裁汪精卫要烧毁武汉城，实行“焦土抗战”，不给日军留一点儿东西。当时，到会的人都吃惊地不吭声。时任湖北绥靖公署主任的何成浚首先发难，接着陈诚声色俱厉地说：“我们不能毁自己的房子，这种做法，等于自杀，是下策的下策。敌人虽凶顽，然泥淖深陷，不义之师，终必失败，最后胜利必属我们。我们要回来的，一定要打回来的！直到抗战胜利，建国成功。我反对在武汉实行焦土抗战……”

显然，以抗战必胜的自信，陈诚不可能赞成在长沙实行这种自毁性的焦土抗战，何况还是毫无成效的纵火。事过 20 多年，他对“文夕大火”仍然耿耿于怀：“所谓坚壁清野，中国战史上有过，外国战史上也有过，本不足为奇。不过问题的关键，是在应当如何实施上面……如仅仅为了坚壁清野之名而放火烧城，并不计较有无成效，致使万万千千无辜的人民作毫无代价的牺牲，这就谈不到什么计划或政策了，而是一种

激战过后的街头惨状

无可原恕的残暴。'为成功不择手段'，我们犹且以为不可，何况既不择手段，又不能成功，这岂是有天良的人所忍出此！有知识的人所肯出此！"

值得一书的是，"文夕大火"发生后，陈诚采取了一些紧急处置，调集人员指示办理救济，恢复通讯，维持交通，指派政工大队掩埋死亡军民、收容受灾民众与伤病官兵；并以第九战区司令长官的名义向媒体发表谈话，表示中国军民决心保卫长沙，以打破敌人乘机进攻的企图……

如果换一个人，与蒋唱反调，蒋的那封信足以宣判他的政治死刑。但陈诚毕竟是他的亲信，而且"悔过"迅速，所以骂过之后，蒋依然重用陈诚。

第五节　是退还是战？

"文夕大火"过去一年后，即 1939 年 9 月，日军才真正发动对长沙的进攻。其时，陈诚虽然挂着第九战区总司令的职务，但大部分时间在重庆主持政治部的工作。战区总司令的指挥权由副总司令薛岳代理。

薛岳，字伯陵，1896 年出生在广东韶关，保定军校六期毕业生，曾任孙中山警卫团第 1 营营长。北伐初期任第 1 军第 1 师师长，1927 年蒋介石清党，薛岳改投李济深第 4 军，之后多次参与第 4 军的反蒋战争。1933 年 5 月，薛岳应蒋介石之召，由陈诚推荐担任"土木系"第 5 军军长，并参加对中央苏区的第五次"围剿"。抗日战争爆发后，他率部先后参加了淞沪会战、徐州会战、兰封会战、武汉会战，并在武汉会战中取得了万家岭大捷。1938 年 12 月，晋任第九战区副司令长官，代行司令长官职，1939 年 1 月，兼任湖南省主席。3 月到 5 月，指挥了南昌会战。

因曾经担任"土木系"第 5 军军长，在淞沪会战和武汉会战中直接受陈诚指挥，以后几次受陈诚提携，所以，薛岳被视为"准

薛 岳

土木系”将领。但薛岳的资历比陈诚略老。北伐时，他已升为上将，而陈诚只是一名少将。1935年至1936年，他和陈诚一同被评定了中将和中将加上将衔。

据中国方面的抗战史，日军此次攻占长沙的目的，主要的是为打通粤汉路。粤汉路打通，则北接平汉、平绥、北宁、中长各线；南接广九、湘黔各线，纵贯中国南北之大动脉即均入敌人的掌握。此外，日本傀儡政府——汪精卫的伪南京政府，准备在1939年10月10日登场亮相。日军企图攻下长沙，给汪精卫壮一壮声势。

日军动员了3个师团2个旅团约10万人的兵力。分三路进犯，一路由赣北西进，一路由鄂南南窜，一路则在湘北猛攻新墙河北正面。另以一部在洞庭湖东岸登陆，以为策应。中国军队投入作战序列的部队有21个军49个师又3个挺进纵队共30万人。

在日军进攻之前四五个月，中国军民已把新墙河至捞刀河之间的道路彻底破坏：在田边的，破坏成水田；在湖边的，破坏成湖；在山腹的，破坏成绝壁；必经之处，破坏成不规则之深沟；一般路面，破坏成凸形，使其在路上及两侧均不能行车。陈诚虽然不赞成极端的“焦土”战术，但对这种迟滞敌军机械化行动的道路破坏，极为赞赏。薛岳将这种破坏称为“天炉战术”。此外，他们在长沙城西、湘江西岸的岳麓山上，安置了重炮，准备敌军进至长沙城郊，予以痛击。

9月13日，日军下达作战命令，发起进攻。赣北、鄂南两路敌军，均受到中国军队的顽强阻击，但出人意料的是，湘北一路竟强渡新墙河成功，与洞庭湖东岸登陆日军，形成对中国军队的来击。薛岳奉命边打边撤。日军不能围住中国军队主力，反而遭到数次伏击，受到重创后，跌跌撞撞地向长沙逼近。

在重庆，蒋介石接到薛岳所部连续后撤的报告，非常不安，以为部队无力抵挡，信心大减。在白崇禧（时任桂林行营主任，负责长江以南的作战指挥）的建议下，他决定让薛岳相机放弃长沙，退到衡阳决战。他派陈诚和白崇禧连夜入湘。此时，陈的身份是军委会政治部部长、兼第九战区司令长官，军衔为二级上将。

他们在渌口第九战区临时指挥部，见到了薛岳，向他传达蒋的弃守长沙的方案。他们没有料到，薛岳坚决反对弃守长沙："我们正准备反攻，怎么又叫我们撤退?"原来，在陈、白到来之前，薛岳正在悄悄部署一场对日军的围歼战——将日军诱至长沙郊区实行反包围，进而将其歼灭。此刻，各路大军正在向各指定位置运动。

薛岳向两位长官陈述了自己的作战计划。白崇禧问："你能保证反攻一定成功吗？到时候反被敌军吃了，这个责任你承担得起吗?"薛岳说："我当然会用脑袋担保。而且我认为成功有一定的把握。再说军人守土有责，怎么能轻言撤退?"白崇禧仍然不同意薛岳的方案："持久抗战，来日方长，现在保全实力为急务。"薛岳激动地说："如果这样，我上无以对中央，下无以对国人，从今以后我不敢再穿军衣了！"

进攻武汉的日军疲惫不堪

陈诚觉得薛岳说得并非没有道理。见薛、白两人还在争论，陈诚说：“伯陵说得也有道理，汨罗不战，退长沙；长沙不战，退衡阳；衡阳不战，退桂林，如此退却，我们的土地也有尽头，究竟在何地可以一战？这样吧？不如且就当前敌我情势，研究我军有无一战的可能？”（《陈诚回忆录——抗日战争》）他和白崇禧商量，一面让薛岳继续准备反攻，一面将薛岳的决心和当时军情上报，让蒋介石定夺。白崇禧不便再坚持，同意了陈诚的意见。

9 月 29 日，一部日军已窜至长沙以北 30 多公里的永安市，长沙城已隐闻炮声。10 月 2 日，蒋介石终于批准薛岳的围歼日军的方案。薛岳随即下令对深入之敌实施反攻。可是，晚了一步，日军似乎已察觉到中国军队的意图，已开始撤退。于是，中国军队的反攻成了一场追击战，追击中消灭了少量敌军，大部日军渡过汨罗江，撤回原阵地。至 10 月 14 日，赣北、鄂南、湘北各战场均恢复到战前态势，第一次长沙会战结束。

在第一次长沙会战中，陈诚虽然没有直接参与战事指挥，但前期制定的破坏道路的办法发挥了重要作用。他后来评价长沙会战说，“彻底破坏道路办法关系成败亦巨，因为敌人的优势装备在交通阻塞的情形之下无法运用，以致敌我在装备方面已无显著差别。装备既然拉平，在地利人和方面，敌则处于绝对劣势，如此我胜，敌败，不亦宜乎？”

此外，在是弃是守长沙的决策上，陈诚帮了薛岳一把，成就了后来的“长沙大捷”，也成就了薛岳的赫赫战功。第一次长沙会战后，薛岳由代理长官提升为第九战区总司令。陈诚改兼第六战区司令长官，负责湘江以西的防御。

万家岭成为日本侵略者的坟墓

第六章
抗战骁将（下）

第一节　专职第六战区

1940年5月，日军调集11万兵力，从豫南、鄂中起动，发起了襄河攻势。

刚开始，蒋介石判断日军的企图不在于占领宜昌或襄、樊，而是要在襄河以东的枣阳一带寻歼第五战区主力，然后即行回撤。事实上恰恰相反，日军此次战役的进攻目标就是宜昌。宜昌为川东门户，宜昌得手，即可威胁陪都重庆的安全。

5月底，当日军渡过汉水西进时，蒋介石才意识到日军的真实意图，连忙召开军委会紧急会议，决定将第五战区部队分为左、右两兵团。左兵团主力攻击汉宜路日军后方，断其补给联络，并以有力部队向襄阳、宜城间攻击渡河日军，策应右兵团作战；右兵团担任宜昌正面作战。

日本军舰将大批人马调集作战地区

左兵团由第五战区司令长官李宗仁指挥，右兵团由谁指挥呢？蒋介石又点了陈诚的将。虽然明知宜昌丢失已成定局，但危难当头，陈诚凛然受命。他只提了一个要求：将他的王牌军、正在四川整训的第 18 军紧急船运宜昌。蒋介石二话没说就答应了。

当时，有人说陈诚接这副担子太蠢，陈诚说："临难苟免，不是军人应有的态度。就算宜昌是由我手里失的，充其量不过又代人受过一次罢了！" 6 月 2 日，即紧急会议之后的第二天，陈诚乘船从重庆出发，沿江东下，赶往宜昌。

6 月 3 日，陈诚到达宜昌。此时，日军已陷襄阳、宜城、南漳等地，直扑宜昌。陈诚命第 33 集团军逐次抵抗从南漳、宜城南下的日军，依情况向荆门、仙居之线转移，对东北构成正面，与江防军协同作战；江防军以一部在汉水以西拒止渡河的日军，以有力部队控制于当阳附近主阵地，与第 33 集团军协同，待日军深入后给予侧击；命第 29 集团军向钟祥出击，切断日军后方交通。

双方激战4天，至 6 月 8 日，日军突破江防军第26军的阻击，占领沙市、荆州，随后沿宜沙公路从东南面逼近宜昌。9 日，日军第 3 、第 39 师团从东北面，第 13 师团从南面围攻当阳。激战一天，守军被击退。10 日，日军向宜昌发起进攻。

第 18 军刚刚到达宜昌，仓促部署防御，以第 18 师守城，以第 199 师配置于外围。日军以 3 个师团的兵力连续攻击，以战车部队突进，以上百架飞机疯狂扫射。守军兵力单薄，不敌日军的猛烈攻势。战至 12 日下午，日军攻占宜昌，守军撤往附近山区。17 日，中国军队曾收复宜昌，但于当天下午又得而复失。

此后，中国军队对宜昌日军及其后方联络线进行了多次反击。至 6 月 24 日，蒋介石为保存实力，等待国际局势变化，下令停止攻击。枣宜会战就此结束。双方军队在宜昌外围之线形成对峙。

宜昌沦陷，引来一片责难。国民党政府高层一些对陈诚不满的官员仍然不肯放过他，要求蒋介石惩办陈诚。孔祥熙负责的财政部曾被陈诚多次批评，这一回孔也想落井下石："宜昌如此重镇丢失，不杀几个将领，那还了得？"

陈诚本人也曾于6月13日自请处分，但蒋介石没有“准奏”，因为陈诚是宜昌危急之后才被他派去的，宜昌失守，他没有什么过错。蒋不但没有处分他，还给他增加一份担子：第六战区司令长官，兼湖北省政府主席。

日军在进攻空隙进行训练

不过，前方将领的责任是要追究的。7月，白崇禧到老河口召开枣宜会战检讨会，宣布“长江上游江防军司令郭仟，失守宜昌有责，将其撤职，交军法审讯”。会战之初，郭仟指挥的两个军被调到襄樊战场，等到日军进攻宜昌，已回防不及。

从重庆赶来增援的第18军也受到牵连，军长彭善被撤职。陈诚认为不公，但又不好对白崇禧发火，只得指桑骂槐。在恩施检讨会，第11师参谋长尹作干发言说：“此次宜昌战役失败，从第11师来讲，原因在于士气不振……”话还没说完，陈诚便指着尹作干说：“第11师官兵是好的，你的师长方靖更好。我看是你个人萎靡不振。”彭善被撤职后，由方天继任军长，宋瑞珂升为第199师师长，第18军再度撤回四川整训。

8月上旬，陈诚的所有中枢职务全被免去——政治部部长（张治中继任）、三青团书记长（此职早在1938年9月就由国民党中央秘书长朱家骅代理）。理由是陈诚兼职太多，不利于专心于第六战区的军事。陈的免职，多少含有处分的意思。但陈诚说，免职对他来说，是一种解脱。在临时受命前往宜昌指挥作战时，他就给蒋介石写了一封信，提出“准职解除党政方面之职责”，专心前方军事。

“职分属军人，杀敌报国是其天职，无论就性能与所学，均当以军事为本分。若复滥竽党政，不仅不自量其所短，亦且重荒其天职。当此抗战建国、千钧一发之秋，职所念念不忘者，即为对此民族百世之冤仇，应作锲而不舍之奋斗，自不容一曝十寒、分心外骛，更不愿以有限之精力与时间，自陷于无谓之纠纷与摩擦……在前方军事方面，尚可竭诚尽忠，负一部分之责任；而在后方党政方面，则无能为力，亦无法为力。凡此皆属实在情形，实不容长此自欺欺人、一误再误也。职外怵于抗战之大计，内惆于奉职之无方，清夜思量，难安方寸。用敢直陈，贡其信守。仍乞钧座俯赐鉴察，于最短期内，物色政治部及青年团之替人，准职解除党政方面之职责，而于军事方面，力图自赎，以免长此贻误。"

侵华日军在阵前合影

8月上旬，陈诚就任第六战区司令长官后，又写信再提前请。

"……职自抗战以来，东奔西驰，前后靡定，数年经过，本身职务既已荒旷，所负使命复多挫失，虽承钧座视犹子侄，曲予宽容，但人言啧啧，内省多疚，拟恳此后无论前方或后方，予以专责，稍图报称。职之所以一再吁请，喋喋不能自已者，非不知仰体钧座之忧烦，稍存自便之念，实求对事有效、于国有补，以报钧座，而赎前愆耳。"（《陈诚回忆录》）

陈诚有自知之明。虽然中枢职务权重威大，但并不都是讨好的差事。这两年，陈诚多次受蒋临时派遣，东奔西驰，受人嫉视，甚至有人讥诮他是"党政上之游击"，亦即"党政上之疟疾"者。他认为，党政工作非自己的所长，他还是希望在前方指挥抗战。

至此，陈诚结束了两年多的政工生涯，转入军事和地方政治。

第六战区前后有两个，前一个第六战区成立于1939年10月，为防止敌人进攻湘西而设，陈诚兼任了一段时间，便由商震接任。次年4月，该战区被撤销。

1940年夏成立的第六战区，辖境包括鄂西、鄂中、鄂南、湘北及湘西、川东、黔东等地，进可以反攻宜昌，光复武汉，退可以拱卫川、黔，保障陪都安全。其重要性大有后来居上之势。蒋介石曾在一次重大会议上，提出“军事第一”、“第六战区第一”的口号，可见对第六战区的“厚爱”。

陈诚在回忆录里写道：“自摆脱中枢职务以后，得以专心致志于第六战区的工作，这是多年求之不得的梦想，现在居然实现了，心里稍感自慰。然一念及伴同专职而来的专责——拱卫陪都——又不免感觉惶恐，因为这责任毕竟是太大了。”

此后四五年，陈诚在第六战区指挥部和湖北省政府所在地湖北恩施——落了脚，专心做军事和地方工作。

1941年秋，为策应第二次长沙会战，陈诚发动了对宜昌的反攻。

第二次长沙会战是日军发起的，目的在于摧毁中国军队的抗战意志，打击第九战区的中国军队。日军参与长沙方面作战的地面部队兵力为步兵45个大队，炮兵26个大队，另有若干海军及航空兵协同部队。9月18日拂晓，进攻开始。

中国军队炮兵

当天，陈诚与统帅部通电话，建议乘机反攻宜昌。20日，又打电话给蒋介石，说：“现在五战区的日军只有

第13师团一部及十八联队，六战区的敌军只有第6师团和13师团主力，如果两个战区协同动作，主动攻击，策应第九战区作战，必收宏效。”蒋同意了陈诚的建议。

作战方案很快就制订出来：以第20集团军切断汉宜路的交通，确实阻敌西进增援，相机攻略江陵、沙市各地，进攻白螺矶，威胁岳阳方面之敌，布放漂雷，阻敌水上交通；以江防军配属的三个军，担任宜昌及宜昌西岸之攻略；以第26集团军配属的三个军切断武汉、宜昌、当阳间之交通，阻敌增援宜昌，掩护攻围军之侧背，协力宜昌之攻略，相机占领当阳；以第33集团军配属之两个军切断京钟、汉宜两路之交通，相机攻占荆门。

陈诚初步估算了一下，我军兵力是日军的10倍，几乎可以形成泰山压顶之势。他自信此次作战能够拿下宜昌，以雪丢失宜昌之耻。9月30日，陈诚从恩施出发，经巴东到达秭归沙镇溪指挥所。当天，宜昌反攻之战全面打响。

因为兵力处于劣势，日军困守据点，不敢与中国军队对战。但因工事构筑坚固，又准备充足，中国军队每攻击一个据点，都要付出相当重大的代价。10月3日，陈诚根据战场出现的情况，给各部下达手令：各部应不顾一切，猛向敌后突进，务使敌军不能集中防御，即应将各该集团军攻击地域划分地区，指派突击部队，以面的占领，先将敌全部据点各个围攻或监视之，使其陷于无法援助，并集中炮火逐点击灭之；各部尤以突入敌后之部队，需有找敌打、与敌拼之精神与决心，务使一兵一卒、一械一弹无一时一刻之游闲，随时随地找敌打；至围攻敌据点时，尤须不分昼夜，轮番攻击，使敌无喘息调整之余暇，乘敌变乱之际而击灭之……

10月6日，中国军队进入钳制敌人的阶段。陈诚下令，各军急攻鸦雀岭、土门垭、杨岔路、荆门、当阳等要地，以牵制敌军，掩护主力进攻宜昌。7日，攻城部队分两路向宜昌市区猛攻，曾占领土城，旋复失去。经过两天攻击，至9日夜，三个突击营进入市区，与日军展开激烈的巷战。守敌不支，仓皇逃避，有的跑进民宅，化装躲藏起来。但第二天天亮，日军派出 30 多架飞机，向宜昌城里空投炸弹和毒气弹，中国军队官兵伤亡惨重，不得已撤出宜昌城。

这一天，进攻长沙的日军已全部退回原阵地。第二次长沙会战结束。鉴于策应长沙会战的任务已经完成，蒋介石来电，要求第五、第六战区，在 10 日夜同时停止攻势，恢复原态势。同时指示，如果宜昌城不保，即将宜昌化成焦土，使敌无占领之价值。陈诚不甘心就此收兵，回电表示，再继续攻击几天。14 日，各部队回撤，陈诚下令，驻宜昌城外高地的第 14 团重炮，最后向宜昌市区轰击，炸毁一架停在宜昌东山寺机场的敌机。持续了半个月的宜昌反攻战，在隆隆炮声中降下帷幕。

此次战役中，日军伤亡官兵 6400 名、俘敌 23 名，而中国军队伤亡官兵 2.1 万余名，约为敌军的三倍多。战果实在称不上辉煌。更让陈诚遗憾的是，原来他定下的作战目标——攻下宜昌，没能实现。他甚至对蒋介石下令停止攻势还有点不满。如果不停

战利品

缴获日军物资后，国军战士们抑制不住兴奋，拿着破烂的日本旗帜等，以示士气。

止进攻，也许可以拿下宜昌。

会战结束后，国民党宣传机器大力宣传第二次长沙大捷，陈诚很感失落，他很难过地对幕僚樊崧甫说：“伯陵兄他们能打退敌人，我们攻不下宜昌，真不中用。”樊劝他：“我们原为策应长沙，长沙胜利，目的就已达到了。放了敌人进来，再把他打出去，也不是办法，能反攻他一个月，叫敌人在堡垒里待4个星期，这还是第一次。我们战略战术是对的，未能攻克，是战斗力不强所致，此后加强训练是很重要的。”陈诚笑了笑，终不释然。

他后来总结说，“反攻宜昌未能成功，是我们无可诿卸的责任，但除掉达成策应第九战区作战任务外，我们还有一点聊以自慰的，就是我们这次反攻，确实是一次找敌打、与敌拼的战斗，比起以不争点线为名，见敌不战自溃者，总算替中国军队争回一点面子。”事实上，日军官兵当时也不得不承认中国军队的抗战意志仍旧高昂。对宜昌日军的反攻在规模和斗志上都超出他们的预料。

第二节　鄂西大捷

陈诚从昆明赶回恩施的时候，鄂西会战已进行了两个多月。

和抗日战争中多数大规模战役一样，鄂西会战也是日军首先发起的。抗战爆发到1943年，国际局势已有巨大变化。日本自1941年12月8日发动珍珠港偷袭战后，在太平洋与美军较量了两年，战力已渐渐处于下风。他们急于从中国大陆抽出部分人力物力投入太平洋战争，于是，调集10余万兵力，发动了对鄂西的进攻（日方称为江南作战）。

当时，第九战区共10个军，陈诚以江防正面为重，配置了3个军的精锐部队，其中主力为陈诚的王牌军第18军。其他各军分别配置在江南常德右翼和江北襄樊左翼。

上述兵力配备，曾引起异议。一些高层军事官员认为，长沙水道有三峡天险，加之石牌要塞的坚垒，敌军溯江西犯的可能性不大。敌如进犯重庆，必走两翼。因此主张兵力应保持重点于两翼，不应置于江防方面。但陈诚认为，日军溯江而上犯重庆，仍是其最简捷的途径。所以，他坚持原来的配置，并向军委会一再申述，最终获得支持。

美国《时代》杂志封面上的陈诚

日军这次进犯，先从两翼起动。2 月 15 日，日军以万余人分六路侵据了我江北挺进军根据地沔阳、监利、郝穴等处。3 月 8 日，数路渡江，分犯华容、石首等处。两军相持至 4 月下旬，日军增援至 6 万余，在江南“扫荡”。5 月上旬，敌陷南县、安乡，似有南扰常德之势。13 日，代总司令孙连仲离开恩施，赴常德指挥战事。5 月中旬，南路之敌忽转锋西向，同时，江口、董市之敌，也渡江南犯，对在公安、枝江一带中国军队形成钳形攻势……

“至此敌之企图，据判断有三种可能：一、西犯石牌；二、南犯常德；三、沿江窜扰。因敌之企图难定，使我应战方略，亦颇难决定。”

蒋介石在重庆急得坐立不安。

会战打响后，陈诚正奉命在昆明和史迪威商讨远征军整训事宜，但他一直关注着战事的进展，时常打电话给司令部参谋郭忏询问战况。5 月 14 日，军委会高参林蔚忽然打来电话，告诉他，蒋委员长要亲赴恩施指挥第六战区的战事。陈诚心头一热：我还挂着第六战区司令长官的头衔，现在战事危急，自己哪能置身事外。他当即让林蔚转报蒋介石，让他回鄂西指挥。

陈诚请战，正合蒋意。次日上午八点，蒋介石亲自给陈诚回电话，批准他回恩施。当日下午六点，陈诚飞抵重庆。因当天恩施下雨，飞机不能降落，陈诚在重庆逗留了一天。在重庆，他心急如焚，第二天，天气稍稍好转，他就迫不及待地登上飞机。两个小时后，飞机在云雾迷蒙之中降落恩施机场。

到达恩施后，陈诚来不及休息就叫来幕僚研究战局。他根据战报，对战场态势作了一个判断：日军攻击的主要目标，一是围歼中国军队主力，一是攻下石牌要塞。他随即给有关部队下达电令："一、第十集团军与江防军之决战线，为渔洋关、津洋口、曹家畈至石牌之线。二、第十集团军对渔洋关，江防军对石牌要塞，均须确保之，先行持久防御……"

此时，日军由暖水街、刘家场、茶元寺等地，全力西犯，美国第十四航空队的飞机因天气原因无法起飞，中国军队节节后移。至 23 日，渔洋关失守，24 日，长阳失守，宜昌西岸之敌，也合力进犯。石牌要塞已暴露在日军火力之中。

侵华日军匍匐前进

古镇石牌位于长江三峡西陵峡右岸，依山傍水，下距宜昌城仅 30 余里。自日军侵占宜昌后，石牌便成为拱卫陪都重庆的第一道门户，战略地位极为重要。中国军队在这里设置了第一炮台，其左右有第一、第二分台，安装大炮共 10 尊。由于石牌与宜昌几乎处于一条线上，要塞炮台的炮火可以封锁南津关以上的长江江面，极具威慑力，令敌望而生畏。日军早就想拔之而后快。

当时，守石牌的是陈诚的基本部队第 18 军。陈诚给该军第 11 师师长胡琏打电话，说：“蒋委员长命令，石牌要塞必须固守 10 天，成为中国的斯大林格勒。你有没有把握守住？”胡琏铿锵回答：“请放心，我已经立下遗嘱，誓与要塞共存亡，保持第 18 军的荣誉。”陈诚感动得差点掉泪：“好样的，不愧是第 18 军好汉。”

28 日，日军向第 11 师第一道防线——南林坡阵地发起攻击。同时，右邻之第 18 师阵地也受到日军的袭击。至此，一场争夺石牌之战在西陵峡展开。敌军攻势一波接一波，至 29 日已达最高潮。当晚，江防军总司令吴奇伟，请求撤退到庙河南北之线，陈诚审慎考虑后，决心贯彻原定计划，令江防军竭力守备原阵地，不得变更。同时，为减轻江防军正面压力，命令各部提前反攻：第 94 军向都镇湾，第 74 军向松滋、枝江，第 44 军向公安，并令第 33 集团军加紧攻击当阳。其余后续兵团如第 30 军、第 185 师、第 141 师等各部，兼程向指定地点前进，及早加入作战。

此时天气已好转，美军战机飞到战场上空，向日军投弹轰炸。第 18 军将士顽强抵抗，石牌要塞岿然不动。30 日晚，日军指挥官见攻势受挫，后路也受到威胁，便下令撤退。

陈诚当即下达追击命令。31 日，各部开始进击。敌独立混成第 17 旅团后撤途中，突然与第 74 军师遭遇。激战中，两个大队长先后被击毙。该旅团是这次会战中损失最大的一支部队，5 个大队长就战死 3 个。第 13 师团的第 11 联队长，撤至宜都准备渡江时，被中美空军的机枪击成重伤。

至 6 月 3 日，江防军已完全恢复会战前的态势。至 6 月中旬，江南方面也基本恢复原来态势。鄂西会战宣告结束。

据陈诚汇集的参战各部上报，此战共毙伤敌 3 万余人，中国军队伤亡不到 2 万。陈诚非常自豪地说：“抗战以来，统计各战区大小战斗中，敌我伤亡比例，初期约为一与二之比，即我伤亡二人时，敌伤亡一人。以后有时为二与三之比，亦有时约略相等，但敌之伤亡较我为大之时，实不多见，至若敌之伤亡竟较我超出

中国军队冒着炮火向前冲锋

百分之五十以上，恐怕只有鄂西会战这一个特例。”

为了增强中国军民的抗日信心，国民党媒体大势宣传“鄂西大捷”。陈诚成了抗战英雄。许多参战官兵也受到了表彰。

其实，日军的伤亡数字被远远夸大了，中国军队的伤亡也大大超过了日军。20 世纪末，台湾地方当局官方史料公开承认，第六战区部队在这次会战中战死 23550 人，负伤 18295 人，失踪 7270 人；日军死伤 3500 余人。我国与日军阵亡比为 30 比 1。

不过，客观地说，第六战区主力并未被日军吃掉，石牌要塞未被攻下，也算是一个了不起的胜利。

战后，陈诚总结了获胜的几个原因：“判断敌寇意图正确，不为其种种狡狯伎俩所迷惑，此其一……敌军此种行为，不是‘攻其不备’，而是‘攻其所备’了；其终于招致挫败，不亦宜乎？无论此次会战之前之后，政治上配合军事之处极多，如检举奸伪、运济粮弹、抬送伤兵、救护负伤官兵等，都有很大的贡献。尤其难得的是报告敌情。此次敌人行动，我们特别明了，很多都是民众自动报告的。民众如此深明大义，当然是行政方面组训民众有成的效果……”

在这次战役中，陈诚的基本部队——第 18 军表现英勇，洗刷了宜昌失守之耻。事后，土木系骨干郭忏对邱行湘说：“第 18 军多年来给何应钦压得死死的，新的装备领不到，兵员补充更困难。如果第 18 军不打个‘胜仗’，辞公的话也说不响……”

陈诚本人因指挥鄂西会战有功，荣获国民政府授予的青天白日勋章。这是他1930年以来第六次获此表彰。

第三节 筹划反攻缅甸

宜昌会战之前，即1943年2月，陈诚就被任命为中国远征军总司令，筹划反攻缅甸，第六战区司令长官一职由孙连仲代理。

太平洋战争爆发后，1941年12月8日，中国政府正式对日本宣战，并宣布对德、意轴心国立于战争之地位，从而与英、美等国结为同盟国，正式加入第二次世界大战。同年12月23日，在重庆召开的中、美、英三国东亚军事会议决定，如日军侵入英属殖民地缅甸，中国将派陆、空军协助防卫，美国则以战略物资供应中国。1942年1月，6万日军侵入缅甸，中国随即成立约10万人的远征军第一路军（计划成立第二路进入越南作战，未成现实），由罗卓英和中缅印战区参谋长史迪威指挥，于3月进入缅甸，与日军作战。

中国远征军历时半年，浴血奋战，但终未能挽回败局，同年夏天，部分撤回云南，部分撤到印度。中缅公路被日军切断，日军与中国军队在怒江两岸，形成对峙之势。同年冬天，因为与史迪威意见不合，中国远征军指挥官罗卓英被召回国。

重新编组中国远征军，伺机反攻缅甸，成了中、美、英三国下一个战略计划。谁来担任中国远征军长官一职？蒋介石又想到了自己的干将陈诚。

在故宫接受日军投降的孙连仲将军

1943 年 1 月，他先让陈诚与史迪威接触，就远征军的编训计划进行磋商。在确认两人能够合作愉快，征得陈的同意之后，2 月 11 日，军委会正式公布了对陈诚的这一任命。

陈诚本不太赞成中国军队远征缅甸，对远征军司令长官一职也不甚热心。他认为，中国的抗战方略，仍应以本国战场为第一，不宜轻言远征。如果盟国并无同心协力联合反攻的诚意，本国重兵远征，主力他调，日军有可能乘虚而入，危及重庆。

蒋介石还是说服了陈诚："联合反攻的诚意不用怀疑，美国政府希望我们把日军主力牵制在大陆，以减轻他们在太平洋战场上压力，英国政府也需要我们帮他们夺回缅甸。当然，我们也需要他们特别是美国政府的援助。日军雄踞中缅边境，对我们是一个很大的隐患，联合反攻可以把他们赶出缅甸。另外更重要的是，美国政府还答应扩大第十四航空队的规模，用美式武器装备我们的军队，这对我们是很大的帮助……我知道你有胃病，但我实在没有合适的人选了。史迪威欢迎你去，他这个人脾气很怪，我怕其他将领难于和他合作，只有你，才是当前最适当的人选。"

陈诚不好再推辞，只提出辞去第六战区司令长官和湖北省政府主席的职务，但蒋没有答应，说："你先兼着，不必分心，让人代理一段时间。等这边的事都妥了，再辞也不晚。"3 月初，陈诚回恩施办完交接后，又飞到重庆，12 日，陈诚偕同

汪精卫与龙云合影

此图为汪精卫（右一）逃离重庆前往昆明，云南省政府主席龙云（右二）在机场迎接。

史迪威由重庆飞抵昆明，正式走马上任。

为了消除“云南王”、时任昆明行营主任龙云对中央军的顾虑，陈诚一到昆明，就去拜访龙云，并信誓旦旦地表示：“中央军一定做到‘不干政’、‘不扰民’，以后如发现军队扰民，请告诉我，我一定从严处办。”

1943 年，反攻的时机尚未成熟，当务之急是整训部队。经过几天的调查和咨询，他在防御方面发现了一些隐患：“滇南地形险要，而国防工事之建筑，在高连山地之中间地带，非在山地前线，尤不在国境线上，此方面较宜于守，不宜于攻。在滇西保山正面，固属重要，而危险处实在两翼，即右翼之片马方面，及左翼之滚弄方面是也。后者可沿滇缅路便道经云县，直出祥云，尤大可顾虑。他据此认为，此方面必须控置有力部队，现在残缺之两师，不足以当此重任。其在车里佛海方面，后方联络线过长，补给困难，不宜使用大军，惟将来全面攻势时，为威胁腊戍，使主力作战容易，必须以有力之一军，由此进出景东。”

当时，一些驻滇部队和机构腐败现象严重，嫖赌、吃空、走私等恶习，不一而足。陈诚到昆明后，烧了第一把火。当时，驼峰航线走私案正闹得满城风雨，陈诚将涉案人员——原远征军长官部的走私大员的空运指挥官王大钧等多人扣留，不久又下令逮捕了涉嫌贩卖鸦片案的第 49 师副师长张夏威。

就在陈诚调整远征军部署，整肃军纪的时候，鄂西会战开始，陈诚奉命回到鄂西指挥作战，直到 8 月才回云南，继续整训部队。在恩施，他几次向蒋介石提出辞去远征军长官一职，均被蒋驳回。

陈诚为什么屡次提出辞呈？原因是多方面的。其中，可能与军政部部长何应钦以及个别部将的矛盾有关。

陈诚与关麟征的矛盾早在 1930 年就种下了，并由此“分道扬镳”。冤家路窄，在云南，陈、关麟征又相遇了。其时，关麟征任第 9 集团军总司令，属陈诚直接管辖。关自恃受何、蒋器重，想为难一下陈诚，1943 年 4 月，借故将第 9 集团军所辖的陈诚的旧部第 54 军军长黄维调职，派亲信张耀明接任，并对第 54 军进行

黄 维

内部改造。副军长傅正模没有当上军长，觉得不公，联名请愿，向军委会控告张耀明。

陈诚回到昆明，关当面向陈提出要惩办傅，陈不理不睬，关生气了，冷言以对：“辞公钧座是即将掌握全国军事的领袖人物，不应该再封闭在土木系小圈子里，一个军长的职务都不肯放手，这不是干大事业应有的心胸啊！”陈诚气得当场吐血，同年8月，又将张耀明调开，任命自己的亲信方天为第54军军长。关与陈的交锋虽然败下阵来，但明里暗里仍然时不时与陈为难。陈诚也拿他没办法。

这次回云南，陈诚将长官部从昆明移到了楚雄。这里位置居中，可以兼顾滇西和滇南。他考虑长官部不设昆明，一是因为昆明离前线太远；二是昆明是行营及省府所在地，长官部设此，可能引起不必要的猜疑与摩擦，三是担心部属长久地生活在大都会，容易腐化。所以，后来当楚雄的居民称长官部为“穷长官部”时，陈诚竟然感到非常欣慰。

8月30日，他召集长官部全体人员讲话：“如我们不穷，真不知要有多少老百姓为之倾家荡产。须知解决个人生活问题并不难，但必须国家先有前途，如国家不能存在，个人生活纵然优裕，也不过是一个有钱的亡国奴罢了。所以目前唯有求军事上的胜利，国家得救，大家才有真正的出路。”

远征军长官部的中心工作，还是整训。与以往战役不同，反攻缅甸，将是步炮、陆空协同作战，而且，远征军一色的美式装备，官兵们对重武器以及其他各种美式装备，如通信、防毒、新式轻武器等的使用技术，几乎是空白。此外，卫生知识的缺乏，政治认识的薄弱，以及军风纪的重建等，都需要经过严格的训练。

装备技能训练，有美国军人担任，陈诚不用太多操心。但精神训练，只能由中方负责。陈诚投入较多的精力和时间。好在他在这方面轻车熟路。针对当时的抗战形势和官兵思想上存在一些问题，他提出“以穷治军”的口号：一、革命成败的关键，在革命者个人的穷与富。革命的力量，在革命者的穷；革命的目的，在求民众大家的富；二、革命者的生活，要能吃在一身，穿在一身，用在一身……

9月29日，他指示编印了《远征须知》。除分别辑录“总理训词”，“委员长手颁阵中必读”、“阵中反省录”及远征口号、远征歌等外，还分章编撰了“明了本身责任”、“熟习兵要地志”、“尊重各国国情”、“实践训练要旨”、“注重特殊情况”、“争取最后胜利”等。并附录了“革命军连坐法”、“中华民国战时军律”等。远征军每一干部，人手一编。

在云南，陈诚不是在总部开会，就是下部队营地巡视，发表演说。他在日记中记载了病倒前后的主要行程：

3日，主持长官部纪念周，讲“唯有反攻才是出路”。会后出发赴大理第十一集团军总部。

5日，召集十一集团军师长以上将领开会，研讨攻守作战等问题。

6日，再召集第十一集团军师长以上将领开会研讨各项问题，会后赴弥渡视察第6军。

7日，对第6军干训班讲：“恢复光荣历史，负起反攻使命”。

10日，参加干训团国庆庆典及滇省青年总校阅。

12日，宿疾大发，呕血一盂。

14日、15日，病况转佳，适值怒江方面敌有蠢动模样，仍需扶病理事，致夜不成寐。

……

陈诚在二十几岁的时候，就患有胃病，多次发作，从未注意保养，也无暇根治。出任远征军长官后，劳累奔波，心力交瘁，加之时常饮酒，导致旧病加剧。医生诊断，他的胃病已发展成严重的胃溃疡，须6个星期的治疗，才能复原。陈诚只得请假疗养。

在反攻缅甸的时期问题，陈诚与蒋介石确有过争议（此节后文再述），但应该不是促成陈诚辞职的主要原因。

11月中旬，陈诚见身体仍未康复，便呈请蒋介石辞去远征军一职。16日，蒋派卫立煌为远征军代司令长官。卫立煌也是一位抗战名将。1897出生，安徽合肥人。1914年入湖南都督汤芗铭部学兵营，1915年到广州投粤军，由排长递升至旅长，在孙中山先生广州国民政府担任警卫。北伐战争时，任第1军第14师师长。1928年任南京卫戍副司令，后入陆军大学校将官特别班进修。抗日战争爆发后，先后任第14集团军总司令兼第一战区前敌总指挥，率3个兵团参加忻口战役，抗击日军5万人的进攻，毙伤敌2万余人。1939年任第一战区司令长官，晋升陆军二级上将。

办完交接，陈诚飞到重庆专心养病去了。算起来，除去回鄂西指挥会战，陈诚在云南的时间6个月不到。这几个月里，他为远征军的调配、整训做了大量工作，使远征军的素质和战斗力有了很大提高。

卫立煌（左）与毛泽东合影

1944年3月，国军驻印军新编第22师和新编第38师占领孟关，消灭日本最精锐的第18师团的主力，继而一鼓作气，攻占缅北重镇孟拱。1944年春由国内空运印度接受美式装备和训练的新30师、第14师、第50师，也先后转运至缅甸密支那，随即对敌发动进攻。新38师在孟拱战役结束后，也进军密支那。8月初密支那终于被攻克。

在驻印军开始反攻几个月之后，国内滇西的中国远征军反攻开始。5月11日，第20集团军强渡怒江，经过3个月的战斗，9月14日解放腾冲。6月1日，第11集团军渡江，新28师于4日攻克腊猛，进围松山，由于敌阵坚固，该师5攻未克。7月1日改由第8军来攻，该军以3个师轮换进攻，连续9次，到9月7日方破敌阵，全歼守敌。远征军经过血战，11月3日克龙陵，20日克芒市，12月1日克遮放。1945年1月19日，复畹町。1月22日中午第53军第116师与新1军一部在木遮相会，旋以钳形攻势向芒友推进。1月28日中印公路通车典礼在畹町城举行。

会师后，滇西远征军回国，新1军与第50师南下，新一军先后拿下了新维、腊戌，第50师先后攻克了南渡、西保、南燕、皎麦等市镇。3月30日，中国远征军攻克乔梅，与英军胜利会师。至此，中国驻印军与中国远征军的任务顺利完成。

陈诚虽然没有参与反攻的战役指挥，但他所做的前期准备工作为反攻胜利奠定的基础，功不可没。

第四节　与史迪威合作

在云南，陈诚与史迪威的合作是比较融洽的。

史迪威1883年生于美国佛罗里达州。1904年毕业于美国西点军校，参加过第一次世界大战。他与中国渊源极深，早在1919年就担任驻华美军语言教官，学习中文。1920年至1923年，在中国工作，帮助修建了一条从汾阳到军渡的公路。1926年至1929年，在中国天津任驻华美军营长、代理参谋长。1935年1939年任驻华武官。太平洋战争爆发后，任中缅印战区美陆军司令兼中国战区总司令蒋介石的参谋长，指挥盟军抗击入侵缅甸的日军。

蒋介石夫妇与史迪威合影

此人性格直爽，说话尖刻，让人感觉难以相处。不过，他与性格同样直爽，说话不饶人的陈诚却很合得来。他们早在 1938 年就相识了，当时陈诚任第九战区总司令，史任美国驻华武官，在武汉、长沙等地考察中日战况。但彼此交往不多，也不深。1942 年 10 月，他们在重庆两次见面，就同盟国的战略问题，作了一次长谈。双方感觉很投机。史希望陈担任中国远征军司令长官，并向蒋提出了这一建议。这便有了他们后来几个月的合作。

史迪威历来有点瞧不起蒋介石，但对陈诚的评价却很高，认为他是中国诸将领中的一位“最有实力和最令人感兴趣的”人物。同样，陈诚对史迪威的评价也不错：“一位卓越勇敢善战的军人”。两位都是能打仗的将军，而且性格、作风相近，可谓惺惺相惜。

陈诚说，他与史之所以合作愉快是因为自己做到“言而有信”：“凡是答应人家要做的事，一定做，并且尽速地做。凡是不能做的事，根本就不答应。”

有一次，史迪威想要原中国空军学校的房子，作为远征军训练班的班址。他先和中国远征军第一路军军部的官员接洽，但过了很久都没有下文。陈诚上任后，史便来和陈交涉。陈诚一口答应：没问题！起初史还怀疑他的话能否兑现，没想到几天后，他要的房子就到手了。史欣喜地对陈诚说："你真是说一句算一句的人。"以后，史每遇到难题，总要找陈诚解决。陈诚觉得能解决的就爽快答应，不能解决的，也一口拒绝。比如，史提出要经管训练班的具体事务，陈就没有答应，史提过两次，也没有再坚持了。

有一次史迪威提出将训练班学员的伙食费由每天 1 元提高到每天 5 元，费用由美方负担，但陈诚反对："少数人的伙食改善很容易，可是当他们结业回队后，势将无以为继，反倒引起不满。史将军的学生，都是我所统率的部下，如各部队一律按这个标准调整伙食，我将何以为继？"史迪威说："我看学员的学习实在是辛苦，应该有较好的营养。不过，你不同意，我也不强求。"后来，陈诚还是将每人每月 30 元的伙食费，调整为 48 元。虽然史迪威的要求没有完全达到，但也没有再提意见了。

陈诚就任远征军长官之前，军人利用驼峰航运走私货物，被视为常事。陈到任后，着手打击走私之风，还抓了几个大员。史迪威曾私下许诺每月给他保留一吨的舱位，被陈谢绝。陈诚说，他在云南前后 6 个月，没有从国外买回过一分钱的东西，算是一个相当清廉的官员了。

陈诚肖像

1943 年 10 月，陈诚胃病复发后，史迪威给他送来不少药品和食物。陈诚说，谢谢你好意，这些东西除非作价，实在不敢收受。史表示药品可以作价，但食物无论如何不能收钱。陈诚也就没有推辞，付了药品钱后，将食物也收下了。樊崧甫在回忆文章里说，1943 年底，陈诚回渝养病，“在生活作风上发生了很大的变化，开始讲究起来，一排美式装备的卫兵给他守卫，留美的医生住在他旁边给他治疗，药品食物概是从美国用飞机送来的。”（《我所知道的陈诚》）字里行间似有损意，但如果他知道那些药品都是付了钱的，也许就不会这样说了。

据樊崧甫回忆，有一次，陈诚对他说：“美国援助我国，还不是为着它自己的利益？雇中国人替他们打仗便宜，用他们美国兵打 3 天的钱，雇中国人可打一年。他们利用我们，而我们没有办法利用他们，谁也不感激谁，美国人真会帮助我们才怪呢？”（同上）这番话显然带有情绪，应该是在他担任远征军长官之前说的。在与美国人愉快合作，又吃了史迪威送的食物之后，他大概不会说这样的话了。

因为在中国军队指挥权等问题上的争执，史、蒋矛盾终于激化。1944 年 10 月，在蒋介石一再要求下，美国总统罗斯福召回了史迪威。陈诚评价此事说：“史迪威和我共事几个月，的确处得不坏，但最后却与我政府闹翻了。可能因为彼此的了解不够，但观念上的根本差异，关系也很大。”不过，陈在回忆录里没有提指挥权的问题，他说蒋介石之所以与史闹翻，是因为史迪威想用美式武器装备中共的军队。

有史学研究者认为，陈诚失去远征军司令长官一职，真正原因不是身体，而是他与史迪威关系太亲密。“蒋介石历来对跟美国过分亲密的人怀有戒心，陈诚和史迪威的亲密合作，显然已经超过了蒋介石所能容忍的程度。此时远征军的编练已经基本完成，滇西反攻作战即将打响，陈诚也已经发挥了他应发挥的作用，蒋介石不想让陈诚继续指挥即将打响的滇西反攻战以获取更大的功名……”

上述一说，没有过硬的史料支持，属于臆测。不过，耐人寻味的是，陈诚的卸职时间，与蒋介石向美国政府要求撤换史迪威的时间基本吻合。1942 年 6 月，史迪威率中国远征军兵败缅甸后，向蒋提出：对部队进行精简整编；撤换无能的高级军官；授予前线指挥官全权。7 月，蒋介石向来华访问的美国总统私人代表劳克林·柯里提出，要求撤换史迪威。美国总统罗斯福没有同意。这是他第一次提出这样的要求。原因主要是怀疑史的作战指挥能力。1943 年 9 月，史迪威向蒋介石建议，使用共产党第 18 集团军等部队向华北日军侧翼进攻，并给西北部队以充分的供应。1943 年 10 月，蒋介石再次向美国政府提出撤换史迪威——他不能容忍史迪威帮助共产党。这一次又被罗斯福拒绝。

直到 1944 年 9 月，史迪威要求授予他指挥中国战区所有军队的全权，蒋介石第三次要求美国总统召回史迪威，并以退出二战同盟相要挟，罗斯福才不得不牺牲史迪威，于同年 10 月将其召回。

罗斯福

此图为 1941 年 12 月 8 日，美国总统富兰克林·罗斯福签署对日宣战书。

蒋介石一直视陈诚为亲信，绝不会怀疑陈与史合谋帮共，或暗中整他。他也自信，只要自己发话，陈诚可以与史亲密合作，也完全可以和史唱反调（这比融洽合作更容易）。退一步说，如果蒋连嫡系陈诚都不放心，又有什么理由放心让卫立煌去干呢？由此推论，蒋没有必要因为陈与史的融洽合作，而撤换陈诚，如果陈诚愿意，而且能够干下去，蒋一定会让他留任。既然陈诚身体有病，史迪威已不受蒋待见，谁来当这个远征军司令长官都一样，何必让自己的干女婿拿生命去冒险呢?

所以，不必过多揣测，蒋让陈卸职，非权谋也，实人之常情也。

第七章
“小委员长”政略

第一节 庐山训练团团长

在大陆期间，陈诚最喜欢别人称他为“团座”或“副团座”。这一称呼得自于他主持庐山训练团的经历。

1933年春，陈诚在第四次围剿中吃了大败仗后，不少国民党军政要员等着陈诚倒霉，但令他们失望的是，蒋介石不但没有冷漠他，相反又一次重用了他，委任他为庐山训练团团长。

尽管何应钦、熊式辉、杨永泰等人表示反对，但蒋坚持认为陈诚是最合适的人选：有军事训练的经历和能力，对自己绝对忠诚。让陈诚做团长，可以重新树立他的威信，让他更好地为党国效劳。

熊式辉

1933年7月，接到任命后，陈诚把指挥部的事务作了安排后，匆匆赶到庐山海会寺训练团所在地上任。这年的庐山训练团正式名称为赣粤闽湘鄂北路“剿匪”军军官训练团。除了军事训练，一个重要内容就是“政治训练”，实际上就是洗脑，给军官们灌输“攘外必先安内”、“绝对服从最高统帅”等理念。

战败之后受到蒋的重用，陈诚自然感激不尽，以图报答。从此以后，原来对蒋不满意的“怨气”不再发了，原来有违“攘外必先安内”政策的“反调”也不唱了。他决心做一个崇拜蒋介石的模范。

在为期6个星期的训练中，陈诚的主要工作有三个方面：一、处理军训团的重要事务，协调顾问、教官和营长的工作，指挥政治和军事训练的正常进行；二、侍奉经常来团训话的蒋介石和间或来团观察的其他党政要人；三、对教官和学员作精神和军事训话。

和蒋介石一样，陈诚也相当能说，动辄一个多小时，甚至几个小时，常常无需讲稿，口若悬河。这次训练，陈诚一共作了30余次讲演和训话。内容无非是对蒋介石所规定的训练要旨、目的、方法和多次精神训话的重复和演绎；宣传“信仰领袖”，“服从统帅”军人思想；对蒋介石进行形象塑造。他常常以意大利法西斯罪魁为例训导学员：“墨索里尼从前是个最能够绝对服从长官的军人。他曾经当过4年兵，在当兵的时候，比任何人都服从。有一次一个排长叫他把一大堆粪捧了，他毫不迟疑地去捧。他有这种绝对服从的精神，所以人家能够服从他。”

陈诚将蒋介石比做是“普照天下焕发于万古”的“宝石”，要求学员在听到“委员长”的称呼时，姿势必须由“稍息”改为“立正”，以示对蒋介石的尊敬。所以每次讲话，操场上时时发出整齐的两脚并拢的声音，甚为“壮观”。这一做法在国民党军队中流传下来了。每天早晨要举行升旗仪式，学员须向国民党党旗和南京政府国旗敬礼，唱党歌、国歌，以“养成敬爱国家和党的心理和习惯”，陈诚自然身体力行，严格遵守。

四次“围剿”的失败后，国民党军队的士气已日渐低落，精神萎靡。一般军事干部，有的贪生怕死，有的缺乏战术训练，有的甚至竟将军费私存到外国银行。陈诚后来总结说，虽然不能在短期内把所有问题解决，“可是告以为什么剿共？为什么先剿共？敌我的短长何在？诸如此类的问题，经过反复譬说，他们还是可以理解的，乃至表示欢迎和接受的。所谓‘听君一夕话，胜读十年书’，这就是短期训练的精神和特点。”

经过“洗脑”和训练的7000多名军官先后下山，回到前线。他们携带的除了《剿匪手本》和《剿匪部队训练要旨》，还有一把由蒋介石题签的“军人魂”短剑。陈诚对学员们说：“这把剑是给大家为主义奋斗，与敌人肉搏到最后的时候，做一个不成功便成仁的志士所用。”所谓“不成功便成仁”，实际就是失败之后自杀。实际上，军官们都把它当成装饰品，没有人真正用它来自裁。

三期军官训练团结束后，蒋介石调集100万兵力，对中央革命根据地开始了第五次围剿。国民党军队吸取了以往失败的教训，以碉堡为攻守据点，步步为营，逐步缩小包围圈。1934年10月，中央红军被迫放弃中央根据地，走上了二万五千里的长征之路。

中国士兵穿过街道

红军第五次反“围剿”的失败，一方面受左倾路线的影响，另一方面也毋庸讳言，经过庐山训练，国民党军队的进攻力多少有一定的提高。

1934年夏天，蒋介石继续举办庐山训练团。这一次，训练的对象为全国各地校官以上的中、高级军官。因学员来自不同派系，不少人资格老，军衔高，蒋介石便担心陈诚难以服从，便自任团长，由陈诚任副团长兼教育长。

陈诚担任这个副团长，颇有一人之下，万人之上的气势。1934夏的训练团学员绝大多数是杂牌军军官，许多人来自被打败的旧军阀部队。所以，陈诚在他们面前傲气得很。据当年在庐山受训的学员回忆，有一天升旗之后，蒋介石训话完毕，陈诚接着讲了一通，而且越讲越冒火：“你们这些军阀作孽，还想像过去那样当军阀祸国殃民吗？要知道北伐成功了，军阀当不成了！你们要当匪吗？尽管去，我有本事剿你们……”听众怒形于色，不欢而散。有人背地里说他：“保定军校怎么教出这样的徒弟？”

其实，这也是训练团一个预定的训练项目：打压杂牌军军官的傲气。尽管听起来刺耳，但鉴于陈诚是蒋介石的红人，脾气也暴躁，没人敢当面和他顶撞。后来，陈诚的部下薛岳（学员营营长）也效法陈诚大骂“军阀余孽”，一些学员就造反了：声称不参加毕业典礼。陈诚只好出面做工作，才把这场小小的风波平息下去。

“忠诚”教育仍是训练的主要内容。陈诚在训练团大讲“拥护领袖”，有一次蒋也在场，陈诚说：“我们拥护的是革命领袖，因为委员长是革命的，所以我们要拥护，如果他不革命，我们还是不拥护他。”蒋听了频频点头。

这年的训练团训练内容除了“剿共”，增加了对日本作战的战略战术研究。此后，庐山军官暑期训练团又连办了几年，直到1937年夏天日本发动全面侵华战争才终止。每年的训练团，陈诚都担任训练团副团长。这段经历成为他引以为自豪的政治资本。所以，他最喜欢听别人叫他“副团座”。

第二节　与中共合作

担任军委会政治部部长期间，陈诚与共产党人有过长达两年的直接合作。

1938 年 2 月，政治部正式成立，陈诚受命为部长。政治部由原大本营第六部（由国民党中央秘书处、中央组织部、中央宣传部、中央训练部、中央党务调查统计处）和军委会政治训练处合并而成。原第六部部长陈立夫是 CC 派头目，也是蒋介石的亲信。蒋介石弃陈立夫，而用陈诚，可见他对陈诚政工能力的赏识。

陈诚并不向往这一职务。鉴于其组织及人事的复杂性，他请蒋介石给予他 3 个月的试验期，可事实上，他一直干到 1940 年 9 月。

在北伐时期，政治部是国民革命军总司令的一个很重要的部门，蒋介石背叛革命后，这一机构被取消。抗战爆发，国共第二次合作开始，他又想恢复政治部。

按蒋介石和陈诚的设想，政治部的主要任务归为五项：一、军队政训；二、民众组训；三、青年训练；四、宣导民意；五、文化宣传。3 月，陈诚在武昌召集了全国政工会议，指出当前政治工作的路线与任务是：一、提高军队的战斗精神，达到国家建军目的；二、组织训练民众，集中全国力量；三、运用宣传

陈立夫

力量，统一全国舆论，粉碎日军战意与野心。

当时，南京政府的财政很困难，政府机关各项费用均被压缩，政治部也不例外。陈诚要秘书给军政部打报告申请50万元经费，结果报告被军政部部长何应钦驳回。陈诚便直接打了一个报告呈给蒋介石，蒋不但批了，而且批给他们的经费数额比报告要求的还多了一倍——100万元。

政治部下设四个厅一个处。第一厅主管军队政训，厅长贺衷寒；第二厅主管民众组训，厅长康泽；第三厅主管宣传，厅长是郭沫若；总务厅主管人事经理，厅长赵志尧；秘书处主管文书，处长柳克述。此外，还有一个设计委员会，主管安置客卿及闲员。

引人注目的是，政治部副部长竟然是中共领导人周恩来和原"第三党"人员黄琪翔；第三厅长为文化界知名人士、反蒋人士郭沫若。这三个人虽然不一定都是陈诚推荐的，但可以肯定，他愿意与他们合作，并希望充分发挥其作用的。

黄埔军校时期的周恩来

陈诚在1938年1月27日呈给蒋介石的信函中陈述了自己的建议：

"我国人事，久苦复杂，兹应以简单明快处之，所谓快刀斩乱麻，当断必断也。任人贵专，专则得行其志，而无掣肘之弊，选人应有标准，标准既定，则不至为人所用。与其用四面圆通投机取巧者，不如用有良心有血性者，凡有良心有血性有坚定志趣之人，即仇者亦当破格用之……周恩来、郭沫若等，绝非甘于虚挂名义，坐领干薪者可比。既约之来，即不能不付予相当之权……郭沫若确为富于情感血性之人。果能示之以诚，待之以礼，必能在钧座领导之下，为抗日救国而努力。”

“仇者”，显然指的是周恩来和郭沫若。除了这两位，贺衷寒的任命也经历了一番周折。贺是黄埔一期生，“黄埔三杰”之一，曾受蒋的器重，但在西安事变中，贺跟着何应钦起哄，主张武力征讨张、杨，自后就被蒋冷落。陈诚提名他为第一厅厅长，蒋给予驳回，陈再提，蒋再驳，一而再，再而三，最终还是得到了蒋的批准。

对周恩来分管的第三厅的工作和活动，陈诚还是支持的。第三厅主要负责抗战宣传，而在武汉的文艺工作者大多是进步知识分子，如田汉、洪深、万籁天等。周恩来和郭沫若提出把他们召集到第三厅旗下，陈诚一口答应。后来，他们成立战地剧团和其他文艺组织，活跃在抗战前线和后方，开展了宣传活动，发动民众，参加抗战，鼓舞官兵士气，在武汉、长沙、桂林、重庆等地掀起了一轮又一轮抗战热潮。

“七七”周年纪念，第三厅发起组织献金活动。起初，陈诚对这一活动表示怀疑：“我们找有钱人来摊派，那是行的，但你要大家自动来献，谁肯来呢？你们一定会失败。”后来，第三厅把这一活动搞得轰轰烈烈，效果非常好。陈诚也亲自捧场，并以湖北省主席的身份，动员省府的高层职员到武昌司门献金台当众献金，他主持的武汉卫戍总司令部也献出了1万元。

郭沫若在回忆文章里说，此日武汉民众的抗战热情“掀翻了武汉三镇”。5座固定献金台，3座流动献金台，参加献金的人数达100万人次以上，募得法币超过100万。那时的法币1 ∶ 1兑换银元，因质轻好携带，币值比银元还要坚挺。

陈诚很尊重副部长周恩来。

在黄埔军校和东征时期，周恩来先后担任军校和党军政治部副主任和主任，是陈诚的上级。如今，周虽然成了自己的副手，但周的意见，他多半还是能听得进的。有一次，政治部将著名民

民盟部分领导人合影

此图为1944年9月，民盟召开全国会议时，部分领导人合影留念。从左至右分别为：沈钧儒、张澜、鲜英、李公朴。

主人士李公朴扣押。周恩来找陈诚说理："你不能用政治部的名义扣留李公朴，因为我是参加了政治部的，我是副部长！"迫于压力，陈诚下令将李释放。

据当时在政治部工作的许知为回忆，凡是周恩来公开露面的时候，陈诚一般都会陪同出席，有时在前线也要赶回来。凡是陈诚主持的"总理纪念周"，周恩来也必到会。那时的情况是，讲台上无固定的座位，仅主持人站在台上讲话，与会者一律站在台下倾听。周恩来、郭沫若等则站在第一排。"总理纪念周"有一套固定的仪式，开始时要唱国民党党歌，然后再齐声诵读《总理遗嘱》，结束之前还要齐声诵读国民党《党员十二守则》。

这种仪式对于共产党人来说有些强人所难。周恩来只能够以迟到或早退的办法，竭力避免不愉快的事情发生。他每次参加纪念周时都要等读完《总理遗嘱》之后才进来，然后站到第一排中间。陈诚讲话快要结束时，周恩来就会以抬腕看手表的方式提醒台上的陈诚。如果陈诚看到这个动作，便立即结束讲话走下台，陪同周恩来走出会场，然后又同车离开。陈诚这样做，主要是为周恩来考虑。如果陈诚当时没注意到周恩来抬腕看手表的动作，周恩来就会开口提醒陈诚说：“辞修，时间差不多了。”或者说：“辞修，我们该到某某地方了。”他这一提醒，陈诚就会马上终止讲话，走下台来，两人一起走出会场。这样，周恩来就可以免去最后一道仪式：诵读《党员十二守则》。

在主持政治部工作期间，特别是前期，陈诚一方面坚持自己的政治立场，一方面尽可能地避免不利于团结抗日的事情发生，有时还会作出一些让步，保持了与共产党人合作共事的局面。

台儿庄会战胜利后，第三厅编了一个《抗战将军李宗仁》的小册子，陈诚看完册子后，命令不准散发，说：“近查三厅所印各种宣传文件中，每有‘人民’、‘祖国’、‘岗位’等字样，此等文字殊不妥帖。‘人民’应一律改用‘国民’，‘祖国’改用‘国家’，‘岗位’改用‘职分’。以后凡有对外文件必须经呈部审核之后，再行印发。”郭沫若针锋相对地责问：“查中山先生生前文字已屡见‘人民’与‘祖国’等字样，是否亦应一律改用‘国民’与‘国

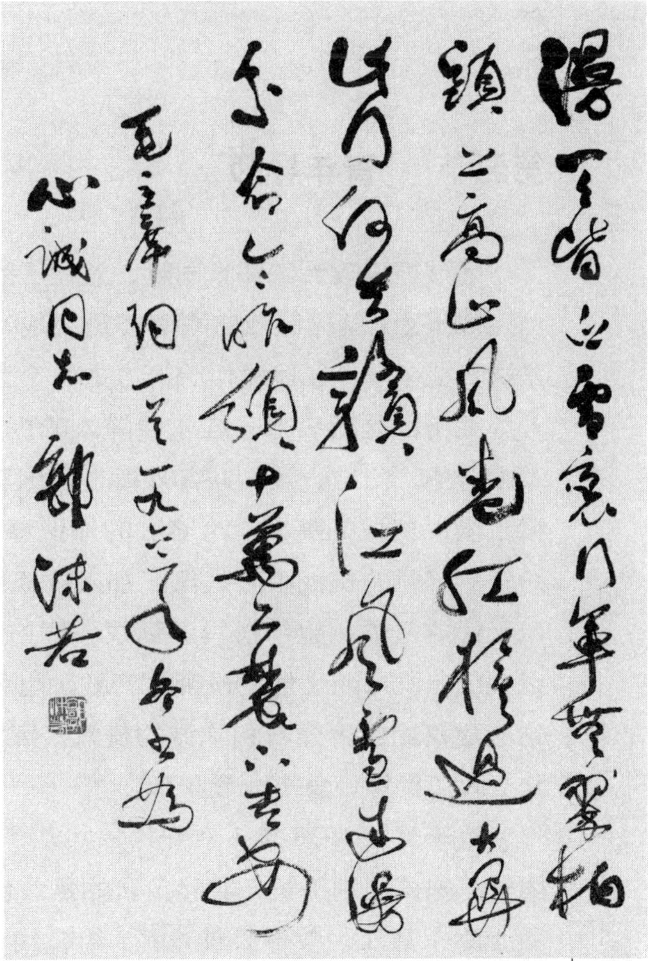

行书书法（郭沫若）

家'?"最后，陈诚还是同意该书发行。

陈诚维护自己的政治立场也是"坚定不移"的。

1938 年 3 月，全国 18 个工界团体在武汉发起成立"中国工人抗敌总会"，该会宗旨为"统一工人组织，集中工人力量，在政府领导及三民主义原则之下，参加抗战"。陈诚批示："备案各节暂从缓议"。虽然借口冠冕堂皇，但实际上是害怕共产党操纵工人组织，积聚政治力量。结果，筹备会被迫宣告解散。因为军委会政治部有共产党人"作梗"，后来他请示蒋介石又成立了武汉卫戍区司令部政治部。8 月，他就以武汉卫戍司令部政治部的名义，下令宣布解散民族解放先锋队、青年救国团和蚁社等三个进步团体。

第三节 "青年导师"

陈诚担任政治部部长同时，兼任了战干团副团长一职。

战干团：是国民政府军事委员会战时工作干部训练团的简称，是抗日战争时期国民党中央开办的一个大型军事、政治训练机构。开办战干团是贺衷寒、桂永清等人的提议。抗战爆发后，国共第二次合作，团结一致，共御外侮，全国军民同仇敌忾，慷慨激昂，掀起全民抗战的高潮。沦陷区的知识青年，不甘心当亡国奴，纷纷来到当时的抗战中心武汉，加入抗战行列；家在大后方的青年，激于民族义愤，也纷纷投笔从戎。把这些热血青年集合起来，加以训练，既可防止他们投奔共产党，也可培养成为己所用的干部，这一建议受到蒋介石和陈诚的赞赏。因为军事委员会要在各部队建立政工机构，急需大量干部。

战干团从 1938 年 1 月开始，共办了 4 个团。均由蒋介石自任团长，陈诚任副团长，实际负责的是教育长。第一团创办于武昌，后迁四川綦江，教育长桂永清；第二团设山西（实际未成立，由阎锡山另办了一个集训团）；第 3 团设江西于都；第四团设西安。

中国军队将领在前线指挥作战

对那个激情燃烧的岁月，战干团一团学员刘非一直记忆犹新："我深深记得，在1938年7月7日，武汉市曾举行一次纪念'七七'抗战一周年的火炬大游行，规模盛大，气氛热烈。那天天刚拂晓，武汉街头已是人山人海。八时许，在雄壮的军乐声和欢乐声中，以数千战干团男女学生为前导的游行大军，人人手举火炬，以整齐威武的军容，雄赳赳气昂昂列队通过武昌十里长街。一路上军民齐唱《义勇军进行曲》等抗战歌曲，高呼'誓死保卫大武汉！'、'抗战到底！'等口号，声震云霄，体现了我中华儿女，同仇敌忾，热血沸腾的抗日救亡的民族气概。"

战干团共6个月训练期，前3个月为入伍训练（军事训练），主要为基本军事操练、野外演习、实弹射击和兵器、地形、筑城、谍报、游击战术等军事课程。后三个月为分科训练（政工训练），主要课程有"总理遗教"、"三民主义"（又叫"三民主义哲学基础"）、"总裁言行"（又名"领袖言行"），"政治学概论"、"经济学概论"、"国防形势"、"地理"、"新闻学"、"民众组训"、"军民合作"、"对敌宣传"等。除此之外，还有不定期的"精神讲话"课程，即邀请军政要人或各界名流进行专题演讲。

陈诚是讲得最多的一个。有一次讲话，他提出了“北伐靠黄埔，抗战靠战干团”的口号，在战干团师生中广为流传，引为自夸自豪。这个口号虽然有点离谱，不过，也说明陈诚把战干团当作了自己的一份人脉资本，对战干团学生以示宠爱。刘非回忆说，当时，学生形成了一种牢固的观念：除了蒋介石就是陈诚。

其实，蒋介石也非常看重战干团。在开办战干团的同时，他宣布撤销了“复兴社”，建立“三青团”。这一撤一建，说明蒋介石对以黄埔生为基干的“复兴社”有点失望，需要一种新的力量来替代，以战干团学生为基础的“三青团”，正是蒋介石培养的一支新的力量。蒋介石任“三青团”团长，陈诚任中央干事会书记长。

据战干团的学员们回忆，陈诚最高兴别人说他爱护青年，如果称他为“青年导师”，他更是喜不自禁。1938 年秋，武汉外围战打得正紧的时候，他还几次抽时间到战干团对学生进行训话，或个别谈话。他经常对学员说：“你们是我的学生，我不为你们负责，谁来为你们负责？我不照顾你们，谁来照顾你们？”有的学员听了，甚至被感动得流下了泪水。

战干团学员毕业后被分配到各部队、机构、学校去工作。一些干部因不能适应新环境，或生活上缺乏照顾，或因看不惯单位中不合理的现象，而上告表示不满或请求调动。陈诚知道这一情况后，在一次党政军联席会议上，当着战区政治部主任和军政长官，一再强调说：“要爱护青年，信任青年的重要性，对青年干部，要善加照顾，多和他们接近，为他们解决实际困

三青团工作证章

难……”

会上，有几个单位的负责人向陈诚诉苦，说一些青年政工干部缺乏经验，连公文都不会写，只会唱高调。陈对这样的话很反感，反问这些人：“你们不想想你们的青年时代是怎样过来的？青年们刚出学校不会办公文，算不上什么缺点。他们因为没有经验，对事情便不会有成见，指导他们，比指导有经验的人更容易。做长官的如果本着‘作之师，作之亲’的态度对待他们，我相信他们没有不乐于接受领导的。”

战干团设有团歌，唱的是黄埔军校校歌，表示继承黄埔系统和黄埔精神。战干团撤销以后，各期毕业学生的学籍按中央军校毕业生同等对待。

第四节 建设新湖北

陈诚主政湖北期间，在地方政治、经济、文化等方面是下了不少工夫，做了不少工作的。

1940 年秋，陈诚就任第六战区司令长官，兼任湖北省主席。省主席的职务，他其实是回任。早在 1938 年 6 月，他就兼任了这一职务，后来因为忙于军务和政治部的工作，省主席一职由他的老上司严重代理。他回到恩施后，心力交瘁的严重便主动交了班。陈诚挽留他担任省府委员。

宜昌失守后，鄂西不仅成了湖北正面抗战的基地和大本营，而且是拱卫国民党西南大后方的重要屏障，在全国抗战中占有十分重要的战略地位。当时，蒋介石继“军事第一”的口号后，又提出“六战区第一”，可见对鄂西的重视。为了巩固这一战略要地，陈诚除了处理军事事务，还分出大量精力和时间来抓政府工作。

到任后第四天，陈诚就发布了《湖北省政府施政要旨》。《要旨》对施政的各方面均有原则性要求。政务方面：“中央既经设厅分处，自足纵横综理，不应另设骈枝机关，误时糜财。兹除特别

时任第六战区司令长官的陈诚

规定者外，应一律归并，或裁撤之”；治安方面：“目前足为抗战建国之障碍者，如汉奸、伪军、贪官、污吏、土豪、劣绅、地痞、流氓、反动分子等，均须彻底铲除之；财政方面：“今后一面应顾及财源、民力，以为适当之支配；一面须注意事业之进展，以应时代之需要，与财源之开发”；教育方面：“亟应整饬学规、砥砺志节，深植革命之基础；尤应普及国民教育，与实施各种专门人才之训练，以为百年大计之造端”；实业方面：“农业、开发矿产、兴办水利、培植森林、创设水电，以及推广合作事业，与振兴轻工业等，均为本省建设之急务，应即厘定计划，积极推行”；……

陈诚一再强调，上述施政要旨，只是从千头万绪的政务中，择其应行、可行而又能行的几大端，提示纲领，以为提前共赴之准则，在实行之中，也要因时因地制宜，而不能一成不变。

据知情人回忆，陈诚回任省政府主席，确实带有几分“发奋图强”的气势。虽然常年为胃病所苦，但他精神矍铄，表现力强，颇有军人作风。每次主持大会，不迟到不早退，开会号音一响，不差分秒地走上主席台。

在鄂西，陈诚的伙食是由战区长官部供应的，他叫副官处每月支付他伙食费 8 元，但这样标准的饭菜实在难以入口，副官处便擅自将伙食标准提高到 30 元，陈诚知道后，狠狠地骂了副官一顿，命令他恢复原来的伙食标准。有一次，省财政厅长朱怀冰等人对陈诚说，他们在小馆子吃了一顿便宜饭，陈问："吃几块钱?"朱怀冰说："只有十块钱。"陈诚听后大加申斥："你们这一顿是我一个月的伙食费，国难时期，如此大吃大喝，何以为民表率?"朱怀冰等只好忍气听训。事实上，陈诚的副官仍然背着他给他的伙食加了钱。

1941年10月，几易其稿，陈诚又拿出了一个《新湖北建设计划大纲》。这个大纲在省议会通过。

陈诚的"新湖北建设"其实是蒋介石当年在江西尝试过的"三分军事，七分政治"的继续。1939年冬，蒋派他的大公子蒋经国实施"新赣南"建设，目的无非是对抗延安的影响，巩固自己的政权。一南一北，小陈与小蒋，蒋介石对他们都寄予了厚望。

新湖北建设也寄予了陈诚的政治理想。虽为一员武将，但他一直信奉孙中山的三民主义，尤其对民主主义思想更有某种程度上偏爱。在赣南"剿共"时期，他曾想在地方尝试一下土地改革，后来中央红军长征，他也调出江西，未能一展身手。如今身为湖北军政首领，他终于有了机会，可以一展抱负。

在实施新湖北建设之前，他派人专程到赣南参观，"取经"，从而明确了两地的"师承"关系。

"新湖北建设计划"内容很广泛，分经济建设、政治建设和文化建设三个方面。

经济建设以民生主义为最高指导原则，中心工作是发达国家资本、节制私人资本、平均地权；逐渐"实行统制经济，以调节物资之生产消费"，而树立"施行计划经济之基础"；采取农业与工业相互促进配合发展之政策……政治建设以民权主义为最高指导原则，中心工作为实施新县制，执行减租，严禁高利贷，取消苛杂，以解除人民痛苦；遵照土地法制定方案，切实施行平均地权……文化建设以心理建设为最高原则，主要工作是实行计划教育，除国民教育原为义务教育外，凡中等以上学校，以采公费制度为原则……

公费制度是计划教育中实施得最好，也是陈诚最为满意的一项改革。这项制度在严重代理省主席时期就开始了，陈诚回任后，对此更加重视，并把它作为新湖北建建设的一个重点，对迁到恩施的学校给予了大力的财政支持。后来，他还支持创办了湖北医学院和湖北工学院，对促进湖北的地方教育，起了很大的作用。

陈诚执政之严，在当时鄂西就享有“盛名”。

主持省政时期，陈诚亲自断了几个“大案”。监利县长黄向荣，用公款做棉花生意，被检举后，陈诚立即下令将黄逮捕法办。省保安司令部拟判黄 12 年徒刑，陈诚阅后，勃然大怒，在呈文上批了四个字：“即予枪决。”黄在临刑前，给妻子写下遗言：“教我子孙，再莫做官。”宜昌县长武长青，批准商人违规经营鸦片。有人把这事告到陈诚那里，陈诚下令将武长青解押恩施。武长青是保定军校毕业，与陈诚有同学之谊。人们都以为，陈诚会让人轻判武长青，没想到，陈批了八个字：“贪污有罪，着即枪毙。”一些保定同学替武求情，也未能挽回武的性命。

处决黑市投机商

陈诚亲自过问和批示的，还有省粮政局恩施办事处主任陈国良贪污案，此人也被判处死刑。在陈诚的铁腕整治下，湖北省各级政府官吏大多不敢玩忽职守。

第五节　鄂西减租

“二五减租”，是建设新湖北“民生主义经济政策”中最为重要的一项。陈诚对这项改革寄予了厚望。

二五减租也是国民党实践孙中山民生主义思想的一大政纲。

1926 年 10 月，北伐军开始北伐后，为动员农民支援北伐，国民党在广州召开有大量左派参加的中央和各省区代表联席会议，通过《最近政纲》，规定“减轻佃农田租百分之二十五”，减轻农民负担，统称“二五减租”。南京国民政府成立后，继续实行“二五减租”。

1927 年 5 月，国民政府颁布《佃农保护法》，规定“佃农缴纳租项不得超过所租地收获量百分之四十”，“佃农对于地主除缴纳租项外，所有额外苛例一概取消”，“佃农对于所耕土地有永佃权”。根据这些精神，湖南、湖北、江苏曾制订了相应条例，浙江省部分区、乡还实行过这一政策。不过由于国民党屈服于地主阶级的压力，浙江省的二五减租运动最终无疾而终。第一次国内战争时期，国民党统治的其他各省均未实行二五减租，大部分省份连装模作样的减租条文都没有。

陈诚尚未复职以前，湖北省政府已办理过一次减租，但进展极为缓慢。出身农村的他知道农民负担很重，但不知道革命成功后还有多重，也不知道由此产生的负面效果。1940 年夏，陈诚复任后，正赶到鄂西一带遭遇旱灾。他发动省府各厅、处工作人员及地方团队，下到农村做好事，替农民车水灌田。到农村后，陈诚发现一个奇怪现象：农民对这样的好事居然十分冷淡。经访问，他才知道当地农民的土地，均为地主所有，正粮的收获，悉数交租，只有杂粮才归佃农。佃农交租时，地主请吃一顿饭，就算是对他们辛苦耕耘的报酬了。农民种稻辛苦而无所得，宁愿稻子早一点枯死，提前播种杂粮。所以，他们当然不欢迎别人帮他们车水抗旱。

这一次车水运动，加深了陈诚对土地租佃制度的痛苦印象：它不但使农民得不到解放，还足以使农业减产。“抗战军兴以后，兵、食之源，都要取之于农村。农民的痛苦未除，而负担反而愈益加重了，这与安定后方争取胜利的要求，实在大相违背。因此，越是在抗战紧要关头，需要解决土地问题越迫切；从前不能做的事，现在不能不做也非做不可。纵然‘耕者有其田’的遗教，一

等待救助的饥民

时不克实现，但‘减租’政策，必须贯彻施行，而且刻不容缓。”

1941年4月，陈诚督促制定《湖北省减租实施办法》，经省府会议通过实行。此办法详细规定了减租的原则以及推行方法、步骤等。其中减租的标准是：“农民佃租定为正产物总收获量千分之三百七十五，即由总收获量先提二成五归佃，所余七成五由主、佃对分；原定佃租超过千分之三百七十五者，应减为千分之三百七十五；原定佃租不及千分之三百七十五者，仍照原约定。”

显然，按照这一办法，佃农的收益较以前将大大增加，而地主却大大地“亏”了，地主不会乐意，当然会阻挠。为了使这一政策得以顺利实施。《实施办法》还规定了对土豪劣绅的惩治条例。各县成立调解委员会，处理减租中出现的各种纠纷。此外，省府及专署派遣督导员，县府派遣指导员到各地指导减租工作，并训练青年学生分赴各地协同推进。为了加强工作效率，政府制订了对推行减租人员的奖惩办法。

减租运动从1941年4月开始，计划分五年完成。

陈诚推行减租，是下了狠心的。据有关史料，在减租运动的第一年，省政府“惩罚了一批违反政令的地主李仲常、鄢子俊、谭述古等36人，情节严重者，判处有期徒刑或没收财产；工作不力之区乡保甲人员尹雪如等68人，分别撤职或申诫；工作不力之学生李仲芝等36人，亦由省教育厅惩办”；对在减租工作中表现出色的工作人员、学生及地主，亦分别饬令嘉奖。

由于推行力度较大，减租政策在鄂西取得了一定成效。1943

年 7 月 27 日，《新蜀报》对鄂西减租运动作了报道：“在鄂西，我们今年也看到碧绿葱茏的稻田，但听说地主对兼并土地却并不感到兴趣，而相反地，大批佃农现在纷纷购地。‘中农’恩施分行，在恩施、咸丰二县，半年内放出二百万元土地借款，大都是借给佃农购地的。而经他们统计的结果，在最近二年间，恩施、咸丰的佃农已有百分之四十变为自耕农。因为粮价增高，耕地的利益有保障，鄂西贫瘠的山坡荒地上便一块一块地变为绿田。增产有了显著的成绩，一般人认为这是减租政策的成功……”

从这篇报道可知，由于减租，一些地主觉得“无利可图”，不但不愿再兼并土地，还把自己原有土地出让给佃民；而由于粮价上涨，农民种地的积极性提高，纷纷贷款购地，自己耕种。因此可以肯定，陈诚主持的鄂西减租工作，在部分地区一定程度减轻了农民的负担，也缓和了阶级矛盾，从而也使他们对政府和“国军”增添了好感。

1943 年夏，鄂西会战结束后，陈诚作会战检讨时，将“军政合作”作为会战胜利的原因之一：“无论此次会战之前之后，政治上配合军事之处极多，如检举奸伪、运济粮弹、抬送伤兵、救护负伤官兵等，都有很大的贡献。尤其难得的是报告敌情。此次敌人行动，我们特别明了，很多都是民众自动报告的……”他这里夸赞的民众，应该有那些在减租运动中获得实惠的佃农。

遗憾的是，这样的成果未能扩大。《新蜀报》提到的恩施和咸丰，一个是省府所在县，一个与恩施接壤，因为工作力度较大，减租才有如此好的成绩，而那些偏远县区的效果就不能和这两个县等量齐观。事实上，

《新蜀报》报社同仁在社址前合影

1943年春，陈诚离开恩施，去云南兼任远征军司令长官以后，鄂西的减租工作就渐渐地无疾而终了。

减租运动未能达到预想的效果，其原因，陈诚也十分清楚："农村潜在的封建势力太大，一些佃农，久处地主高压之下，早就养成了主奴的关系，他们不但听受地主的拨弄，并且还有口不由衷地表示信仰。政府的法令和地主的意旨，如果听凭他们的衡鉴，往往认为后者较前者尤为重要。这与政府威信的堕落，自不无关系……"

陈诚当时没有也不可能有很好的办法来解决这一难题。因为，这是旧民主主义革命的不彻底性带来的必然结果。当然，以他的思想，他当然不可能认识到这一点，也不会采用新民主主义革命的手段，来完成土地革命。

事实上，他对自己的温和改革充满信心："我这种乐观的看法，最基本的根据就是认定地主也是具有理性的人。在理性的启发之下，人人可与为善。让地主们了然于农民在走投无路之际是会造反的……则他们自会选择：是接受减租政策好呢？还是等候受中共的改造好？再则农民怠耕的结果，足可使租佃双方两败俱伤；那么地主们也就没有理由宁愿不减租之两败俱伤，而不愿意接受两利的减租政策。至于榨取别人血汗以营求自身安乐的生活，是不名誉、不道德的，并且还是可以贻祸子孙的，这种观念如能建立，则地主阶级欣然接受减租，将有'如水就下'、'水到渠成'之功效。所以我认为减租政策之未能普遍推行，不是'能不能'的问题，而是'为不为'的问题。"

历史老人没有给他在大陆继续实践这一土地改革的机会。几年后，国民党被中共军队赶出大陆，陈诚在台湾地区重拾旧梦。

第六节　用人之道

中国的官场派系，历来是以亲族、同乡、同学为基础。孙中山主要依靠的是广东人。蒋介石倚重浙江人、保定军校生和日本士官生。陈诚用人虽然也青睐亲族、同乡、同学，但并不局限于此。他有一套独特的用人标准。

同乡旧谊，只要忠于自己，又有才干，陈诚当然会首用。如，他前妻的哥哥吴子漪，为人正直，1926 年，陈诚在黄埔军校任特别科大队长时，就把他招去任副官，后来他历任国民革命军第 18 军驻赣办事处上校处长、军事委员会委员长驻武汉行辕经理处处长、军事委员会政治部第四厅厅长以及海军总司令部第四署中将署长、军需总监等职，一直是陈诚手下的大管家。

被称为陈诚私人秘书、管家的赵志垚是陈诚的中学同学。赵从上海商业学校毕业后，又留学日本学习商业，经济、财务管理能力相当强。1927 年，陈诚任第 21 师师长时，他就被其聘为第 21 师师部会计股长，1929 年 8 月，任第 11 师军需处处长，兼驻赣、驻京办事处主任。1938 年，任武汉卫戍总部兵站总监，后调任政治部总务厅厅长，1944 年，任军政部军需署副署长，兼军政部供应局局长。抗日胜利，受命为军政部京沪区特派员。同年 7 月，调任国防部预算局局长……他的事业轨迹也与陈诚的升迁紧密相连。

但陈诚并非不讲原则地重用乡谊。樊菘甫是老乡，又是陈的老上司，陈诚重用他多年，但后来因为西安事变力主武力讨伐而受蒋介石猜忌，陈诚也就渐渐疏远了他。同样，杜伟也是陈的同乡，陈早年受过他的关照，也曾重用过他，但后来他不喜欢军旅生活，陈诚也就不再强人所难了。

赵志垚

据一位知情人回忆，浙江沦陷后，陈诚的一位小学同学逃到内地，没事可干，听说陈诚当了大官，便跑到武汉投奔陈诚，一见面就要陈诚找个官给他做做。陈诚知道这人能力有限，根本做不了官，但又不好拒绝，便对他说："好啊，我正要用人，派你到部队做个武官，带兵去打鬼子如何？"他的同学哪敢去打仗，有点不高兴地说："你不知道我没带过兵，更不会打仗，做文官可以。"陈诚说："现在只有武官可做。文官没有位置。"那位同学发火了，说："你官大，架子大，两眼朝天，我这就走。"说完，他拔腿就要走，陈诚不想得罪同学，连忙拉住他，说："老同学，我讲的都是实情，做什么官呢？还不是吃饭穿衣，我供得起你，你就在我家住，我吃什么，你就吃什么，好不好？"这个人也没办法，只好跟着陈诚从武汉到重庆，后来又跟到恩施。他也知趣了，对他说："辞修说得对，我只能教小学生，不是做官的料。"

不像蒋介石，陈诚用人不太讲究籍贯，比如他的左膀右臂罗卓英是广东人，郭忏是河南人。其他骨干将领，哪个省籍的人都有。

陈诚主要用的是保定军校、黄埔军校和陆军大学毕业。土木

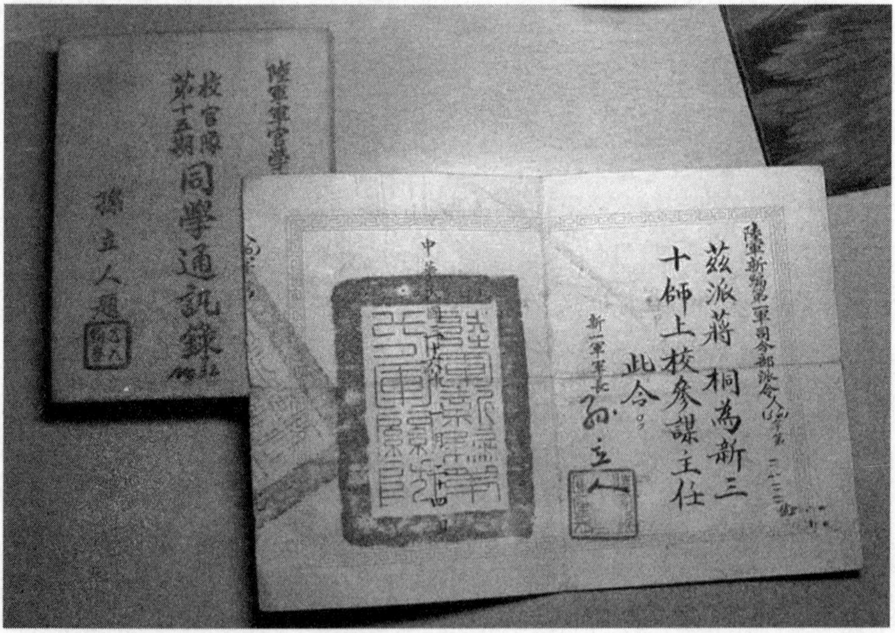

 陆军大学第十五期毕业证书及通讯录

系刚刚兴起时，他所用的主要骨干，是保定八期同学及第 21 师旧属黄埔生，后来掌握的部队、机构越来越多，这批人就供不应求了。于是，其他保定军校和黄埔毕业生，以及陆军大学的毕业生，都成了他有意罗致的对象。三个学校的毕业生在陈诚的土木系及下属机构里各得其所，各显其能，成为陈诚军事集团的独特一景。他们相互间虽然也有矛盾，但只要不反对陈本人，陈诚不但不追究，还加以利用，达到相互牵扯的效果。

为了取信于蒋介石，陈诚用得最多的还是"天子门生"——黄埔生。黄埔一、二期生，大多先跟着何应钦发了迹，甚至直接受蒋关照，不太把陈放在眼里，所以陈诚只能在后期黄埔毕业生当中选拔人才。如黄埔五期生李则芬、六期生石祖黄、七期生刘云瀚等相继被陈破格提拔为师长。黄埔七期生、陆大十五期生戴朴的军事才能，是陈诚在 1941 年反攻宜昌时发现的。陈诚立即提拔他为少将高级参谋、第六战区长官部参谋处副处长兼作战科科长，晋升速度相当快。

从年龄上说，陈诚特别注重人才的年轻化，不拘一格起用、维护后起之秀。他在担任第六战区司令和湖北省政府主席期间，驻在恩施。他将鄂西下属八个县的县长，全都换成年龄 30 岁上下的知识分子，开中国近代将官吏知识化、年轻化之先河。所以，许多自命有才的青年纷纷投其麾下。

从所用之人的资历看，陈诚并不局限于中央军嫡系，杂牌军将领，甚至原来有反蒋"劣迹"之人，他照用不误。黄琪翔原来参与过第三党，为蒋所忌，在抗战期间，陈诚先后力保他为政治部副部长、第六战区副司令长官。张发奎在 1928 年曾拥兵反蒋，陈诚也把他收为己部。1936 年，陈诚保举张发奎去杭州，主持上海至杭州、宁波的国防工事建设，蒋怕张发奎拥兵造反，稍有迟疑。陈诚立即向蒋保证，如果怕张发奎将部队拉走，"就让他指挥我的第 18 军好了"。蒋只好同意，陈诚让罗卓英带领第 18 军，驻防浙赣边界，归时任苏浙边区绥靖主任的张发奎指挥。

孙连仲系西北军冯玉祥旧部，陈也积极拉拢，1943 年年初，陈

汤恩伯检视部队操作战防炮

调任远征军司令长官，保荐孙代他任第六战区司令长官。孙也愿意为陈诚效力。河南军阀刘茂恩，在中原大战中被陈诚劝降，后来几乎被汤恩伯吃掉，也是因陈诚得以保存，在河南主席位置上稳坐多年。

陈诚在赣南时曾改编了几个杂牌军，引起杂牌军将领反感和恐惧，但后来，陈对杂牌军一直采取许多怀柔手段，深得杂牌军将领的好感。许多杂牌军将领都觉得陈比其他蒋记嫡系将领开明得多，跟着他走更加可靠。因此，陈诚也有“混一色”专家之称。相比之下，何应钦高高在上，一味拉着顾祝同、刘峙和一些黄埔前期学生，就显得有点保守了。而另两个军事集团的首领胡宗南和汤恩伯，虽然也积极扩张个人势力，但他们用人只在一定圈子里打转，胡是清一色，用人讲究七个字——黄（黄埔军校）、陆（陆军大学）、浙（浙江人）、一（在第1师干过）、七（第七军分校）、四（战干四团）、游（游击干部培训班），根本不把杂牌军将领放在眼里，保定军校毕业生也几乎不用。汤系日本士官出身，主要收罗东洋留学生，对其他杂牌，也不太重用，排他性很强。

当然，陈诚用人也有自己的原则和标准：贪财之人不用，怕死之人不用，有不良嗜好者不用。他不要求部下阿谀奉承，只要勤于职守，作出成绩，不用和他套近乎，他也会给予升迁机会。他认为吹牛拍马的人不堪重用。陈诚曾对樊崧甫说过，他用人有三试：诱之以利，以观其德；任之以难，以观其能；处之以佛意，以观其度量。陈诚集团里人事迁调频繁，升级也快，所以很多人都愿意跟着他。

陈诚的用人原则之一是用人不疑。使用张发奎、薛岳这些将领，就给他们全权。如第一次长沙战役，第九战区代司令长官薛岳坚持要守长沙，白崇禧、陈诚刚开始都主张不守，几次打电话要薛岳撤退。但薛岳不撤，陈诚没有越俎代庖，也就认可。这和蒋介石的作风不同，若是蒋介石，早已越过薛岳，直接指挥薛手下的军队了。

当然，只要有特别才能和优点，即使有一点缺陷，陈诚也会重用。最突出的例子便是罗卓英。罗做事的特点是优柔寡断，但是脾气极好，有“罗婆婆”之称，许多陈诚难以解决的内部纠纷，罗往往能调解成功，所以罗被称为是土木系的大管家。陈诚也一直重用他。罗在印度因与史迪威闹矛盾，被解职回国后，曾有几年离开了军界。1947 年 8 月，陈诚任东北行辕主任，又把他请到沈阳，任行辕副主任之职。陈诚离职后，罗也随之南下，任东南军政副长官，协助陈诚经营台湾，改编整训军队。

陈诚用人主要还是看中对方的才干和品德，并不计较对方的历史背景，哪怕对方批评过自己，他也不会太计较。陈在台湾使用程天放就一个例子。20 世纪 50 年代初，有一次，国民党中央集会检讨大陆失败的责任，作为中央委员的程天放坦率地说，大陆失败并非某一个人的责任而是党政军负责人共有的责任。程以陈诚为例说：“像辞修先生便应当负责任。”陈诚当时一言未发。会后，程后悔自己说话过于坦率，担心陈诚以为他是故意给自己难

担任“行政院长”的陈诚

堪。可会后不久，陈诚组织“行政院”领导班子，竟亲自去拜访程天放，请他出任“教育部长”，程天放颇受感动。

陈诚不太喜欢高谈阔论、傲气十足之人，他用的人如刘千俊、柳克述等等，均为谨小慎微、俯首帖耳之人。陈诚有一段时间很欣赏朱代杰，用朱做军委会政治部、第九战区司令长官部、湖北省政府主席三家联合办公厅的主任，但不久朱即垮了台。原因有二，一是朱代杰恃才傲物，连赵志垚都不放在眼里；二是朱喜欢揽权，遇事爱自作主张……

陈诚第二次担任台湾当局“行政院长”时，“行政院外贸会”主任委员尹仲容曾在“行政院”会议上顶撞陈诚，因为有人主张粮食外销，陈支持这一意见，而尹仲容坚决反对，并激动地说：“粮食局长李连春报上来的数字是不确实的！”陈诚解释李连春是粮食专家，应该相信，尹不服，指责陈诚偏袒李。这件事在“行政院”会议上一连争辩了两次，结果还是陈诚让了步。陈事后对别人说，能干的人都是有个性的，尹仲容就是这类人。以后，陈请尹先后担任“经济部部长”和台湾银行董事长。

王云五跟随陈诚在台湾地区担任了五年半的行政院副院长，他说，陈诚颇具大政治家的风度，对人信任极专，一经授权，绝不再加干涉。

第七节 “辞多不修”

在国民党内做党务的一些高官大多能说，但高级军官当中能说的不多，陈诚算是比较能说的一个。

陈诚的嘴皮子功夫大概在1933年庐山训练团操练出来的。这次训练，陈诚一共作了30余次讲演和训话，每天至少有一场演讲。刚开始，他还需要事先准备好讲稿，后来讲得多了，内容记熟了，便开始脱稿演说。结果，脱稿效果反而更好，口若悬河，配以动作，俨然一个职业演说家。

后来，演讲成了陈诚一大爱好，几乎逢会必说，常常一说就是两三个小时。曾经听过陈诚一次演讲的“战干团”学员魏泯回忆说，“在长时间讲话中，陈诚都精神焕发，精力充沛，上身始终保持平直的姿势，站在原地没有移动过位置，只是有时为加强语

蒋介石视察庐山高级军官训练团

气分量挥动一下手臂。给我们这些年轻人的印象是，这是一个自我要求严格、躬行实践的军人。”

针对不同的听众，陈诚采用不同的演讲方式。对下级和部属，他更多的是训话。1934年夏天，蒋介石在庐山举办第二期训练团。训练的对象为全国各地校官以上的中、高级军官。其中以杂牌军将领为主。作为训练团副团长兼教育长，陈诚照例每天要给这些学员训一次话。对杂牌军，他可就不太客气了，当着蒋介石的面训斥这些杂牌军将领：“你们这些军阀作孽，还想像过去那样当军阀祸国殃民吗？要知道北伐成功了，军阀当不成了！你们要当匪吗？尽管去，我有本事剿你们……”受训的将领们一个个怒形于色，但没有一个人敢顶嘴。

1940年秋主政湖北，驻节恩施以后，陈诚作长篇报告的爱好又有了用武之地，有事没事总爱大讲一番。每次说的内容大同小异，无非是团结抗战，绝对服从领袖那一套。恩施地方小，久而久之，听众就有点厌烦了。于是，有人用陈诚的姓名和字号，作了这一副幽默对联：

上联：陈腔滥调

下联：诚者斯言

横批：辞多不修

这副对联嵌讽构思精妙，令人击掌称赞！不久，讽联传入陈诚耳朵。陈诚哭笑不得，也不好发作，就说：“对联作得很好，以后我少说两句就是了。”陈诚真的知错就改，以后“高谈阔论”果然大为减少。

陈诚给学生演讲却完全是另一种风格，循循善诱，颇为亲切。

1937年，陈诚回青田为父亲扫墓，高市小学校长邀请他给学生作了一次演讲。陈诚欣然答应。开讲之前，他照例先给同学提了一个问题：“现在国家正处在非常时期，日本帝国主义迟早会侵略我们，身为军人的我，当然是拿起枪杆与敌血战到底，效忠党国，可是你们呢？你们该怎么办？你们说说看。”说完，他用期待的目光盯着学生。学生谁也不敢回答。整个礼堂，鸦雀无声，过

街头的抗日宣传画

了两分钟，仍然无人举手。陈诚见此情景，喝了一口茶，随手指着最前排的一个学生，说:“你说说看!”那是学生见点到自己头上，只得硬着头皮，站起来大声回答:“我们也拿枪去跟敌人拼命!”

陈诚听后，迟疑了一会儿，缓慢地说:“你坐下。”然后，他峰回路转地说:“可是你人还没有枪杆子那么高呢。”接着，他说:“我们讲正题吧。”他指着挂在墙壁上的校歌说:“你们校歌上写着‘莫忘了前辈缔造的艰苦，莫忘了父兄期望的精诚，尊师力学，日新又新……’今天，我就绕着校歌，讲几点。”结果，他讲了一个多小时，才告结束。

1940年秋，陈诚刚到恩施主持省政，一所“联中”分校发生了学生驱逐校长的风波。陈诚知道后，召集几个学生代表去谈话。听完学生代表的陈述后，他笑着问学生代表们:“你们有多大年纪?”那几位代表有的说是16岁，有的说是17岁。陈诚又问:“你们的校长多大年纪?”代表们说，大概六十多岁了。陈诚再问:“你们的祖父多大年纪?”学生代表们人都说也是六十多岁。

陈诚找到了切入点，用严肃的语气说："如果你们的祖父来做你们的校长，你们忍心驱逐他吗？你们校长的年纪既和你们的祖父差不多，那么，你们看看有没有孩儿驱逐祖父的事情？你们的校长如果不好，政府一定负责调换，但是你们做学生的绝不能擅自驱逐校长！你们赶快回去上课，我马上派人去看一看你们学校办理的情形。"

学生代表们无言以对，乖乖地返回学校，驱逐校长的活动也宣告结束。

第八章

在大陆最后的日子

第一节 跻身中枢

陈诚不可能失宠于蒋介石。

在重庆休养了半年，陈诚的胃病基本康复，就被蒋介石派往战场。1944年4月，日军发起豫中战役,5月，陈诚奉命飞往西安，协助作战。6月，豫战失利，潼关告急，他又任第一战区司令长官。7月，飞汉中设立长官部，调整部署，补充训练并监督陕豫党政机关。8月，往西安指挥潼关方面军事，阻敌西侵，以挽西北之局……

这一年，在太平洋战争中节节败退的日军回光返照，在中国发动了豫湘桂战役，由北向南，几乎势如破竹，而国民政府军队兵败如山。当年秋天，日军打到了柳州，12月，终于打通了从华北到华南以至印支的通道……

侵华日军任意屠杀被俘的中国士兵

国民政府军队的战场失利，却为陈诚铺平了通向权力高峰的道路。1944年11月，陈诚接替何应钦，登上了军政部长的宝座。

这次升迁，非同寻常。1938 年年初至 1940 年秋，陈诚担任军事委员会政治部长，而且权力也不小，但毕竟是政工职务，不是他的军事“专业”。他梦寐以求的是何应钦的军政部长一职。

陈诚与何应钦不和，历来已久。即便在公开出版的回忆录里，陈诚也毫不掩饰对何应钦的不满：“说老实话，敬之先生本人公忠体国，吾无闲然，不过他主持军政部时间太久，不免受人包围，以致遭受许多物议，实在可惜。”

早在 1927 年，何应钦参与对蒋介石的“逼宫”，招致蒋的不满，蒋一复职就剥夺了他的兵权。1936 年西安事变，何应钦力主轰炸西安，出兵征讨张、杨，更使蒋猜疑何的居心何在。何差一点儿又被打入冷宫，只是因为抗战的需要，才勉强留在军政部长的位置。

何应钦从 1930 年开始担任军政部长，1938 年任军事委员会参谋长，仍兼任军政部长。何本人做事兢兢业业，并无多少可以指责的地方，但他的下属机构，特别是后勤机关的贪污走私之风相当严重，他也因此遭到国民党内外的猛烈攻击。美国军事顾问对他更是不满，要求蒋撤掉其军政部长一职。正好，中国战区需要配置一个陆军总司令的虚职，蒋有意让何腾出军政部长一职，让他推荐继任人选。何应钦明知蒋心目中的人选是陈诚，但他还是推荐亲信顾祝同、刘峙。蒋搁置不批，何去催问时，蒋问：“辞修如何？”何再也不敢装糊涂了，只好改荐陈诚。

魏德迈（右）与马歇尔合影

1944 年 11 月 21 日，国民党中常会及国防最高委员会作出决定，任命宋子文为代理行政院长，陈诚为军政部长。此时，史迪威因与蒋介石意见不合，被罗斯福召回，其中国战区参谋长的职务由魏德迈继任。

次年 1 月 9 日，国民政府行政院决定，将后方勤务部改组为后勤总司令部，隶属军政部，由陈诚兼任总司令。原兵役署署长、劣迹斑斑的程泽润被免职，调任军政部长第一点验组中将组长，不久即被蒋介石亲自下令枪毙。

陈诚上任后着手做了两件“大事”，一是充实部队军力，一是改善官兵生活。当时，国民党政府军队，表面上兵多将广，实际上，一个军虽有 3 万个名额，却只有二千支步枪作战，而且薪饷菲薄，给养低劣，部队长官又吃空缺，以致士气低落。因此，魏德迈建议，裁撤机构，裁撤冗员，把全国军队生活和战斗力提高到与远征军一样的标准。

补充军力，主要是装备美械；改善生活，主要是加薪。这两项都牵涉到裁员。新的薪金标准也在 1945 年 2 月就制定出来了：少将由 8000 元增加到 16000 元；少校由 4400 元增加到 10000 元；少尉由 1650 元增加到 5000 元；下士由 180 元增加到 450 元；二等兵由 90 元增加到 300 元。涨幅确实不小，但以当时财政状况，按虚报的官兵名额，国民党政府难以为继，所以加薪之前，必须“裁员”。而当时美国援助的武器，只够装备 12 个军，每军 3 个师，共 36 个师。而这 36 个师并不足员，所以，陈诚建议裁减 6 个军部，13 个师，以其兵员充实并入到 12 个军 36 个师内。

这两项工作稳步推进，其中尤以换装进度较快。至 1945 年 4 月，国械装备 30 个师和美械装备 36 个师基本完成。据当年 6 月份的统计，“国军”现有兵员 423 万，增减相加，只减少了不到 20 万。这些部队本是用来反攻日军的。

8 月 6 日和 9 日，美国先后向日本本土投下两颗原子弹，8 月 8 日，苏联政府对日宣战，百万大军进入中国东北。15 日，日本天皇宣布投降。准备用于反攻的四百万“国军”落个无用武之地。考虑到财政无力承担庞大的军费开支，此后又无大战可打，国民党政府决定裁军。

代表中国政府受降的荣耀落在时任中国陆军总司令的何应钦

遭原子弹轰炸后的日本广岛

头上，而费力不讨好的“裁军”任务则由军政部来落实。

截至1945年年底，初步整编计划完成。整编后兵力计为89个军、2个骑兵军、253个步兵师，计裁减34个军、110个师（所余之旅团营均编入步兵师）。未经整编的还有7个军，23个师，共计还有320万部队。和抗战胜利之前相比（120个军、354个师），兵力确实减少了一些，但在和平时期，这个数字仍然太庞大。

还有一个伪军要不要收编的问题。

日本投降后，各地留存下来的名目繁多的伪军的收编，总计51个单位，共约60余万人。对他们的处理办法，陆军总司令部主张遣散或留用均可。陈诚是主张遣散的。他认为，日本宣布投降的初期，伪军只要能保持身家性命就满足了，及时遣散并不困难，如果恐惧心理已去，反多奢望，遣散倒成了问题。不过，后来军政部考虑到既成事实，处理过程又有些变通：以全部编遣为原则，但如果确实需要，可以采取过渡办法。事实上，长江以南的20万伪军均照此原则一律编遣了。长江以北42万伪军，只编遣了20万人。

陈诚直接收编的伪军几乎没有。他的手下军政部军务署步兵司司长刘劲持曾派人到山东收编地方团队和伪军，本来谈好了，可以收编两个军，只等发经费和番号，结果被陈诚阻止。由于军政部长的路走不通，一些伪军头目改走戴笠的路线，如吴化文、郝鹏举、张岚基、任援道都是通过戴笠报请蒋介石批准收编的。当时，国民党内部有高官指责陈诚这样做是替共产党凑本钱，陈诚说："他们要到共产党那里去，我求之不得，正可一锅煮掉！"

未全部收编伪军来对付中共军队，日后国民党兵败大陆后，成为国民党内一些人猛烈攻击陈诚的把柄。

国民政府战后接收工作分党、政、军三个方面进行。陈诚主要负责军事接收——派遣军队接防战备要点和大城市。这是极难措办的一项工作。近距离的部队派遣，还可以步行前进，至于远距离的派遣，就非要大量的交通工具不可了。蒋介石与美国政府签订了有关协议，一批批"国军"由美方飞机和大型船舶调运。1945 年年底之前，美方通过空运和海运先后运送了 8 个军到南京、上海、天津、汉口、北平、大连、青岛等地驻防。陈诚后来说："由美方替我们运送这八个军，先控制着几个最重要的城市，然后再逐渐展布，陆续加强各方兵力，才奠定下'绥靖时期'的国军基础。"

由于接收大员的贪污腐败，许多地方的接收变成了"劫搜"，弄得天怒人怨。陈诚在回忆录里心痛地写道："因为接收接得太不像话，以致当时街头巷尾流传有'人心思汉'(汉谓汉奸)、'收复失地，丧尽人心'等语。可怜八年浴血抗战的结果，最后却带来了一场'胜利灾

北平的美国海军陆战队

难’。”

1945年，陈诚的政治地位扶摇直上：5月，出席国民党第六次全国代表大会，当选为中央执行委员。5月31日，在国民党六届一中全会上，当选为中央执行委员会常务委员。这标志着他已进入国民党的决策中枢。

第二节　参谋总长

陈诚的鼎盛军事时代，昙花一现。

1946年5月，蒋介石接受美国军事顾问团的建议，取消原来的军事委员会及所属的军令部、军政部及陆军总司令部，成立国防部。白崇禧任国防部长，陈诚任参谋总长。何应钦被削去兵权，打发到美国，任联合国军事参谋委员会中国政府代表。暗中较量了十多年，陈诚终于得以全面取代何应钦。

陈诚上任，正赶上国共两党“纠纷”正起之时。

抗战胜利后，国共两党的地位和利益分配迅速摆到了桌面上。当分歧越来越大的时候，是和是打，成为国民党内部争议的重大话题。在八年抗战刚刚结束，人心思稳的国际国内大形势下，蒋介石虽想通过战争彻底消灭中共的军事力量，但也不得不做一些表面文章：通过和谈，让中共作最大限度的让步。作为蒋介石的亲信，陈诚在处理中共问题上，不大可能与蒋唱反调，何况他骨子里也是反共的。

1945年的重庆谈判，陈诚没有参加，但作为国民党中央执委常委，他与中共领袖毛泽东、周恩来等有过往来。8月28日，中共代表团到重庆的当天，他出席了蒋介石为毛泽东举行的欢迎晚宴。9月4日，美国大使赫尔利举行宴会，陈诚也应邀参加，并与毛泽东合影。10月11日，《双十协定》签字后第二天，陈诚代表蒋介石，到机场为毛泽东送行，又与毛泽东、张治中合影。

重庆谈判的重要成果是，蒋介石同意中共提出的和平建国的

毛泽东与陈诚等合影

1945年10月11日，重庆会谈结束后，毛泽东返回延安时在重庆机场与送行的张治中（左一）、陈诚（右二）、陶行知等人合影。

方针，承认各党派的平等地位和人民的某些权利，最终建立联合政府。但这些成果很快被蒋介石破坏了——10月13日，蒋密令国民党军向华北解放区推进。针对国民党军队的动向和部署，中共发起平绥、平汉和津浦路战役，打击进犯之敌。10月24日至11月2日，中共阻止国民党军沿平汉路北进，合围国民党军7个师，将其全歼；10月15日至12月14日，中共军队阻止国民党军沿津浦路北上，攻占山东大片地区，山东、华中两解放区连成一片……

美国政府出于它的自身利益和全球战略考虑，并不希望中国爆发内战。1945年12月，杜鲁门总统派特使——五星上将、美国陆军前参谋长马歇尔，到中国主持和谈和军事调处，组成“三人小组”（中共代表一人、国民党政府代表一人与美国总统特使组成）。1946年1月10日，国共签署了停战协议。此后，蒋介石停停打打，或边谈边打，将中国拖向内战的深渊。

陈诚作为国民党政府代表，先后两次加入三人小组会谈。第一次是1946年4月，接替张治中，第二次是同年11月，接替生病的徐永昌，两次参与时间都很短。

在4月的会谈中，东北接收问题成为焦点。当时，中共在东北已形成较强力量，而陈诚的意见排斥中共及武装力量接收东北的权利，结果遭到了中共代表周恩来的坚决抵制。11月，陈诚再次参与三人小组。此时，内战已全面打响（6月下旬，国民党军队破坏停战协定，对李先念中原解放区大举进攻，李部奋起回击后突围。10月中旬，国民党军队占领了解放区的重镇张家口）。会谈中，中共要恢复以前的状态，而国民党却要暂时保持目前状态，一番辩论后，没有达成任何协议。

马歇尔黯然回国，宣告调停失败。蒋介石、陈诚等对马歇尔也颇为不满，认为马歇尔客观上帮了中共的忙。陈诚送别马歇尔那天，当记者问他，马歇尔调停是成功还是失败，他回答说："成功了！因为马歇尔对中共今后可能多少有一点儿认识。"又有记者问："你对马歇尔如何评价？"他说："马歇尔是个模范军人，是个标准的美国国民，是个忠实的基督教徒。"话语中透出对马歇尔作为调停人的讥讽。

马歇尔

1946年年底，国民党在南京召开制宪国民大会，制定中华民国宪法，选举中华民国总统，中共及民盟等民主党派强烈反对和抵制，国共关系全面破裂。蒋介石一意孤行打内战，使美国政府大为不快，原来答应的美援大打折扣，最后干脆停止了军援。

陈诚在三人小组的言论，态度十分强硬，以致他看到马歇尔在"离华文告"中称"双方极端分子"的字眼时，怀疑自己就在其列。不过，眼看生灵即将涂炭，陈诚的内心也十分矛盾。

据杜伟回忆，大战在即，他曾劝陈诚去说服蒋介石停止内战，否则人民太痛苦了。陈诚说："蒋只听马歇尔的，我不能阻止，即使讲了也是无益的。蒋已箭在弦上，不得不发。"杜说："恐怕人家都会怀疑你在从旁推波助澜。"陈说："我胃病很重，苦头还没吃透，看来还得再作恶几年才能了事。"

国防部长的职权是决定军事国防政策、指示方针，也就是决策机关。至于具体执行有关实施方案、军队的指挥与作战，则完全由参谋总长负责。按说，参谋总长的职权就是指挥全国军队作战，但实际上，陈诚很多时候也只是替蒋介石打杂。蒋往往直接插手，指挥下面的军队。但作为参谋总长，陈诚对这场内战的发起，仍然负有不可推卸的责任。

按照美国的指挥程序，国防部和参谋总长都归总统直接领导，国防部长地位比参谋总长高，参谋总长负责军队指挥与作战，权力相当大。而当时国民政府实行的是五院制政体，国防部属行政院领导。蒋介石作为政府总统，不能直接指挥总参谋长。不过，他采取"变通"手法，将国防部、参谋总长、战略顾问委员会、保密局等都列为总统直接指挥单位，国防部部长有通过参谋总长对其下属部门间接指挥的权力。这样一来，陈诚的参谋总长实际上与国防部长平起平坐。

陈诚表面上十分推崇白崇禧，他公开表示："国防部长有权，参谋总长有能。如无国防部之动员令及预算，参谋总长不能指挥一个兵，动用一文钱。"实际上，白崇禧的权力几乎都被架空了。

1946 年 10 月，在一次秘密军事会议上，蒋介石称要在"5 个月内打垮共军"。而陈诚更是大放豪言，在回答记者提问时宣称："只要 3 个月就可以完全以军事解决问题。"

就 1946 年下半年和 1947 年春的军事形势而言，蒋介石确实掌握了一定的主动权。从 6 月进攻中原解放区开始，蒋军对解放区实施了全面进攻。人民解放军避其锋芒，以退为进。1947 年春，在全面进攻收效不佳的情况下，蒋军又发动了对陕北和山东革命根据地的重点进攻。3 月，胡宗南部占领了延安空城。蒋军的气焰达到了顶峰。

这段时期，陈诚几乎有三分之一的时间，都在各战场往来奔走，传达指示，抚恤士卒，策划部署：看一看他的行程路线图，也可知他的忙碌程度：

1946 年 8 月 19 日至 22 日，巡视郑州、徐州、济南、青岛；

9 月 15 日至 20 日，巡视北平、沈阳、归绥、太原；

9 月 28 日至 30 日，巡视苏北；

10 月 4 日至 7 日，巡视北平；

10 月 11 日至 20 日，巡视张家口；

1947 年 1 月 16 日至 2 月 17 日，巡视郑州、徐州及鲁南前线各地；

3 月 3 日至 17 日，巡视徐州、济南、青岛；

4 月 24 日至 5 月 11 日，巡视徐州及鲁中前线各地；

5 月 17 日至 25 日，巡视徐州……

不过，从 1947 年上半年开始，坏消息一个接一个地传来：1 月，进攻山东的两个军在鲁南地区被歼灭。随后陈粟部队在莱芜一带歼灭了李仙洲部两个军，李仙洲被俘。4 月，蒋军整编第 72 师在泰安被全歼。5 月中旬，国民党五大主力之一、王牌师整编第 74 师在孟良崮被歼，师长张灵甫战败被杀。7 月，刘邓大军挺进大别山……

张灵甫

从蒋介石宣布“5 个月内打垮共军”到刘邓进军大别山，不过七、八个月的时间，解放军不但没有被打垮，相反越打越强，越打越壮大。

面对失败，陈诚感叹道：“我几次飞赴郑、徐，虽不无一时之功，但对于大局，究属收效有限。”他在回忆录里总结了失败的几条原因：蒋军军师长的年龄偏大，45岁以上，暮气横秋，不如共军指挥官年轻气旺，吃苦耐劳；国防部次长刘斐是中共密探，将军事情报泄露给了共军，让蒋军处处被动……他没有总结，也不愿意总结的是，人心向背。和在赣南时期一样，在共产党实行的土改运动中得到实惠，获得解放的农民只帮助中共军队，对“国军”惟恐避之不及。

其实，仅从军事上看，蒋军的失败也是难以避免的。蒋军从一开始，就计较一城一池的得失，攻占承德，宣传是大胜，占领了张家口，宣传是大胜，占领空城延安，也宣传是大胜。事实上这些大胜，都未能伤及解放军的主力，但都得到了蒋介石的通令嘉奖。结果越宣传，蒋军就越怕丢失城池，背的包袱越来越重。相反，解放军打的是运动战，以重兵在运动中包围蒋军一部，将其消灭。虽然，蒋介石的正规军队在人数上总体占优势，但备多力分，无力将解放军主力包围，也就无法限制解放军的机动性。

总之，蒋军战略失败的责任，蒋介石和陈诚都难辞其咎。

第三节　东北暮路

接手东北行辕主任，对陈诚来说，无异于跳进他军事生涯中的一个最大的火坑。

东北的局势是蒋介石政府不能容忍中共军队在东北的存在而酿成的。

1945年8月8日，苏联政府根据雅尔塔会议有关协议，对日宣战，次日，百万大军进入中国东北，横扫日本关东军。11日，八路军总部下令，关内八路军向东北进发，配合苏军作战，接受日伪投降。15日，日本天皇宣布投降后，中共军队及党政人员奉命源源不断开赴东北。虽然有《中苏友好条约》(8月14日签订)的限制，但苏联政府对中共军队的行动睁只眼闭只眼。国民党政府军队进入东北之前，大批中共军队已进驻东北，并成立了由林彪任总司令的东北民主联军。

9月，蒋介石任命熊式辉为军事委员会委员长东北行营主任，为了加强对东北地区的控制，蒋介石将东北三省划为九省，并任命了各省省长。10月，蒋介石又任命杜聿明为东北保安部司令长官，全权负责东北地区的作战。由于蒋介石不承认中共军队的接收权利，国民党军队进驻东北之初，曾遭到中共军队的武装抵制。

1946年春，苏军开始全面撤出东北，国民党新6军、新1军、第71军、第60军、第93军等精锐部队，陆续进入东北。双方兵力对比发生逆转，中共决定“让开大道，占领两厢”。蒋军先后攻下了沈阳、锦州、四平、长春、吉林、本溪、安东（今丹东）等重要城市，民主联军主力向北千里大撤退。蒋军由于战线过长，兵力捉襟见肘，停止追击，使民主联军主力得以渡过松花江，在北满站稳脚跟。

苏军撤退时，东北联军接收了日伪留下的大批军械，足以装备50万部队。实行土地改革后，农村青年踊跃参军，再加之收编的伪军，兵员源源不断。不到一年工夫，东北联军就迅速壮大起来，形成了一支与蒋军兵力相当、颇有战斗力的野战部队。等蒋介石清醒过来，为时已晚。1947年春，经过三下江南、四保临江战役后，东北的国民党军被迫由进攻转入防御。

进驻东北

1946年3月12日，国民党军队进驻沈阳。图为司令部前的卫兵。

5 月，东北联军开始发起了夏季攻势。

此役历时 50 天，民主联军共歼灭国民党军 8 万余人，其中俘敌 6 万人，毙伤 2 万余人，收复和一度收复 42 座城镇，打通了南北满的联系，扩大了解放区，迫使国民党军只能固守在长春、吉林、四平、沈阳和中长路与北宁路的狭长走廊地带。由于南、北、东、西满的进一步沟通，和南、北满主力的会师，为东北联军在东北战场集中兵力实行机动作战，创造了极为有利的条件。

东北局势不可收拾，蒋介石决定找人替代熊式辉和杜聿明。他先找了任北平行辕主任的李宗仁，李不干，再找国防部长白崇禧，白也不愿意接。没办法，蒋只好又拜托陈诚了。虽然知道是一个烂摊子，但陈诚仍然“义不容辞”。

虽然陈诚在回忆录里再三强调国民党政府接收东北的迫切性，但据一些历史见证人的回忆，陈诚曾有放弃东北的打算（刘劲持：《我所知道的陈诚》）。据有关史料，蒋介石的态度也并不十分坚决，他原本只想屯兵锦州，马歇尔为扼制苏联政府的利益，一定要让他接管东北全境。如果上述史料确实，那么，陈诚想放弃东北，也就事出有因了——或者蒋影响了陈诚，或者陈诚影响了蒋。

到了 1947 年，蒋介石和陈诚都已经骑虎难下，不能轻言放弃东北了。9 月 1 日，陈诚带了罗卓英等干将到东北走马上任——替换熊式辉，兼任东北行辕主任（罗卓英任副主任。东北保安司令部被他撤销）。他公开宣称：“6 个月恢复东北优势，收复东北一切失地”。陈诚高调上任，也许只是给官兵打打气，也许刚刚在鲁南和苏北吃了败仗，想在东北挽回一点儿面子，也许兼而有之。

到东北第 6 天，陈诚还没来得及烧上任后的第一把火，林彪率领的东北民主联军就发起了秋季攻势。他赶忙部署部队应战。陈诚这是第二次与自己的黄埔学生林彪交手。第一次是在赣南，他的嫡系第 5 军被林彪指挥的红一军团全部吃掉，第 11 师也近覆亡。这一次，他能顶住林彪的进攻吗？

此时，东北民主联军已经拥有 27 个步兵师，另外还有 8 个独立师、两个骑兵师、5 个炮兵团，总兵力已达 51 人。陈诚的扩军

东北民主联军七纵二期电讯班毕业合影

计划尚未完成，兵力少于东北民主联军。

秋风飒飒，枪炮声震撼着黑土地。

东北联军的秋季攻势战略是，先攻击辽西走廊，切断北宁线（北平至沈阳），然后趁国民党军西援之机，出动主力攻击中长铁路（哈尔滨向西至满洲里、向东至绥芬河、向南至大连铁路的总称），在长春与四平之间寻找歼敌战机。北宁线是东北蒋军与关内联系的生命线，陈诚不能不保。

战役打响后，陈诚果然以暂编第 50 师为左路，以暂编第 22 师为中路，由暂编第 60 师为右路，分别从绥中、锦西、义县向建昌方向攻击前进，以肃清北宁线上锦榆段附近的中共军队。东北民主联军以第八纵队歼灭暂编第 22、第 50 师，吸引锦州方向第 93 军增援，然后投入第九纵队，合力围歼第 93 军主力。至 9 月 22 日，八纵和九纵连打三仗，总计歼敌 1.2 万余人。锦州至山海关之间的铁路也随即被切断。陈诚不甘心，重新部署——命令驻守铁岭的新 6 军的两个师增援锦州，同时请求华北的傅作义派兵北上，准备与东北联军在辽西地区决战。

趁蒋军西调，东北联军主力第一、第二、第三、第四、第十纵队开始奔袭中长路。陈诚又急令部队收缩。新6军主力乘火车迅速返回铁岭。东北联军随即放弃了攻击开原的计划。与此同时，在华北蒋军的配合进攻下，北宁线又被重新打通。11月9日，东北民主联军的秋季攻势结束。秋季攻防战，东北联军虽然没有切断北宁线，也没能占领开原，但运动中共歼灭国民党军正规军3个师部、2个师、9个团总计4.7万余人，非正规军1个师部、2个师、10个团加3个营，总计2.2万余人，合计6.9万余人，控制区域又扩大了近4万平方公里。

战火停息了，陈诚才开始着手军政整顿。第一把火就是惩治贪污：辽宁省主席徐箴被撤职；第52军军长梁恺、副军长兼12师师长刘玉章被撤职；中将田湘藩暗中开设赌场，被逮捕；本溪区的一个保安司令李耀慈，弃职潜逃，被捉住后一枪毙了。就连因为保卫四平有功、获得青天白日勋章的71军军长陈明仁，也被陈诚以“盗卖军粮”的罪名撤职查办。这让蒋有点难堪，但蒋还是放手让陈诚烧了这把火。第二把火是整饬军纪，当时驻东北的许多军长师长都在沈阳设了办事机构，闲散人员多达2万余人，陈诚一声令下，将这些机构全部清理，将闲散人员赶回部队。

经过秋季攻势，本来兵力不够的东北蒋军又折兵损将。关内无兵可调，东北农村都被中共军队占领，也征不到兵，陈诚只能“就地取材”：将杜聿明收编的十多支保安队滥竽充数，改编成了暂编师，扩编为新编第二、第五、第七、第

蒋介石与杜聿明合影

八军四个军。于是，东北的蒋军就有了5个兵团，即郑洞国兵团、周福成兵团、卢浚泉兵团、刘安琪兵团、廖耀湘兵团，共14个军，凑合起来，兵力总计约50万。

为了保障“辽西走廊”与沈阳的安全，陈诚在吉林、长春、四平，各配置3至5个师进行独立防御，在锦州至沈阳段铁路沿线及其两侧要点，各以1至2个师守备。他将廖耀湘兵团等主力在沈阳与铁岭集结重兵，实施机动应援。

美国军事顾问魏德迈夸奖他说：“陈很好，无畏而正直……能干而廉洁的将军，可惜去晚了，一年前就该把他派去。”但明白人，恐怕也包括陈诚本人都知道，这只是死马当成活马医，对大局无补于事。

陈诚的“土木系”第14师在廖耀湘兵团新6军，第50师在新3军，和廖耀湘兵团其他几个正规师一样，都是一色的美式装备，但由于美援时断时续，弹药供不应求。而林彪东北联军的弹药从北满的兵工厂和武器库源源不断供应。时任东北行辕副主任、兵团司令郑洞国说：“经过冬天整顿扩充，正规军队的人数和装备有了增加，但许多部队的能力却因原建制被打乱、兵力强弱搭配而未得到提高，有的甚至降低了战斗力。”

不过，客观地说，陈诚到东北也算尽了力，只是历史趋势，凭他一个人不可能挽狂澜于既倒。

第四节　“杀陈诚以谢天下”

冬季到来，江河封冻。东北联军又开始了新一轮更猛烈的攻势：对四平至大石桥、锦州至沈阳铁路沿线国民党军发动了大规模进攻。此时，东北人民解放军（元旦前夕东北民主联军改称东北人民解放军）已拥有12个纵队，又1个炮兵纵队，1个铁道兵纵队，17个独立师加地方军队，共105万人，与东北蒋军兵力形成了二比一的态势。

1948年元旦在隆隆的炮声中走来。当天，陈诚在他发表的《告东北军民书》中，强作自信地说："目下国军已经完成作战准备，危险期已过。"然而，他的话音落下不久，他的新5军就被东北人民解放军吃掉了。

元旦前两天，彰武战役结束（是役，国民党军第49军第79师被歼），陈诚以为林彪不可再战，下令5个军分三路，东起铁岭，西至新民，沿着辽河两岸正面呈扇形全面出击，准备与林彪决战。

元旦那天，新5军从沈阳乘火车出发，到达巨流河车站下了车，只拉上三天的粮弹上路，向公主屯前进。第二天，推进到公主屯附近的前锋部队遇到了解放军的阻击。原来，林彪发现陈诚的三路大军中左路的新5军因推进快，位置已经突出出来，下令六纵阻击新5军并诱其深入，又令主力部队赶来围歼。

阻击战打了三天，新5军军长陈林达报告陈诚是退还是守，

廖耀湘与孙立人等合影

中国远征军出征典礼结束后，部分将领合影留念。从左至右分别为：潘裕昆、孙立人、梁华盛、廖耀湘。

陈诚一时摸不清解放军的真实意图，观望了一天，5 日，命令其固守公主屯，同时命令廖耀湘兵团驰援。6 日，又下令让其退回巨流河。可是一切都晚了。六纵在阻击的三天里，四个纵队步兵加一个纵队的炮兵，到达指定位置，向新 5 军发起围攻。

陈诚在回忆录里说，当时廖耀湘兵团四个精锐军离公主屯仅 10 公里，分途急进，可以稳操胜券，可是不意廖耀湘兵团未能遵命行动，前进迟缓，“致使新 5 军于苦战五昼夜后，为共军所击破，使我功败垂成”。事实上，新 5 军并非只是被“击破”，而是全军两万人全部覆没，军长陈林达被俘，成了东北战场上一个被俘的国民党军军长。

这一“噩耗”让陈诚已经复发的胃病又加重了。1 月 10 日，蒋介石飞到沈阳，追查新 5 军被歼的责任。在检讨会上，廖耀湘等人申辩说没有接到增援的命令，罗卓英说打了电话。双方争论不休。陈诚只好站起来解围：“是我指挥无方，请总统按军法惩办我，以肃军纪。”蒋也只好改口说：“仗正打着，等战争结束后再评功过吧。”陈诚接着说：“我决心保卫沈阳，如果共军攻到沈阳，我最后以手枪自杀。”

陈诚没能等到这一天。因为胃病加剧，2 月 5 日，他尚未完全卸职，就离开东北到上海治病去了。东北这个烂摊子由卫立煌捡了起来——卫于 1 月 22 日到沈阳，就任东北行辕副主任，兼东北剿总司令。

胃病大多是因为过度劳累、心情郁闷或饮食不健康导致的。陈诚的胃病复发过多次，1943 年秋天那次复发，是心情郁闷，加上饮酒促发的。这一次恐怕是多种因素复加，也更加严重。

据杜伟在《我所知道的陈诚》中回忆，陈诚在东北的时候，杜去南京见过谭曼意。谭忧心地说，陈诚胃病很重，前方战事又不利，怎么办？杜便建议她向蒋夫人说说，设法找一个副手去接替，把他调回来医治。谭回答：“我用这个办法试试看。”谭曼意是否去找了宋美龄，不得而知，不过即使找了，陈诚也并没有“急于逃命”。他犯病是在 1947 年 12 月 11 日，此后呕血不止。蒋多次去电，表示要派飞机去接他回京治疗，但都被他拒绝。直到卫立煌到沈阳就职，办完交接后，他才离开沈阳。这离他发病和蒋表示派飞机接他的日子，已过去近两个月。可见陈诚为蒋、为国民党政府真的到了“呕心沥血”的地步。

被俘虏的国民党军士兵

回到南京后，陈诚在夫人谭曼意陪同下到上海国防医学院住院治疗胃病。美国医生诊断后，认为保守治疗很难康复，必须进行手术治疗。

3 月 25 日，东北解放军的冬季攻势结束。此役共歼灭国民党军 5.8 万余人，切断了北宁铁路，攻克了战略要地四平，以及辽阳、鞍山，迫使营口暂 58 师火线起义。国民党在东北的军队和政权岌岌可危。就在国民党政府四面楚歌的形势下，3 月 29 日，“国民大会”在南京开幕。

身为国大代表的陈诚因为在上海治病，没有出席大会，但成了被攻击的靶子。代表们的责难声不绝于耳：“请政府杀陈诚以谢国人”、“诸葛亮挥泪斩马谡，我们要求蒋主席演这出戏！”、“不让陈诚逃往美国！”、“到上海把陈诚扣留起来解京法办！”……各大报也以“借人头，平民愤”为标题绘声绘色地作了报道。4 月 21 日，关于“请政府严办参谋总长案”，提交大会讨论，并获得一致通过。一些代表的指责，如不该过早裁军、不该拒绝收编伪军、东北用兵不当等等，颇有“专业性”。

蒋介石并没有因为代表的声讨而严办陈诚，而是“人性化”

地面示陈诚以养病为由提出辞呈，然后给予批准。5 月 13 日，陈诚“被辞”去了参谋总长、东北行辕主任兼海军总司令等职务（分别由顾祝同、卫立煌和桂永清接任）。这样的处理方式给陈诚和蒋介石都留足了面子。

听到与会代表的责怪，陈诚也有一肚子的委屈和牢骚。虽在大会期间未公开申辩，但在 4 月 14 日给林蔚的信中，他还是忍不住为自己作了申诉。

关于“整军”问题，他申诉道：“此问题之政策与原则，均在弟未到中央以前所决定。弟到中央仅负执行之责。而当时实际负责执行者，尚在陆军总部。此事就政策言，绝对正确。就执行言，亦并无多大错误。然今日反对整军者，亦即当日反对中央不整军之人。出尔反尔，所谓伪君子，最难处，其此辈之谓乎？弟尚记得，当大家均认为整军绝对需要，但绝对困难，而不整军，则绝对危险……再检讨整军，究竟裁了多少兵？实际上，只是裁并机关与空单位而已。换一句话讲，如不裁并机关与空单位，如何充实国军？同时国家财政如此困难，人民生活如此痛苦，能否负担 720 万人虚额的粮饷？”

埋葬在饥荒中饿死的儿童

关于“收编伪军”问题，他申诉道：“此问题当时确有人建议，但全部收编，事实上大有问题，以弟所能记忆者：何以对抗战之国军？何以对被压迫残杀之民众？何以维持国家民族之正气？以上三项，姑不计，再就军费一项言，自抗战结束后，决定国家总预算原则，所谓收支平衡，所谓军费不得超过总预算百分之五十，以连年军费言，非但不能收编伪军，而且仅有之国军，亦不能养活，其他可知矣。”

关于“国军之失利”问题，他申诉道：“此中不能告人之事，实在太多。仅就山东与东北言，山东军事失败，莫过于新泰莱芜之役，此役之计划，究竟谁建议于主席，主席如何决定，弟在徐州，均无所闻。吾人绝不怨天尤人，应就事论事，吾人绝不愿与伪君子计较。再就东北问题言，如要算账，应由雅尔塔三巨头会议与政协会议算起，而军事只能算末节……弟深知是火坑，最后只有跳下去。但当时经再三请示主席，非即增加两个军，不能使在东北之国军，能争取时间，稍加整顿。当时主席已应允，决抽调两个军，增援东北。结果被人阻挠，仅遣将而不派兵……”（《陈诚先生信函》）

陈诚把怨气都撒在政敌身上。他对蒋介石并非没有一点儿怨气，而是敢怒不敢言。因为他知道他得罪的政要太多，在墙倒众人推的境遇下，只有蒋能够保他。事实上，蒋介石后来不仅保了陈诚，还继续重用了他。

客观地说，国民党在战场上的失败，陈诚作为蒋介石的高级幕僚、参谋总长，难辞其咎，尽管蒋介石常常直接指挥参战将领。不过，要求陈诚对一些重大决策全盘负责，也有失公允，因为这些决策大多是集体作出，并由蒋批准的。将战场失利归咎于裁军和拒收伪军等决策的执行，也不完全与事实相符。

陈诚在信里称，东北问题要追究雅尔塔会议的责任云云，也值得商榷。雅尔塔会议是美、英、苏三国首脑罗斯福、丘吉尔和斯大林 1945 年 2 月在苏联克里米亚半岛雅尔塔举行的一次会议。会议就远东问题达成了一项秘密协议：苏联承诺在欧洲战争结束后 2—3 个月内参加对日作战，其条件是，维持外蒙古的现状，库页岛南部及邻近岛屿交还苏联，大连商港国际化，苏联租用旅顺港为海军基地，苏、中共同经营中东铁路和南满铁路……以上内容没有经当时的中国政府同意，明显有损中国的利益。

按陈诚的假设，如果没有这个协议，也就不会有美国总统压制蒋介石政府与苏联政府签订《中苏友好条约》（1945 年 8 月 25

雅尔塔会议三巨头

1945 年 2 月 4—11 日，美英苏三国政府首脑就战后国际事务的安排问题在雅尔塔举行会议。图中从左至右分别为：丘吉尔、罗斯福、斯大林。

日公布），苏军也就不会因为担心条约得不到落实而迟迟不肯撤离东北，从而为中共军队提供种种方便，并“阻碍”蒋介石政府的中央军接收，东北自然就牢牢掌握在蒋政府的手中。

可惜历史不能假设。苏军出兵东北，日军投降，蒋介石的精锐部队远在西南。中共领袖们抓住了这一历史机遇，迅速派兵出关，以八路军的名义接收东北部分城市，并没有错，因为八路军也是坚持抗战多年的中国政府的军队。问题是，蒋介石政府拒不承认中共军队在东北的存在，更不给中共军队在东北的政治地位，而要彻底收编甚至遣散中共军队，那么，斗争甚至战争就难以避免了。中共军队接收东北确实得到了苏军的一些关照，但美国政府不同样给了蒋军更多的援助吗？日本投降后至少两年时间里，蒋介石政府的军队在人数和装备上占绝对优势，在这种状态下还是遭到失败，实在不应该再怪雅尔塔会议，而应该从自身找原因了。

1948 年 6 月 12 日，陈诚在江湾国防医学院做了手术，将胃割去了三分之二。手术做了四个小时。

10 月 6 日，陈诚携一家老小，移居台北草山休养。

他在回忆录里称，这段时间（12 月底被任命为台湾省主席），是他一生最闲适的日子，也是自己闭门思过的难得机会，“我确实发现我的过错很多，而修养太差，易开罪于人，更是我的大病……”

第九章
经营台湾省

第一节　主持土地改革

主政台湾省，陈诚又获得了实现其政治抱负——解决农民土地问题的机会。

一步到位固然快捷，但效果未必满意。他设计的土地改革是渐进式的改革：先从减租开始。1949 年 4 月，国民党政府的军队还在大陆作最后的挣扎，身为台湾省主席的陈诚便开始推行“三七五减租”政策，即地租不得超过正产物的千分之三百七十五。

初到台湾地区的陈诚

有鄂西二五减租的经验教训，在台湾省实行三七五减租，就显得轻车熟路了。陈诚先督促培训减租工作人员，从 4 月上旬至 5 月旬上旬，仅仅 20 天，就培训了 4000 余名减租干部。接下来，便是换订租约。这是一项极为繁杂的工作。当时台湾地区租佃关系大部分为口头契约，租期租率，参差不齐。一切都得从零开始。这项工作进展也极快，不到一个月全省 5 个区（台北、台中、台南、高雄、台东）就完成了换约近 30 万户，换订租约 36 万件。

和在鄂西一样，因为自身利益受到损害，一些地主抵制减租。这在陈诚的预料之中。他一面亲自出马，前往各县市，向县市长和各界人士阐明“三七五减租”的好处和意义，一面督促工作人员到租佃户家做工作，强力推行减租。到这年夏天，台湾的地主共出租 25.7 万公顷土地，推翻了不合理的租佃合约，全部实行了“三七五减租”。

秋收之后，减租的效果就显现出来：佃户平均增加收入达 30%，生活大有改善，粮食也有大幅度增产——1949 年台湾全省稻谷生产 121 万吨，比 1945 年增产了一倍。

1950 年 3 月，已经辞职台湾省主席的陈诚，受命担任台湾国民党当局第五任“行政院长”，掌管“政府”各项事务。上任不久，陈诚就开始全面推行更深层次的土地改革。

刚开始，对于土地改革的大政方针，陈诚与蒋介石有过分歧。有人提出“兵农合一”的建议，此举可以解决从大陆撤过来的几十万大军的安置问题，平时种田，战时打仗。蒋倾向于这一建议。陈诚坚决反对。“兵农合一”在古代就有，叫“屯边”，阎锡山主政山西时也是这样做的。但它既不合时代要求，也不合台湾省的实际。陈诚几次向蒋介石进言，说：“兵农合一，就不叫耕者有其田了。再说大多数士兵不会耕田，让他们去种地，恐怕连粮食都生产不出来。台湾本来人多地少，再分给士兵，就更不敷分配了……”

陈诚反复向老蒋陈明其利害得失之后，蒋最终同意了陈诚的意见：兵归兵，农归农。老兵安置问题，另想办法解决。

陈诚设计的土改方案，采取的是比较温和，而且可以双赢的办法：既让农民得实惠，又不使地主吃亏。政府赎买地主的土地，再以象征性的价格卖给农民（以地租分期支付）。政府收购地主的土地，并不是给付现金，而是按相当的价格，以国有公司的股票置换。以企业股票置换土地金，也是一举两得，既未给政府增加财政困难，又将土地资金转移到了工业生产，从而促进工业发展。这种温和的改革方式后来为其他一些国家效仿。

考察玉米地的陈诚

陈诚的土地改革还有一项“公地放领”。1945年抗战胜利，台湾光复，国民党政府从在台的日本企业和日本人手里接收大批田地，这部分收归公有的田地占全台田地20%强，原来由当局租给农民，实行土地改革后，这部分土地的所有权就必须“放发”给农民。当然不是无偿赠送。地价按该地的年收获量的2.5倍确定。以实物计算，全部地价由承接者在10年内偿清，不负担任何利息。承领人必须是土地不足的农民，而且数量也有限制：水田五分至二甲或旱地一甲至四甲。这样做是为了防止土地集中到少数人手里。

1953年，在讨论《实施耕者有其田条例草案》过程中，台湾地方当局的“立法院”曾有人提出反对意见，认为土地分散不利于规模生产。但陈诚则坚持原来的方案，他承认企业化耕作制度固然效率更高，但他也非常清醒，以当时台湾的实际情况，这种耕作方式还为时过早，在诸多现实面前，让每个农民拥有广大的机械化农场，无异于让一个刚刚学步的孩子去参加马拉松竞走，充其量也不过是一个美丽的梦想罢了。陈诚的现实主义理论让“理想主义”者心服口服。

讨论中还遇到了一些法律障碍。反对者竟然是陈诚的弟弟陈正修。他认为条例中有关“转移私人所有权给私人”的条文，与宪法等法律的有关规定相违背，在母法或前法修改之前，子法或后法不能成立。陈诚不以为然，他打了一个生动的比喻："法律不能违背天理人情。就天理人情而言，有缠脚的妈妈，却不一定非有缠脚的女儿不可。在妈妈尚未放脚之前，就不许女儿天足，天地间有这样的情和理吗？"他认为，后立的法如果比前立的法更合情合理，就是不先修正前法即付诸实施，也未见得就是大逆不道。

陈诚的现实主义理论终于使《实施耕者有其田条例》得以通过立法。1953 年 4 月 23 日，该条例正式颁布实施。

条例的主要内容有三条：一、凡私有出租耕地，地主可保留相当于中等水田三甲（一甲相当于 0.97 公顷）的面积，超过部分一律由政府征收后转放给农民；二、当局补偿地主被征土地的地价，地价标准为该耕地主要产物全年收获量的 2.5 倍，以实物土地债券七成、公营事业股票三成搭配分配；三、农民有偿受领耕地，在原定地价基础上加算年息的 4%，在 10 年内分 20 期偿付。

陈诚在田间考察

法律问题好解决，实施过程却时有波折。实行土地所有权移转不久，台南农村就发生了退耕事件：一些佃农将耕地退还给地主，这种事件后来越来越多。佃农称是"自愿"，但陈诚当然知道，这一定是佃户在地主威胁利诱之下作出的决定。在鄂西实行二五减租运动时，他就碰到过。陈诚立即派人追查，情况果然如他所料。他立即发出通告："凡是地主威迫佃农退耕，一经查出，即以重罪惩处，毫不宽谅。"在重拳打击和威慑下，那些阻挠土地改革的地主纷纷缩头。再说，三七五减租实行后，地主经营土地的收益下降，对土地的占有欲望也没有以前那么强烈了。

土地改革得以继续推行。据台湾地方当局官方统计，至 1953 年年底，台湾政府从地主手中共征了 13.9 万公顷土地，约占地主原有耕地的 30%，承领农户 19.5 万，大部分农民成为自耕农。以后数年，土地改革继续推进，实现了陈诚的预期目标。

对台湾土地改革取得的成功，陈诚感到十分自豪，曾说：“这是我的杰作，总算完成了总理遗教——耕者有其田。”他在自己撰写的《台湾土地改革纪要》一书中总结了土地改革的四项成果：一为社会动乱趋于安定，尤以农村之秩序为佳，盖因占人口大多数之农民获得耕地后，由恒产而生恒人；二为农民获得耕地后，生产兴趣与能力提高，农产品及副产品均大量增加，促进了经济发展；三为农民所得增加，生活改善，购买力随之提高，刺激工商业发展与社会经济之繁荣；四为土地改革后，冻结于土地方面之资金，逐渐转移于工商业，使工商经济获得突飞猛进之发展，改变社会之经济结构，大步进入工业化之领域。

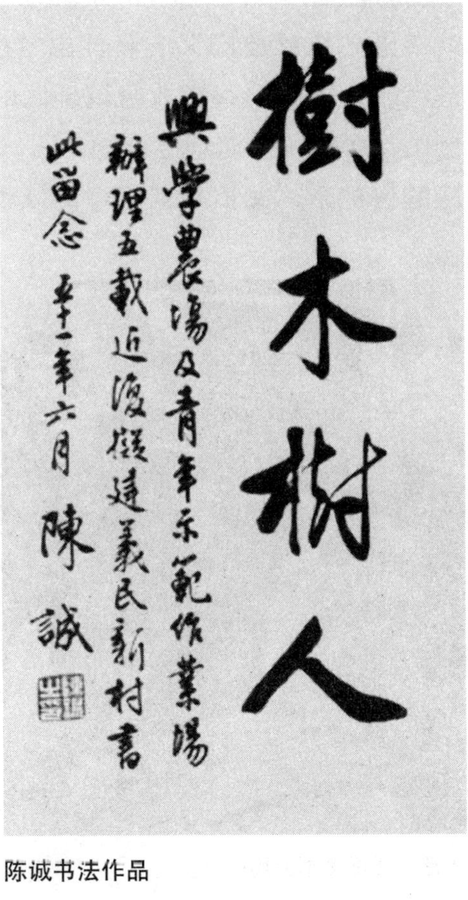

陈诚书法作品

土地改革的成功也为陈诚赚足了政治资本。1952 年 10 月，在国民党第七次全国代表大会上，陈诚当选为中央执行委员。全会作决议对陈诚给予极高的评价：“当三十八年革命遭遇空前挫折之际，大局处于风雨飘摇之中，陈诚同志确能秉承总裁指示，采取确切措施，作中流之砥柱，立复兴之基业。”在七届一中全会上，他又当选为10名常委之一。此后，陈诚在台湾地区的政治地位扶摇直上。

台湾地区有史学家称陈诚为“土改之父”。台湾农民对陈诚个人更抱有好感，称他为“陈诚伯”。据台湾媒体报道，陈诚去世后，常有农民到陈诚的墓前拜祭，缅怀他给他们带来的好处。

第二节　反对“两个中国”

20世纪60年代初，对抗了几十年的国共两党，在“两个中国”问题上，竟然毫无分歧地形成了“一致”。

1950年6月，朝鲜战争的爆发，本来已经“抛弃”了蒋介石的美国总统杜鲁门又向蒋伸出“援助”之手：派第七舰队开入台湾海峡，阻挠中共解放台湾地区的进程，随后以太平洋地区安全为由，抛出“台湾地位未定论”。蒋介石心里非常矛盾，既需要美国的保护伞，又不愿意让台湾从中国领土分离出去，因而一方面

志愿军活捉美军士兵

接受美国关于台湾防务的计划，另一方面明确表示：台湾是中国领土的一部分，“中国对台湾拥有主权”。美台之间由此形成了时好时闹的微妙关系。

随着在联合国中国代表权问题的争议日益激烈，美台这种关系就表现得更加明显，最后形成了尖锐的矛盾。

关于中国代表权问题的争论从第5届联合国大会（1950年9月召开）就开始了。美国年复一年地提出“延期审议”或“不审议”中国代表权的议案，将新中国排斥在联合国之外，而让台湾地方当局继续占据中国的席位。肯尼迪政府1961年初上台后，鉴于赞同新中国入联的国家越来越多，意识到原来的伎俩面临失败的危险，有意采取“两个中国”的办法，让新中国自动远离联合国，或者改取“重要问题案”，即把中国代表权的变更，说成是属于联合国宪章第18款规定的“重要问题”的范围，须由三分之二多数票通过，希望借票数的优势侥幸得逞。

“两个中国”的论调提出后，中华人民共和国果然强烈反对，表示宁愿不入联，也不承认“两个中国”。那么，作为台湾地方当局的“副总统”、“行政院长”陈诚又是何种态度呢？

1961年6月13日，台湾《中央日报》大篇幅地报道了“阳明山会议”的内容。这次会议是陈诚以“行政院长”的名义主持的，主题是“以研讨经济的发展，配合反攻军事，增强反攻力量”。陈诚邀请了实业、商业等各界人士及专家共104人参加，其中海外华侨44人。会议虽然研讨的是经济问题，但有着浓厚的政治色彩。报道说，陈诚在《总结》中提及“复国大计”，谴责了“现在国际间酝酿‘两个中国’的阴谋”，郑重其事地表示：“决不会接受这种解决的办法。”

这应该是陈诚代表蒋介石和台湾地方当局对美国方面提出的“两个中国”的回应，也是陈诚出自内心的真实表达。

据近年披露的史料，1949年春，美国大使司徒雷登即将离开南京之前，指派驻华大使馆参事莫成德，以秘使的身份飞往台北，求见时任台湾省主席的陈诚，与他面商了“有关事宜”：一、台

司徒雷登

湾现在的省主席，宜使政治与“国府”分离，经济贸易和中共断绝，台湾主席办理台政，美国每年拨给台湾经济援助2500万美元。二、形式上联络菲律宾、澳大利亚、印度、巴基斯坦、锡兰（今斯里兰卡）各国各出一些象征性的兵力，会同盟军占领台湾，希望在两周内，在台召开政权转移会议；会议决定后，美国即对台湾海峡之海上及空中担任巡逻与联系之活动，以免外来军队之袭击，同时遣送不受欢迎之大陆在台分子。四、通知蒋介石，如他愿意留台湾，当以政治避难者身份相待。（《1949—1979国共对话秘录》）

这其实是让陈诚取代蒋介石，实行台湾自立。后来事实证明，陈诚没有答应他。以他对蒋介石的忠诚度，以及对中华民族的感情，陈诚是不可能答应让台湾地区独立于中国之外的。有传说还认为，1949年春，陈诚差一点拒绝蒋介石上岛，意图自立。此说，没有过硬的史料支撑，也不符合陈诚的为人。

在对待“两个中国”问题上，陈诚与蒋介石的态度是一致的。

诸多分歧需要弥合，肯尼迪总统几次邀请蒋介石访美，当面协商，均被蒋介石拒绝。蒋显然担心谈不拢，让自己丢面子。在美方一再催促之下，他最后决定让陈诚作为他的全权代表出访美国。当时，陈诚的身份是“副总统”兼“行政院长”。

美国方面提出“两个中国”论调，也让中共领导人捏了一把汗。从现实意义来说，“两个中国”对台湾地方当局并无害处。因为尽管他们一直在叫嚣“反攻大陆”，可心里清楚这种可能性实在太渺茫。而随着国际威望的日益增大，新中国代替台湾当局在联合国的代表权，只是迟早的事，如何保住自己的席位也许会成为台湾地方当局的现实选择。如果台湾地方当局也赞成“两个中国”，无异会给中共处理两岸关系增添麻烦。

中共当然不愿意看到这一结果。周恩来总理向台湾当局发出信息：“我们希望蒋介石、陈诚、蒋经国团结起来反对美帝国主义。”“只要他们一天能守住台湾，不使它从中国分裂出去，那么，我们就不改变目前对他们的关系。希望他们不要过这条界。”中共对台湾的政策发生很大转变：不再强调武力解放台湾。

陈诚在某种场合表示：我会向历史作个交代的。这恐怕也是他对周恩来的回应。陈诚对美国人向来没有太多好感。早在抗战时期，他就说过，美国援助中国，其实是出钱让中国人替他们卖命，相互利用而已，谁也不必感谢谁。第二次国内战争时期，美国政府对蒋介石政府失望，曾经停止军援，撤走在青岛的军舰，陈诚大发脾气，对人说：“要从美国人那里得以真正的帮助，是靠不住的。”

担任“副总统”的陈诚赴美访问

周恩来与陈诚共事多年，对他颇为了解。据1994年《党的文献》第5期所载廖心文的《周恩来与和平解决台湾问题的方针》一文所述，周恩来总理曾明确表示，“陈辞修还有些民族气节，看来不会被美国牵着鼻子走。”

1961年7月30日，陈诚和夫人谭曼意在台湾“外交部长”沈昌焕等人的陪同下，到达美国华盛顿。这是他第一次出访美国。他肩负了几个外交使命：获得美方坚定维护台湾当局在联合国地位的保证，阻止美国同“外蒙古”发展关系……

在华盛顿，陈诚受到了美国总统肯尼迪等政府领导人的“热情”欢迎。在身高一米八五的肯尼迪和许多牛高马大的美国人面前，身高一米六的陈诚实在显得有点矮小，以致高个子美国人常要低着头和他交谈。这位颇有性格的台湾当局“副总统”并没有自惭形秽，低三下四，而是表现得不卑不亢，和大个子对话也十分机智，赢得了许多美国人的称赞。美国记者联谊会会长高思克鲁夫称他是“气质人物”，即具有非凡气质的男人。

7 月 31 日至 8 月 2 日，陈诚先后与美国总统肯尼迪和国务卿举行了四次会谈。会谈除了讨论“外蒙古”问题入联、“两个中国”等问题，陈诚还对美国准备给“台独”领导人廖文毅签证一事提出抗议，表示担心美国人会把廖弄到美国扶植起来。肯尼迪当即否认，说：给廖签证只是出于人权主义的考虑，绝没有扶持其成气候的意思，并表示如果台湾担心，他们暂不给廖文毅发签证。有了肯尼迪的承诺，陈诚没有在此事上再纠缠下去了。会谈中，他还获得了美国政府永远搁置“两个中国”计划的口头承诺。

陈诚与美国总统肯尼迪会谈

2 日，陈诚与肯尼迪发表了《联合公报》。公报称，美国总统重申美国政府“坚决支持中华民国继续其在联合国中的代表权……”“外蒙古”问题双方未形成协议，但陈诚表示，台湾当局对此问题立场坚定，“在任何情况下都不会改变”，即未承诺对“外蒙古”入会案不行使否决权。

《联合公报》发表后，陈诚又进行其他一些外事活动，10日飞往夏威夷。出乎他意料的是，他到达夏威夷第二天，美国政府正式宣布暂停与“外蒙古”的外交接触，暂缓承认蒙古人民共和国（第二年美国就以弃权方式让“外蒙古”进入了联合国）。这是美国政府送给陈诚的一件回国礼物。陈诚当然感到欣慰。

8月13日，陈诚一行取道东京返回台北。18日，他在回答立法委员的咨询时说，“此行不敢谓有何特殊成就，但尚能恪守总统所作指示及全中国人民所冀望之原则。关于双方看法未尽相同之处，已约定续作密切接触，以谋适当的解决。”

事实上，从1961开始美国主要采取“重要问题案”，阻挠中华人民共和国入联，直到10年后的那个历史性的一天。

1971年10月25日晚，第26届联合国大会就“中国在联合国代表权”的议案进行裁决。当时有三个议案：第一个是阿尔及利亚等非洲23国提出的“恢复中华人民共和国在联合国的一切合法权利，并立即把‘中华民国政府’的代表从联合国一切机构中驱逐出去”提案，提案国为阿尔巴尼亚、阿尔及利亚等23个国家。第二个是由美国、日本等22国提出的“重要问题”提案。第三个提案是由美国、日本等19国提出的“双重代表权案”，即接纳中华人民共和国的代表入联合国，但“确认中华民国继续拥有代表权”。

大会先就美国、日本等22国提出的“重要问题”议案进行表决，结果以59票反对、55票赞成、15票弃权被否决。接着，大会表决阿尔及利亚等非洲23国提案，结

中国重返联合国

果以76票赞成、35票反对、17票弃权予以通过。大会主席宣布：由于阿尔及利亚等23国提案获得通过，“双重代表权”提案成为一项废案，被大会自动否决。中华人民共和国从此恢复了在联合国中的合法席位。“中华民国政府”被逐出联合国。

陈诚最终没能阻止新中国入联，也没能挽救台湾当局被逐出联合国的命运，但客观地说，他在处理“两个中国”等问题上的态度，值得肯定。虽然他反对“两个中国”是从国民党台湾当局的利益出发，但很大程度上也体现他的民族感情，而且从客观上也起到了阻止美国分裂中国的阴谋。据宋瑞珂在《我所知道的陈诚》中回忆，1965年7月18日，周恩来总理到机场欢迎李宗仁从海外归来，在候机室聊天时说：“陈辞修是爱国的，他坚决反对美国制造两个中国的阴谋……”

第三节　临终不提反共

在“反攻大陆”的问题上，陈诚与蒋介石保持了多年的一致。整个50年代，“反攻大陆”的口号，陈诚喊得特别响。

1951年1月，台湾当局成立了“行政院反攻大陆设计委员会”，负责人由行政院长陈诚兼。三年多的时间里，在陈诚的主持下，设计院研究出了反攻大陆的多种方案。不过，这些方案大多是纸上谈兵。陈诚更多的时候是把它当成抓手，以推动台湾地区的各项建设。1953年，他在“行政院”检讨会上强调，反攻大陆，“第一是力量，第二是力量，第三还是力量。力量从哪里来？主要是从建设台湾过程中来培养，来积聚，来发挥。”

随着中共在大陆统治的日益稳固，加之美国不愿意让蒋介石惹出国际麻烦，陈诚反攻大陆的调子渐渐降低。他在一次记者招待会上公开称：“反共战争是长期的。我们一面要有单独作战，随时应变的准备，一面要作配合世界局势，坚持最后5分钟的打算……”

50年代末，60年代初，由于中共“大跃进”政策的失误，加上自然灾难，大陆出现了3年国民经济困难时期。蒋介石和陈诚借此大造“反攻大陆”的舆论。他在一次“总理纪念周”上叫嚣道：“当大陆同胞仍在苦难之中，我们决不能在此苟安或偏安，一定要决心洒热血，掷头颅，反攻大陆，恢复大陆同胞的自由。”1962年，中共调整了经济建设政策，经济得以复苏。蒋介石“反攻大陆”的希望又成了镜中花、水中月。

蒋介石反攻大陆计划

此后，在“反攻大陆”的问题上，陈诚与蒋介石产生了一些偏差。

据陈诚的家人回忆，1963年，在“反攻大陆”计划问题上，陈诚与蒋介石在官邸发生了激烈争执。后来家人向他求证此事时，他笑着说，“确有此事，幸亏蒋夫人居间缓颊。不过当时，我对总统说，一旦号角响起，仍要请命出征。”两人争吵的具体内容不详，但从陈诚家人所述细节分析，陈诚并未反对蒋“反攻大陆”，只是不能贸然或仓促行事，所以才有那句“一旦号角响起，我仍要请命出征”的慷慨之语。

1963年秋，陈诚在日记中写下两个梦境。第一个梦，是他梦见自己率领国民党军队“反攻”，登陆后激战北上，却陷入中共军队的层层包围，他被惊醒了。在另一个梦里，他带着国民党军队一路攻城略地，有一次他出营巡视，却被民众包围住，民众问他要东西，他把手伸进自己的口袋掏钱，结果口袋里竟然一无所有。

日有所思，夜有所梦。这两个梦无疑反映了陈诚的内心挣扎。据有关史料，陈诚曾向蒋进言：对中共不能反潮流；不能为外国动用台湾兵力；不能信任美国；不能受日本愚弄等……蒋介石听进去了多少不得而知。

陈诚已年近古稀，即便有意出征，身体状况已不容许了。1963 年夏天，他就经常感到疲乏，不得不放下手中的工作："7 月 1 日，病假 1 个月，在阳明山休养。8 月 1 日，续假 2 个月，往日月潭休养。12 月 15 日，辞行政院院长兼职，25 日，请病假 3 月……"（《陈辞修先生年谱》）

当时，陈诚可能真以为是工作劳累所致，可是连续休养几个月，身体并没有恢复，反而越来越糟。1964 年 6 月 14 日，他抱病出席了石门水库的落成典礼。这个水库是他在 1955 年主持开工兴建的，历时 9 年，终于峻工。虽然身体状况很不好，请假在家休养，但他还是兴致勃勃地主持了这一盛典。

此后不久，他便经常性腹泻，体重也骤减，在家人和好友的劝说下，他才去医院做深入检查，结果，被诊断为肝癌。家人和医生没有把这一结果告诉他，只说他患的是肝硬化。

石门水库

石门水库位于中国台湾省桃园县龙潭乡东南隅，是东亚地区最大规模的水库，湖光山色岛内驰名，有十几处风景区景点。是台湾地区著名的人工湖之一，兼有发电、灌溉、观光等多方面的效用。

蒋介石和宋美龄得知这一诊断结果，交代有关方面要不惜一切代价，挽救陈诚的生命。医院组织了一个由医疗专家组成的"诊疗小组"，在陈诚的家里建立了家庭病房，日夜护理、治疗。夫人谭曼意更是全天陪护在他身边。

他的几个儿女都回到

家里，陪护父亲。长子陈履安正在美国写博士论文，也赶了回来，每天陪父亲聊天。

尼克松出席陈诚葬礼

进入 1965 年后，陈诚的病情恶化，生命开始走向最后的终点。肝部疼痛一天天加剧。但他绝不喊叫，医生看到他皱着眉头的时候，就给他打一针止痛针。2 月 28 日，台湾当局发表了陈诚的病情公报，宣布他的真实病情。此时，即使没有告诉他，陈诚也知道自己不久于人世了。他先给家人写了一个遗嘱："陈死火葬，以不占地为原则。"

3 月 3 日，家人问陈诚有什么话要交代，陈诚叹了口气说："国家搞到这个地步，还有什么好说的。"过了一会儿，他叫来陈履安，口授了他的政治遗嘱：

一、希望同志们一心一德，在总裁领导下，完成国民革命大业；

二、不要消极，地不分东西南北，人不分男女老幼，全国军民，共此患难；

三、党存俱存，务求内部团结，前途大有可为。

1965 年 3 月 5 日下午七点零五分，陈诚的生命走到了终点，享年 68 岁。当天，谭曼意心脏病发作，躺倒在床。

陈履安讲述父亲最后的时刻："他一直就维持着，决不让别人操心的感觉。最后帮他上氧气，张光璧医师决定拿开氧气，他很安详地就过去了。"

陈诚去世后，尽享哀荣。蒋介石于当天发布"总统令"，派"总统府秘书长"张群、"行政院长"严家淦、"立法院长"黄国书等台湾地方政要，以及何应钦、顾祝同、周至柔、薛岳等国民党元老组成治丧委员会，"敬谨治丧，以示优隆，而昭崇报"。台湾

“副总统”陈诚

全体军政机关、部队、学校、团体等，3月6日至16日，一律下半旗志哀。公祭及殡葬之日，民间一律悬挂半旗，“国防部”下令三军为陈诚服丧。

公祭之日，蒋介石亲率文武官员，在台北殡仪馆和墓葬地泰山乡两次向陈诚致祭；蒋经国声泪俱下地对记者说：“‘副总统’的逝世，对党国来说，是一件无可比拟的重大损失；对我个人来说，乃是失去了一位追随近30年的导师。”

8月30日，陈诚灵柩安葬于台北县泰山乡同荣村塞园。

陈履安回忆说，他父亲去世之后，他看到父亲留下来的一份“特支费”分配名单，上面有33个人。这笔费用是陈诚作为“副总统”的特别开支，用来资助随同他从大陆逃到台湾的困难人士。后来陈履安一一去拜访了他们。“其中有一个在大陆溃败前做过省主席的，绝不求人，一生的傲骨。就一个人单身到了台湾，在卖烧饼，任何人给他帮助，都不接受，我父亲给，可以。所以他这些部下对他没话讲，后来他没有这个力量，有些人保不住，他也没办法，心里很痛苦。”

据说，台湾地方当局对陈诚的政治遗嘱不太满意，因为通篇没有“反共”或“反攻大陆”的字眼，征求谭曼意的意见，想修改后再发表，但谭曼意不同意修改，说要改就不发表。最后经蒋介石同意，遗嘱原文发表。

1993年8月，陈履安召集弟妹商量决定，遵照父亲生前遗愿，将父亲的遗骸从墓穴取出火化，安放于高雄佛光山灵光塔，捐出陈诚的墓园供台湾地方当局另行处理。

第十章
陈诚与蒋介石

第一节 “中正不可一日无辞修”

1935年上半年，对红军的“追剿”、“围剿”还在进行之中，日军又在华北制造事端，策动华北各省脱离南京中央政府——华北告急。备战，成为越来越紧迫的事务。陈诚早就识破日本的侵略野心，主张积极备战。因而，在“剿共”战事平缓后，他就向

对空作战

中国军队在火车上架设防空机枪，以对付日本飞机的俯冲和扫射。

蒋介石献上了一个整理陆军的建议，蒋给予了肯定，委托他筹设陆军整理处。

1月，南京政府召开了全国军事整理会议，部署整军。3月，在武昌行营设立陆军整理处，综理陆军整理事宜。蒋介石任命陈诚为整理处处长。陈也拿出了整理方案。计划三至四年里调整60个师，整理师分三团制师、四团制师和五团制师三种，此外，师直属炮兵一营（或一连），骑兵一连（或一排），工兵、通信、特务各一连及师医院等。步兵连为9班混合制，班增编轻机枪；团属迫击炮连分属各营为排，增强战术单位火力；原各营所属小炮排集中成连，直属团部，作为防空及防战车火力。

整理军事主要目的是为了加强军队作战能力，准备抗击日军侵华。作为主战强硬派，陈诚准备专心做成这件有关国防的大事。可是，蒋介石没容他静下心来。1935年和1936年，他几乎成了蒋介石的一名应急和救火队员。

中央军进入四川后，蒋介石派陈诚主持峨嵋山训练团，1935年10月又让他着手整顿川军。工作还没展开，又奉命组织宜昌行营，负责指挥对红二方面军的“围剿”。红二方面军被迫开始长征。

1936年2月，红军东征，渡过黄河，取道山西，北上抗日。3月，蒋介石应阎锡山的请求，派陈诚到山西襄助军务。3月18日，阎锡山委任陈诚为第一路总指挥，指挥进入山西的几支中央军阻击红军。当时与陈诚合作的原晋军将领卢丰年回忆说，这年春天，他在太原见到了陈诚，觉得与在庐山训练团时相比，陈诚骄傲之气收敛了一些，也没有中央军援晋主帅的架子，反而表现出谦逊的风度。他们合作比较顺利。

5月初，东征红军被迫全部撤回陕北。陈诚在山西的“剿共”也该结束了，可阎锡山害怕红军再次进入山西，致电蒋介石，要求陈诚继续留在山西，帮助他抗红。蒋回电说：“中正不可一日无辞修。”

果然，麻烦事很快就来了。6月初，陈济棠、李宗仁等两广将领数十人通电“抗日”，两广部队组成“中华民国国民革命抗日

余汉谋

救国军”，向湘南进发，拟由湖南，进攻武汉。是为“两广事变”。陈诚奉命南下扑火。

6月8日，陈诚飞赴武汉，以武汉行营参谋长身份，调中央军南下。随后赴长沙，督率各部控制了衡阳。两广部队北上受阻，在衡阳一带对峙。与此同时，南京方面加紧对粤方的分化。7月9日，在陈诚的拉拢下，他原来在粤军第1师的“战友”——现任粤军第1军军长余汉谋通电拥护中央。陈济棠众叛亲离，通电下野，避居香港。不久，在大军压境之下，李宗仁的桂军也罢兵言和。9月初，陈诚留在南方，以广州行营参谋长身份处理两广事变善后事宜。

抗战爆发前两年，陈诚同时兼任的职务最多的时候达到了八九个，有一天，他的部属杨安铭问他：“处长兼职这么多，够忙碌辛苦的了！”陈诚回答说：“那有什么办法呢？我应该替蒋委员长分劳分怨，为了效忠领袖，这是份内的事。”

陈诚之所以乐此不疲，除了替蒋分劳的报答，还有其性格上的原因：他是一个闲不住、且名利欲较重的人。据樊崧甫回忆，中央红军长征后，薛岳任“追剿”军前敌总指挥。第18军被编为驻赣第一预备军，由陈任总指挥，罗卓英为副；罗卓英和樊兼任绥靖分区主任，归南昌绥靖主任顾祝同直辖。陈落得一场空，有点失望和苦闷。樊曾劝他一起到国外留学。陈不以为然：“中国情况特殊，如把权位丢掉，留学回来，会找不到事做。”樊认为，陈诚这个人和蒋介石性情相近，必然要往上爬。不久，陈诚就把军队交给罗卓英代理，自己到南昌去当整理处处长，接着就成为蒋

行书五言诗（何应钦）

介石的救火队员，四处奔波。

“有为，才有位”，陈诚为蒋效劳，也获得了回报。1935年4月，他被评定为陆军中将，第二次，又晋长为中将加上将衔。

国民革命军北伐时，就实行了军衔制度，但由于战事频仍，军官的任免变动极为频繁，军衔制度也极其混乱，特别是上将军衔的授任较滥，至1935年前后所任的上将军事参议就达三四十人之多。1935年初，为改变军阶过滥的现象，军政部长何应钦以“陆军官阶过滥，殊非尊重名器之道”为由，提出减少任命上将员额，及一部份上将“改叙”中将的建议，得到了国民党中政会通过。

1935年4月先后公布的陆军中将88人，二级上级20人，一级上将8人。当时陈诚的现任职阶是上将军长，此次被评为中将，他的许多部属，如罗卓英等都是中将。陈诚肯定心里有些不服，也许又要说，“这事委员长不知道，是何应钦捣鬼。”不过，陈诚与二级上将相比，资历略低，一下子评上将，确有些不妥。何况改叙中将也不止他一个。

蒋介石不会让自己的心腹受太久的委屈。1936年9月，他被授加二级上将衔。按当时的《陆军中将加衔暂行条例》，陆军中将加上将衔是授予符合晋任上将但受员额所限而不能晋任的将领。陆军二级上将出缺由已加上将衔之中将择优特补。其“服制与第二级上将同，俸薪仍照中将最高俸额支给”。

对陈诚来说，俸薪多少是小事，佩戴上级服制则有关面子。

第二节　在西安事变

西安事变改变了中国的历史进程。作为蒋的亲信，陈诚在此次事件中扮演了何等角色，值得回顾和探讨。

张学良

自从1931年“九一八”事变之后，张学良的东北军流落关内，饱受颠沛流离之苦，先后被蒋介石调到湖北、陕西围剿红军，吃了几次败仗，损失惨重，时适华北事变，官军抗日热情高涨。而张学良屡次向蒋介石苦谏，要求抗日，蒋均不允。在西北军杨虎城的支持下，他最后决定实行“兵谏”，由此爆发了惊动全国的西安事变。

在这次事变中，陈诚“有幸”

与蒋介石共患难。

陈诚对张学良是有门户之见的。在陈诚看来，张完全是一个外来人——1928年投机获得蒋的宠爱。他既不属保定系，也非黄埔系。他的存在还成为自己发展的障碍。

据樊崧甫说，1934年1月，张学良从国外回来（热河丢失后，替蒋背黑锅，引咎辞职出国），蒋委任他为鄂豫皖三首"剿匪"副总司令，总司令由蒋自兼。此后，调张的东北军开赴武汉，南下"剿共"。这段时间，蒋似乎有以张为继承人的意思，陈诚瞠乎其后，心里怏怏不快。1935年夏，张学良向蒋告状，说"土木系"将领樊崧甫统领的第46军（由土木系部队组成）进剿不力。"陈诚在蒋面前反驳道："说别人进剿不力，我相信，说樊崧甫我不相信，他历来是最努力的。"后来，樊崧甫反告张学良，说："张部作战不力，势将通敌，武汉腹地，不宜使之久居。"1935年秋，蒋介石调张学良赴陕甘"督剿"红军。

按陈诚本人的说法，1936年9月中旬，他就接到了情报：张学良将有异动，他当即转报蒋介石，并附上个人意见："汉卿异动，名为抗日，实即脱离中央，走入联共投俄之途径，较之两广问题，更为严重。钧座如认为抗日时机已至，则应明白领导之；如认为尚非其时，则须极力防阻之；决不可稍有大意，致陷被动……"其时，蒋已在西安，便命陈诚飞过去，与张学良从长计议。

陈诚因绥东战事——满蒙伪匪在日军操纵指挥下，攻击红格尔图，耽搁了一些时日，由太原乘车至西安，已是12月7日，先到临潼华清池见过蒋介石之后，和蒋的其他军政要员住在西安西京招待所。

到达西安前几天，陈诚已由南京政府行政院发表为军政部常务次长，但未上任。在西安几天，他与张学良就抗战、联共等事宜面谈过几次，陈态度强硬，坚持蒋介石"先安内后攘外"的既定方针，而张也不退让，称陈"真是委员长的忠实信徒"。双方未取得一致。陈诚感觉西安的空气越来越紧张，面见蒋介石，要他离开西安，但蒋未同意，要陈诚做做东北军高级将领的工作，但陈诚连东北军的面都未能见到。

11日，陈诚患感冒，在寓所与部属草拟“剿匪”方案。他虽“对于委座安全甚不放心，然终不料其倒行逆施，出以兵变方式，且不料其发动之速。”

张学良与杨虎城合影

当晚，张学良、杨虎城发动“兵谏”。

张学良派出的一个骑兵旅和一个团的卫兵进入华清池，与保护蒋介石的宪兵连发生一番激战后，将蒋介石抓了起来，送入张学良公馆对面的高桂滋公馆。蒋介石被抓的时候，正穿着睡衣躲在华清池的后山。

此时。住在城内西京招待所的国民党中央诸大员，对华清池发生的事浑然不知。凌晨，正在睡梦中的陈诚突然被窗外的枪声惊醒。他知道情况有变，披衣翻身下床，将机密文件撕碎，投入抽水马桶，然后钻进餐厅前的柜台里躲了起来。杨虎城的部队进入西京招待所，上下搜捕，将住在这里的朱绍良、蒋鼎文、卫立煌、蒋百里、钱大均等南京大员一个个拘捕。邵元冲听到枪声后越窗逃跑，被人击毙。钱大均也被流弹击伤。据说，被士兵从柜台里拖出的时候，陈诚全身沾满面粉，白乎乎的一团，样子有点儿滑稽。

事变发生后的第二天，张学良就来看望陈诚等大员，让他们在“停止内战，一致对外”的通电上签名。陈极不情愿地签上自己的名字，但依然态度强硬，要求立即释放蒋介石，不能让中共插手此事。他还说："委员长如果死了，你张学良也把我枪毙了。"

15日，张学良让陈诚给严重写封信，请他到西安来参与谈判，但被陈诚拒绝："他决不会来，我也不能写此信。"张学良想从陈诚身上打开缺口的希望破灭了。

据宋瑞珂回忆，陈诚被拘后，以为凶多吉少，特别是中共介入，他这个"剿共"罪魁，极可能生命难保。他曾摘下了自己的手表、拿出钢笔、小日记本等物品，请张学良转交给妻子谭曼意，但张没有接。这应该是陈诚事后告诉宋瑞珂的。

在陈诚的回忆录里，他在西安事变中始终是大义凛然。有一次，张学良找陈诚谈话，说要公开中央叫他不抵抗的文件。陈诚就问他："'九一八'那天晚上，日本人进攻沈阳，你知道吗？"张学良回答："不知道。"陈诚"义正词严"地说："你自己都不知道，那么中央怎么会有命令让你退出沈阳呢？沈阳失守了，你正在北

陈诚等国民党要员合影

"西安事变"爆发后，陈诚等国民党要员被东北军扣押，幽禁于西安金家巷仁寿里五号。等事件落幕后，被扣大员等在此合影留念。前排右一为陈诚。

平跳舞取乐，难道也是中央的命令吗？中央有命令叫你守锦州，你还是放弃了。以后热河之役、长城各口之役有几十师都打了，你的军队一枪不发，便退下来。这些事实，全国之人都知道得很清楚，岂可以一手掩盖天下人的耳目？而且‘将在外，君命有所不受’，即使中央有些命令，你本守土有责之义，也是可以不接受的呀？”张学良听罢，竟哑口无言而去。

张学良对陈诚的话是否真的哑口无言，如今难以考证。张学良本人后来在美国接受唐德刚的采访证实，“九一八”事变当天下达不抵抗命令的，确实是张本人，而非中央。当然，在九一八之前，蒋介石也确曾给过张学良“不抵抗”的电报。他在“九一八”事变后下达不抵抗命令，其实还是执行中央的政策。所以，张学良应该也有得话来回驳陈诚。他之所以“哑口无言而去”，大概是不想与陈诚有太激烈的冲突，他毕竟希望西安事变能够得到和平解决，只是陈诚太不给他面子。

碰了几次钉子后，张学良对陈诚大概失去了信心，没有再去找他了。在中共及多方人士的努力下，西安事变最终得到和平解决。蒋介石口头答应张、杨提出的“停止内战，联合抗日”的主张。12 月 26 日，张学良亲自送蒋介石回南京。陈诚等人也获得了自由。

他在回忆录里写道：“半个月噩梦一般的生活，至此才告结束。”

第三节　西安事变之后

在西安事变中，陈诚的态度为何如此强硬，拒绝张学良和平解决的方案？应该是他一向反共思想的体现，也是他绝对服从蒋介石的表现。不过，有关他在西安事变中的言行，大都出于他后来在回忆录，也可能是为了表白自己而有意粉饰。樊崧甫的回忆透露的一个细节也许可以看到他的另一面。

蒋百里

西安事变发生后，南京政府何应钦等主张武力讨伐张、杨，并调集大军向西安进攻。陈的部将樊崧甫充当急先锋，率第46军逼近西安。张学良得知后，叫陈诚写信制止樊，竟被陈拒绝："我现为拘囚，他还肯听我的命令吗？我实在无能为力。"张说："樊打进来，我拖着你们一起走。"陈说："副总司令走到哪里，我们跟到哪里。不过，你可以找蒋百里老师想想办法看。"蒋百里曾任保定军校校长，在保定生中享有极高威望，当时他也被拘，由他出面劝兵或出个好点子，也许更能化解危机。可见陈诚也不想把事情搞复杂，更不想丢命。

陈诚原以为中共的介入，会让他丢命，可是中共不但没有要求惩办他，相反还提出要"争取蒋介石、陈诚等，与之开诚谈判"。对此，陈诚应该也有所感悟。值得一提的是，参与西安谈判的中共首领是曾任黄埔军校政治部主任的周恩来。当年陈诚在黄埔军校当教官，在东征陈炯明战役当炮兵连长，周恩来是他的上级，而后来在赣南，周是中共中央的领导者，指挥红军与陈诚的蒋军作战。

张学良送蒋介石回京后，蒋违背信约，不仅扣留了张学良，并且组织五个集团军进逼陕甘。1937年1月初，国民政府特设"讨逆军总司令部"，由蒋介石、何应钦直接指挥5个集团军对西北用兵。

陈诚被任为第四集团军总司令，并随即将部队展开于陕境黄河以西、渭河以北地区。陈诚到陕后，首先对从杨虎城部分化出来的冯钦哉部进行了改编，将冯部第42师扩编为一个丙种师，让冯兼任陕西省保安司令，又发给特别费5万元及其他奖金，以此作为对冯背叛张、杨的酬劳，使其与第17路军完全脱离了关系。

在陈诚的软硬兼施之下，刚刚建立起来的红军与东北军、西北军这三支抗日力量的联合，遭到了破坏，杨虎城部被迫撤往三原，中央军第36师宋希濂部始进驻西安，与此同时，东北军一部投蒋，一部在陈诚所部的监督下，准备东开移防。

当时，陈诚向蒋介石发出了一份密电，陈述了对东北军、西北军和红军三部分力量的总策略，称“张、杨、赤三部固不能同时作彻底之解决，但须分别先后，针对情势，期达次第适当之处置。”他认为对张、杨，均需以大局为重，不必顾及“少数人之面子”，对红军，则应“以八九年来一贯之国策为重，而以苟求一时表面之安定为轻……所谓西北问题，决非不能了之事。”

胜利归来

1936年12月，为实现“西安事变”的和平解决，中共中央派周恩来等赴西安进行谈判。此图为毛泽东等在延安机场迎接从西安返回的周恩来。

樊崧甫在回忆文章里说，“西安开城，顾祝同与杨虎城、何柱国妥协后，唯陈诚独自剑拔弩张，跃跃欲试。陈的参谋长刘耀扬、副官处长杜伟和我都劝陈勿再对张杨部队作敌对姿态。陈方命我代理总司令，自己回南京去了。”

当然，历史车轮不会随某个人或某些人的意志而转动。西安事变最终还是促成了联合抗日、国共第二次合作，其历史功绩不可磨灭。而陈诚本人在抗日战争期间，也还是以民族利益为重，搁置了党派之间的恩怨，与中国共产党人，特别周恩来进行有限度的、比较平稳的合作，其功可表。

由于这次共同“赴难”，陈诚令蒋介石更为看重，其地位更显重要。1937 年 6 月，夫人谭曼意生了一个儿子，陈诚为他取名陈履安，以纪念他与蒋在西安事变的历险。

第四节 “崇拜”蒋介石

陈诚对蒋介石的大肆吹捧，始于 1933 年夏天主持庐山军官训练团期间。

在整个夏天，陈诚一共作了 30 余次讲演和训话，动辄一个多小时，甚至几个小时，常常无需讲稿，口若悬河。演讲和训话主要内容之一，就是宣传“信仰领袖”，“服从统帅”军人思想；对蒋介石进行形象塑造。

陈诚将蒋介石比做是“普照天下焕发于万古”的“宝石”，要求学员在听到“委员长”的称呼时，姿势必须由“稍息”改为“立正”，以示对蒋介石的尊敬。所以每次讲话，操场上时时发出整齐的两脚并拢的声音，甚为“壮观”。这一做法在国民党军队中流传了下来。每天早晨要举行升旗仪式，学员须向国民党党旗和南京政府国旗敬礼，唱党歌、国歌，以“养成敬爱国家和党的心理和习惯”，陈诚自然要身体力行，严格遵守。

陈诚如此肉麻地吹捧蒋介石，不能简单地理解为拍马屁，而是出于所谓的政治需要，有步骤地在国民党军队系统推行对蒋的个人崇拜。始作俑者应该不是陈诚，而是贺衷寒。陈诚不过是积极支持者和推行者之一。

陈诚肖像

贺衷寒，1900 年出生，湖南岳阳人，黄埔一期生。1925 年在黄埔军校成立“孙文主义学会”并任会长，十分活跃，被誉为黄埔三杰（另二位是蒋先云和陈赓）。1926 年，被派往苏联陆军伏龙芝军事学院学习。1928 年 1 月毕业回国，任杭州军事训练班学生总队队长，10 月调国民党南京市党部工作，1929 年春，经蒋介石批准去日本学习军事、政治，1931 年被召回任陆海空军总司令部剿匪宣传处处长，其后历任军事委员会委员政治训练处处长、军事委员会委员长南昌行营宣传部长等职。

贺衷寒和陈诚推行的个人崇拜，其实是意大利法西斯党魁墨索里尼和日本军国主义鼓吹的“领袖至上”的翻版，刚开始，他们的目的在于训练全军官兵对蒋介石绝对服从，从而达到步调统一，言行一致，提高对红军的战斗力。这套做法当然为蒋所喜。为了政治需要和“剿共”需要，陈诚也乐意为之。他把历次“围剿”红军的军事失败，归咎于部队没有凝聚力，纪律涣散。特别是杂牌军将领更是如此。当然于个人私利也会大有收获，吹捧蒋介石能得到蒋更多的信任。

墨索里尼（左）与希特勒

在庐山训练团期间，陈诚就常常以意大利法西斯罪魁为例训导学员。他说："墨索里尼从前是个最能够绝对服从长官的军人。他曾经当过四年兵，在当兵的时候，比任何人都服从。有一次，一个排长叫他把一大堆粪捧了，他毫不迟疑地去捧。他有这种绝对服从的精神，所以人家能够服从他。"

从庐山训练团开始，陈诚对蒋个人崇拜的宣传鼓动，没有停止过，而且更加理论化和系统化。抗战兴起，任政治部部长的陈诚把对蒋的个人崇拜推行扩展到了党政和地方民众。因为，在他看来，全国抗战，更需要一个强有力的领袖。这个人当然非蒋莫属。

1938年在七七事变一周年纪念日，陈诚发表了题为《服从领袖的真谛》的讲话。这篇讲话使他对蒋介石的个人崇拜达到了一个新高度。他吹捧说："最近十年来，从革命斗争的过程中，我国产生了一位伟大的领袖，就是蒋委员长。他是全国最高的统帅，中国国民党的总裁，也是全民族所一致敬仰、一致服从的领袖。"当然，服从并不是愚忠，陈诚接着将他的个人崇拜理论作了"精彩"的升华："我们之所以要服从总裁，最主要的意义，也可以说是为着要实行三民主义，因为总裁是代表三民主义的，我们要实行三民主义，只有在总裁领导下去努力，三民主义才能顺利地实行。"

有一次，陈诚为了加强训话的效果，当着蒋介石的面说："我们拥护的是革命的总裁，如果总裁不革命了，我们照样要打倒他。"蒋介石微笑着频频点头。

1939年8月，在军政教官研究班讲课时，陈诚先用一串排比句强调领袖的作用："一、有领袖，主义才能发扬光大；二、有领袖，革命才有固定的重心；三、有领袖，中国才能真正地完成统一；四、有领袖，抗战建国才能达到必胜必成。"接着把蒋介石端了出来："我们今天则有一个千古罕见的英明睿智的领袖——蒋先生。在他的领导之下整个国家乃由统一而步上抗战，更由抗战求得整个民族的复兴……"

如何服从领袖？陈诚提出了两个字、四个标准。两个字是"忠诚"；四个标准是：第一，"要认定服从领袖为革命党员当然之天职，不能附带任何条件，或任何企图"。第二，"要认清服从领袖之真谛所在"。第三，"要明白尊敬与信仰领袖的道理"。第四，"要牺牲个人的自由平等来服从领袖"。

后来，陈诚觉得光"忠诚"还不够，进而给个人崇拜理论披上宗教色彩。他说："我们还要抱着一种圣洁的胸襟，像欧洲殉教徒一样的衷肠来服从领袖。使领袖的伟大精神如太阳光辉，如明珠宝鉴那样普照于天下。"

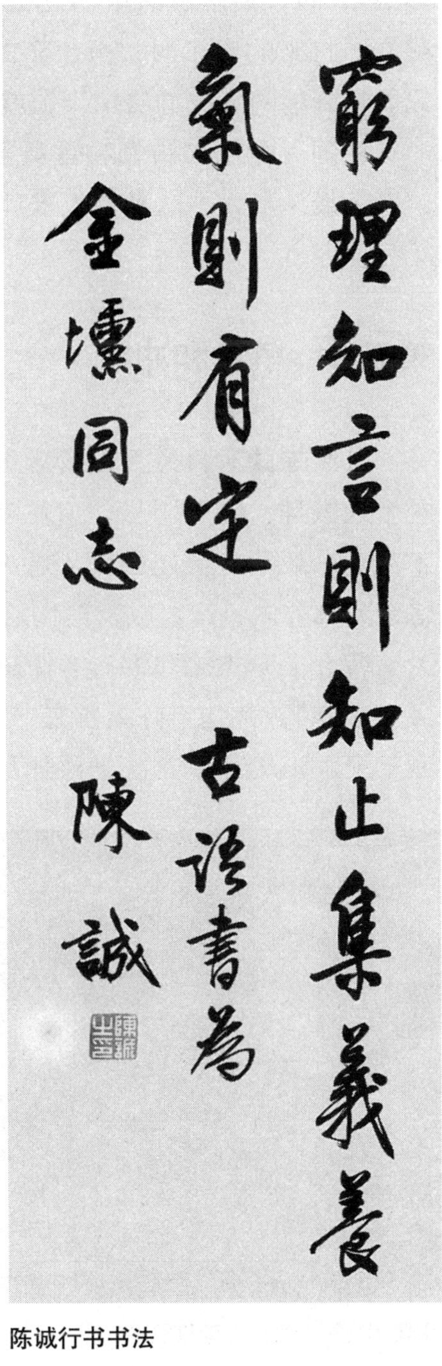

陈诚行书书法

陈诚还制定了若干仪式，

以强化个人崇拜的效果。在军营，在党政机构办公室、会议室都必须挂孙中山和蒋介石的画像。见到画像，必须行“注目礼”。庐山训练团时期的那一套继续推广：在正式场合，每提到“委员长”、“总裁”时，要求听者肃然立正。他自己当然身体力行：每次接到蒋介石打来的电话时，听出蒋的声音，马上立正恭听。身边的人只要听到他两脚皮鞋碰撞声，就知道他是在与蒋通话。

在国民党高级将领和官员当中，陈诚宣扬和推行对蒋的个人崇拜，最为得力。这种个人崇拜一直延续到国民党退守台湾地区。

第五节　争论和冲突

虽然陈诚对蒋介石极为忠诚，而且在公开场合极力推行对蒋的个人崇拜、绝对服从，但在某些具体事情上，陈与蒋有时也并不完全一致，甚至还会发生冲突。这从《蒋介石日记》、《陈诚回忆录》、《陈诚日记》以及他们的来往电文、信函，可以窥见一二。

蒋介石原想在1943年春反攻缅甸，“不致贻误大局，为外人所蔑视”，并指示陈诚担任“远征军总司令或司令长官”，但陈诚鉴于中国远征军首次赴缅作战，伤亡惨重，明确反对短期内再次赴缅作战。他在1942年12月31日的给蒋的电文中分析道，英美“各顾其根本”，把自己的根本利益摆在首位，对盟国利益却考虑不多，中国反攻缅甸得不偿失……蒋大致同意了陈诚的建议。

中国远征军士兵正在架设机枪

陈诚还是出任了远征军司令长官，于1943年3月6日与史迪威同飞昆明，策划对缅北日军的反攻。不过，陈诚仍然坚持自己的观点。同年秋，陈与蒋围绕反攻日期和远征军其他问题产生了激烈冲突。9月6日，陈致电蒋，请求解除自己的职务："窃查职自奉命兼远征军长官职务以来，时已半载，因能力薄弱，毫无建树，瞻念前途，陨越堪虞。为免贻误戎机，重视责任起见，谨恳钧座赐准解除远征军司令长官职务，另行派员接充。"

被中国远征军杀死的日军士兵

这种辞职如同要挟，遭到蒋介石的严斥：

"辞修同志：你九月六日辞呈，我昨日方才接到，不胜感慨。关于远征军事，凡你所要求者无不遵你意旨照办；于我个人，无论公私，我以为已到至极地步。此外，再无其他办法可以服从，你要不去就可不去，你要如何就可如何，我绝不再来恳求。现在除向你三跪九叩首之外，再无其他礼节可以表示敬意。然此非我所能为也。你近日之态度言行或不自知，你的观念思想或未自反，我不得不对你作最后之规谏，须知你此种态度，国家政府命令纪律皆已废弃，世界只有你一个人的意旨命令来行施一切。就是说你的命令、你的意旨，无论上官与政府非绝对服从无条件接受不可，这种行动态度究竟为何种态度行动，我想已往军阀亦绝不致出此。这种跋扈恣睢之形态，除非政府已到国家将亡，纪律纲维荡然无存时，乃始有此。然而如此军阀，岂复我军人所有之人格乎！如果国家有此军人，即令其战胜一切，则国亦等于灭矣，吾实不忍见现在军人发生此现象也。我再明告一言，我派你往远征军，乃是要希望你立业成名，而绝非陷你于死地，我以为一切公私道义都可弃置不谈，然而军人对于革命作战命令，即使赴汤蹈火亦不能推辞，此乃军人之本分。然而今日已谈不到此了，希望你再加深思一番。是乎？否乎？从此余亦绝不再有所言矣。”

和 1938 文夕大火之后请辞一样，陈诚又一次遭到严厉斥责。双方争议的细节没有披露，但从蒋介石的行文可以推测，陈诚对蒋介石的某些决策（应该是反攻缅甸日期）有不同看法，激怒了蒋介石。

9 月 17 日，陈诚接到蒋介石的“手谕”后，马上回函，先表示“不胜警痛”，“负罪实深”，但仍然痛陈远征军各种问题：

“……部队纪律废弛，战力消失。细加分析，则苟且偷安，走私牟利，士气消沉，缺额日多。以及高级者生活之奢靡，下级生活之压迫，无不相因而至，有加无已。甚者，乃至视缺额走私，为维持部队之正道，以金钱力量，为各立门户之基础。相习成风，

中国远征军誓师大会

恬不为怪。综观上述各节，可知今日部队实际情况，确属难言反攻，非但难言反攻，纵令走到缅甸，亦不可能。再进一步言，无论防御或反攻，均暂不计。单论部队本身，长此以往，能否维持下去，实属疑问。此实今日国家莫大之隐忧，普遍之危机，不过滇中尤为深刻可虑，职不敢随众隐讳不言耳。

以上所陈，绝无攻击他人之意念，纯为本身反省之结果。对于远征军有关各种问题，再三自问，决无法解决。总之，以钧座之贤明，当不以忠诚直言，为骄矜恣肆；以任劳任怨，为跋扈专擅；以应付敷衍，为有修养；以谄媚逢迎，为能服从也。话质情切，不胜悲感待命之至。”

10 月 10 日，陈诚趁贺“双十节”之机，又向蒋写了近万言的《〈贞观政要〉读后摘要》，讲述了唐太宗不杀直言大臣魏征、并能听进其谏言的故事。意思再明显不过了：“以钧座之英明神武，必能远迈汉唐而上之也。”

最后争议结果如何，不得而知，应该双方都让了一点步。11 月，陈诚因胃溃疡病重回重庆治疗，蒋改命卫立煌接任远征军司令长官。

陈诚性格直率，看不惯一些军政要员的贪污腐败、违法乱纪行为，常常点名道姓地批评，得罪了不少人。蒋对此颇为不满，常常写信责备他骄矜自负，爱发议论，警告他要“切思而自反”。陈诚总要先做检讨，然后为自己申辩一番。

第六节　连任风波

退守台湾后，陈诚爱发议论、口无遮拦的作风才大有改进。大政方针上，陈诚与蒋始终保持了一致，但他们之间仍然还是出现了一些冲突。其中，在 1959 年至 1960 年的“连任”风波中，陈诚与蒋介石的暗中较量，最为激烈。

提起“连任”风波，先要说一说胡适。

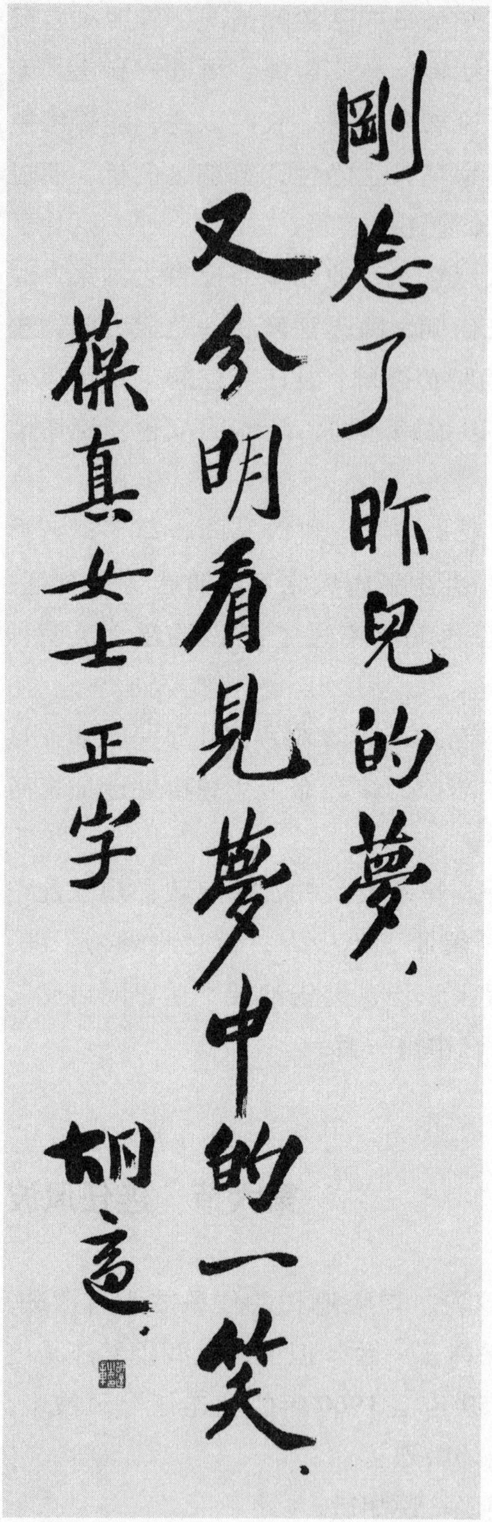

胡适书法作品

胡适1891年出生，安徽绩溪人，早年留学美国，师从哲学家杜威，接受了杜威的实用主义哲学，并一生服膺。回国后，任北京大学教授，加入《新青年》编辑部，撰文反对封建主义，宣传个性自由、民主和科学，成为当时新文化运动的重要人物。20世纪30年代，主要从事中国古典小说的研究考证，同时也参与一些政治活动，对国民党包括孙中山的一些政治主张颇多批评。

抗战以后，蒋介石为了装点门面，请胡适出任国民政府驻美全权大使，直到1942年辞职。1949年，胡又去了美国，以后与蒋介石和台湾当局保持若即若离的关系。胡适对蒋的独裁统治多有批评，有亲美倾向，所以不为蒋所喜，但又怕他在国外放大炮对自己不利，所以想方设法要把他延揽到台湾。1957年，委任胡为“中央研究院院长”，1958年4月，胡果然回到了台北。

这次回国，胡适是有政治目的的。他平生的最大愿望，是把中国造就成一个美国式的民主国家。1960年“中华民国”第二任“总统”到期。1959年就要提名“总统候选人”，并着手竞选。按“中华民国宪法”，总统只能连任两届，蒋介石不能再担任总统了。谁来当第三任“总统”？胡适认为陈诚是合适的人选。当时国民党内除蒋介石外，只有陈诚的威望最高，蒋不参选，陈诚若参选，必定十拿九稳。陈诚向来崇敬文人，对胡适这样的大知识分子自然更加看重。两人在一起也谈得来，所以，胡对陈的评价高于对蒋介石。

1958年是陈诚六十大寿。陈的生日（农历12月12日）在元旦，胡适回台后，邀约蒋梦麟、梅贻琦、王世杰等三位志同道合的老友，和陈诚结伴到台南补寿。五个人在一起具体谈了些什么，无史料记载。不过，他们应该谈到了总统竞选的事。当时，台湾政界有人把胡、蒋、梅、王四人称为“商山四皓”。

“商山四皓”为秦末汉初避乱于陕西商县南山的四位隐士：东园公、绮里季、夏黄公、用里先生。汉高祖死后，吕后专权，以汉惠帝为傀儡，“四皓”支持汉惠帝，力斥吕家势力。把胡适、蒋梦麟、王世杰、梅贻琦四人比作“商山四皓”，可见其暗含的意思。

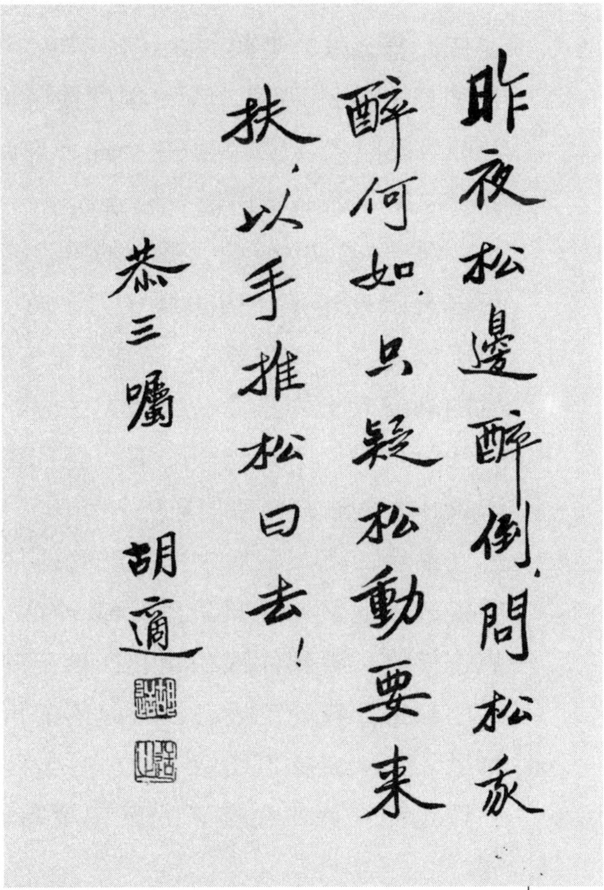

胡适书法

对自己是否想继续连任，蒋介石一直不吭声。明眼人知道，他还想再次连任。于是，1959年，台湾学界便展开了一场围绕蒋介石应否再连任“总统”，是否修改宪法的大辩论。胡适又放大炮了，公开反对蒋介石做第三届“总统”，说：“蒋先生应树立合法、和平、转移政权之典范，不应为第三任总统。”他还要陈诚去做劝老蒋公开表态不做第三届“总统”。陈诚哪里敢去“逼宫”。

胡适不仅反对蒋连任，他还准备在台湾成立一个民主党派，与国民党抗衡。胡的言论和做法自然遭到亲蒋派的不满。而陈诚夹在中间，左右为难。按人之常情，陈诚应该也有做一届“总统”的念头。虽然没有“逼宫”，但他也装着糊涂，始终不表态，声明自己不竞选“总统”。这也让蒋有点难堪。

据陈履安回忆，僵局还是陈诚给解决的。“依照‘宪法’不能连任，怎么办？老蒋‘总统’不说，不谈这个事情，你们看着办。时间越来越迫切了，我父亲就找了些大佬来研商，想出个办法，修改《临时条款》。就把这个部署都做好了，报上去给老‘总统’。老‘总统’还是不讲话。他当选了，一句话不讲。”

《临时条款》修改之后，障碍就消除了：“戡乱时期”的“总统”可以无限期连任。1960年3月，蒋介石再度当选“总统”，并任命陈诚为“行政院长”。陈诚召集专家修改“宪法”，应该是迫于党内高层人士的压力。因为宪法应具有稳定性，为了连任而修改宪法总是一件不太光彩的事，而且蒋从始至终不讲话，给外人的印象好像是陈诚逼着他连任。所以，陈诚对此事应该是有怨气的。

果然，蒋介石后来把自己的连任原因推到了陈诚身上。据陈履安说，他父亲在日记里记载：有一天，蒋对陈诚说，我本来不想连任的，看到你跟胡适之、梅贻琦、王世杰、蒋梦麟，一起到中南部去，我就不放心，所以还要再干几年。陈诚当然不服，争辩道，我本来就不要做了，你一定要我做，跟这些人来往又有什么罪过呢？陈诚在当天的日记里写道：“蒋对我的疑虑实在是太深。”

连任风波平息后发生的一件事更让陈诚生气。当局本来已研究决定，给部队军官加薪，陈诚也宣布了，可蒋介石不同意加。陈诚感觉很丢面子，7月2日，他一气之下跑到金门视察慰问前线官兵去了，而且一待十多天不回来。据陈履安回忆，蒋介石也很生气，责成秘书长张群亲自到金门去请陈诚回岛理事。张群说："总统要你一定回去，再不回去，可能会有麻烦了。"陈诚还是发牢骚，张群最后说："难道要我跪下来求你吗?"陈诚不好再犟了，跟着张群一起飞回台北。

张　群

回到台北，陈诚向蒋介石道了歉。

蒋介石连任第三届台湾当局"总统"后，又加紧了对民主自由派等不同声音的钳制。陈诚在公开场合与蒋介石保持一个声调，在1961年夏天，先后召开了两次阳明山会议，一再强调：自由与责任对等，民主不能离开法治，自由不能离开自律。可他心里应该比谁都清楚，连宪法都可以想修改就修改，台湾还有什么法治可言。

陈履安回忆说，"我父亲从阳明山下来，就真的不想做了，很灰心，不要做了。王世杰劝我父亲，这个时候不能辞……他们的理由很简单，说为国家想，不要搞僵。"就这样，陈诚又做了三年，直到1963年12月才辞去。此后，挂着"副总统"和副总裁的虚职，直到1965年3月去世。

由于陈诚对蒋介石的忠诚，以及他的顾全大局，也由于蒋对他的信任，陈诚与蒋介石始终没有失和，更没有恶化。

民国史专家杨天石评述蒋陈的关系时说，总体来说，陈诚是蒋介石的浙江同乡、黄埔系、宋美龄的干女儿的丈夫，符合蒋介石的用人标准。此外，还有几个重要的原因：第一，陈诚总体上是忠于蒋的。第二，陈诚是个爱国将领，蒋介石也是一个民族主义者。第三，陈诚的军事能力非常突出，是不可多得的人才。

第七节　与小蒋的恩怨

陈诚在台湾春风得意，位及“副总统”、副总裁的时候，一些人以为他俨然成了蒋的继承人，但陈诚十分清楚：他只不过是过渡性人物，蒋心目中的继承人不太可能是他，而是自己的长子蒋经国。

蒋经国1910年出生，为蒋介石原配妻子毛福梅所生。1925年，国共两党第一次合作期间，15岁的蒋经国前往苏联莫斯科中山大学学习，至1927年毕业。其间曾加入苏联共产党。国共关系恶化后，蒋经国被留在苏联，曾下放至西伯利亚，其间与白俄罗斯姑娘芬娜（后改名蒋方良）结婚。1937年3月，国共第二次合作前夕，蒋经国携妻带子回国。次年加入国民党，随即被蒋介石派到赣南担任行政督察专员兼区保安司令。在那里，他推行了土地改革等政策，作出了一些政绩。1944年，担任三民主义青年团组训处处长、青年军编

蒋介石与蒋经国合影

练总监部政治部中将主任。1948 年，金圆券改革，蒋经国至上海进行经济管制，与孔宋集团发生正面冲突，工作受阻。

1949 年初，蒋介石任命陈诚为“台湾省主席”的同时，就任命了蒋经国为国民党台湾党部的书记，并让他负责将中央银行外汇黄金移存到台湾。随后，蒋介石开始让儿子培植自己的党羽，一步步掌握党政军大权：

1950 年，担任总政治部主任，兼任“总统”府资料室主任（“国家”安全局的前身）。

1950 年 7 月，担任国民党中央改造委员。

1952 年，主导中国青年救国团成立。

1954 年，担任国防会议副秘书长。

1956 年，任台湾当局“行政院”退除役官兵就业辅导委员会主任委员。

1957 年，国民党中央常务委员。

1964 年，陆军二级上将、台湾当局“国防部”副部长。

1965 年，“国防部部长”、“行政院”副院长。

再看看陈诚的任职经历：

1950 年 3 月，任“行政院院长”。

1950 年 8 月，任中国国民党中央改造委员会改造委员。

1952 年 10 月，当选为中国国民党第七届中央委员会常委。

1954 年 3 月，当选为第二任“副总统”。

1957 年 8 月，当选中国国民党第八届中央执行委员会常委。

1957 年 10 月，任中国国民党副总裁。

1958 年 7 月，兼任台湾当局“行政院院长”。

1960 年 3 月，当选台湾当局第三任“副总统”，兼“行政院长”。

1963 年 11 月，连任中国国民党副总裁。

陈诚的党政职务上高出蒋经国一头，但除了两任行政院长，其他“副总统”、副总裁等职务，只是虚职，并无实权。而蒋经国担任的政治部主任、安全局主任、“国防部副部长”、部长，均属关键职务。

在台湾，陈诚所做基本上都是政府工作，党务工作几乎不太管。虽然他有权力管，但蒋介石没有交办，他也自觉地与党务保持距离。

当然，尽管陈诚没有野心，但他的集团还是有意无意地挡了蒋经国权力扩张的道路。1952年10月，国民党的七中全会改选中央委员会常委，蒋介石授意将25人改成了16人，与陈诚有关系的人几乎全拿下去了。陈诚的怨气，不敢声言。1963年11月，九中全会改选中央常委，在蒋经国的操纵下，居然没有让陈诚"行政院"的两个部长进常委。陈诚非常不愉快，后来，他索性连党部也不去了。

陈诚的大公子陈履安对此表示理解："我父亲一直内心觉得他跟经国先生好像有敌对的。但事实上，在政治上，你在那个位置上，你不离开，人家就上不来，你就变成一个目标了。哪怕经国先生不把我父亲当目标，他底下的人也迫不及待地要推。"

江南在《蒋经国传》一书中评说陈诚与蒋氏父子在1963年间的关系："上焉者，处处要请示蒋先生，下焉者，要向经国低头……陈军人本质，一向发号施令，且以果断闻名，处此尴尬境遇，内心之苦闷，盖可想及。"这恐怕有点夸张。

客观地说，陈诚与蒋经国还是比较融洽的。在台湾，蒋经国一直都是陈诚的下级，陈诚和蒋经国没有公开冲突的传闻。陈诚多病，身体不好，自知生命可能走在蒋介石的前面，大可不必去压制蒋经国，而蒋经国自然也清楚陈诚本人不会对自己产生威胁。所以，陈诚与小蒋没有根本的利害冲突。

陈诚去世后，蒋陈两家关系依旧，蒋经国还在政坛上大力扶植了陈诚的长子陈履安。

第十一章
婚姻与家庭

第一节 第一次婚姻

陈诚21岁结第一次婚。对他来说，那是一段无爱的婚姻。

当时，他刚刚从杭州国立第1师范学校毕业，不想当小学老师，暂时又没找到出路，在家待业。父亲陈希文看他年纪不小，也该成个家了，便托人说媒，为陈诚娶亲。几番挑选，陈希文看中了青田县乌云村吴家的闺女吴舜莲。

吴舜莲曾经的居所

吴家也和陈家一样，以农立业，耕读传家。吴舜莲虽算不上美貌，文化程度也不高，但朴实正派，温顺贤惠。她的哥哥吴子漪，从杭州省立第十一中学毕业后，在陈希文任校长的县立敬业小学当导师。刚开始，吴家还有点儿看不上陈诚，觉得他个子太小，又没有立业，前途不明。但吴子漪非常看好陈诚，认为他是一个品学不错、很有志向的青年，便劝说父母同意了这门亲事。

陈诚本不想马上结婚，还想继续上学，但父命难违，只好服从。据说，女儿出嫁时，吴家的陪嫁甚多，妆奁满房。陈诚后来到杭州上学的费用也是妻子出的。

婚后不久，陈诚就到杭州体育专科学校上学去了，1918 年，又去北京报考保定军校被录取。1923 年，从保定军校毕业，分配到驻防温州的浙军第二师第三旅见习，见习期满后补了少尉排长的缺。这期间，夫妻分多聚少，双方感情一直没能培养起来。吴舜莲婚后一直没有生育，也让这桩婚姻缺少了一根支柱。

作为一个乡村居家妇女，吴舜莲对丈夫能学成归来，走入军界，又晋升排长，应该心满意足，只求丈夫能与自己长相守。可陈诚在外闯荡五六年，见识广了，志向也更高了。他不可能满足在浙军当一名小小的排长，苦熬年头，论资排辈，慢慢等待升迁。1923 年春，当同学、师友写信邀请他去粤军发展时，他毫不犹豫地就答应了。

陈诚离浙去粤之前，是否征求了妻子的意见。无史料可查，但可以推测，吴舜莲绝不会愿意丈夫扔下自己，一个人远走高飞。排长虽然职位不高，部队驻防地温州离家很近，休假日便可以回家一趟，而广东兵荒马乱，去了那里，何时能回家且不说，就连性命也有可能难保。所以，陈诚只身去广东，有可能根本没有和妻子商量，即使说了一声，妻子也没有同意，他就偷偷地走了。不管是何种情况，夫妻分离五六年，如今刚刚相聚，丈夫又离她远去，吴舜莲定然十分恼火。

陈诚这一走，直到父亲病故，才回家。陈希文病故的年份日期，国内史料有多种说法，据陈诚的回忆录记载，当是 1924 年秋天。其时，他刚刚进入黄埔军校，在校长办公厅当少尉特别官佐。头年夏天，他随粤军第 1 师西征讨伐沈鸿英，胸部中弹负伤，一年多后，身上仍有隐痛。所以，蒋介石校长要他任特务连长，他以伤愈未久，坚辞未就。

接到父亲病危的电报时，陈诚依然囊中羞涩，连回家的路费都没有，他的上司严重借给他一百元，他才得以回家。赶到家时，陈希文已经去世一天。陈诚在回忆录里记载："丧事料理甫毕，得电报促即返校。"

事实上，陈诚这次回家，酿成了一起大事故——妻子自杀未遂。

据杜伟回忆，陈诚因伤未痊愈，没有和妻子同房，妻子猜疑，认为他有外遇，愤而用剪刀刺喉咙自杀，发觉后立即送温州医院抢救，未死。其他乡人的回忆和传说也大致相同（这种私密之事真不知从何人口泄出）。不过，笔者以为，吴舜莲自杀的原因未必如同传说那么简单。要知道，一个人动自杀念头，非万念俱灰而难以行之。陈诚治丧事劳累，加之有伤不能与妻子同房，吴舜莲应该可以谅解，不可能轻率地怀疑丈夫有外遇。吴舜莲毕竟也是耕读人家出身，不至于如此不通情达理。

沈鸿英

比较大的可能是，吴舜莲阻止陈诚回广东，劝他留在浙江，而陈诚执意急行，并与妻子动了口角。陈诚脾气向来很大，妻子阻止他去广东，令他十分恼火，言语冲动，甚至对妻子动手脚是极有可能的。吴舜莲独守空房，丈夫好不容易回家一趟，非但不冷不热，让她大受委屈，还要再次抛家而走，自然非常绝望，一气之下，便动了轻生念头。

如此，杜伟的另一段回忆则比较符合情理：陈诚"在家里写信给我，告知家里出了两件不幸的事故，十分灰心，不想回广东去，要到我处（时任宁波警察厅厅长）工作，希望我给他安排一下。我一面汇一点钱帮助他的治丧费用，一面劝他仍回广东。可是他不听，跑到杭州请求夏超（省长）给他找一个警察界的位置，没有被录用，不得已也只好回广东……"

此刻，陈诚真有留在浙江的打算。虽然在广东有更大的发展前途，也符合他的理解，但干了一年多，打仗负伤，官职升了又降，连回家的路费都没有，不能不令他有些灰心。在家里不管怎么样，还可就近照料家人。父亲过世了，他作为兄弟中的老大，也有责任挑起家庭重担。再说，妻子自杀，作丈夫的拍屁股走人，也太不近人情。

但陈诚最终还是回了广东。其中原因固然有事业方面的考虑，但另一方面，也极有可能因为亲友、乡人的责难，让他无心在家乡待下去了。对妻子固然有深深的歉疚，但已无法唤起他的感情共鸣。对他们来说，走，也许是最佳选择，何况，黄埔军校校长蒋介石电催他回粤，担任校军炮兵连连长。他觉得自己的事业和理想在广东。

他的这一选择，日后为青田又增加了一位名人——国民政府一级上将、中国抗战名将陈诚。

1924 年秋天离开青田后，陈诚直到功成名就之后才回家省亲。期间，1927 年北伐路过杭州没回，1928 年闲居上海也没回，1930 年第二次结婚还是没回。家有老母，路过家门而不入？原因很简单，一是与吴舜莲感情破裂，婚姻名存实亡，回家面对，极为尴尬，一是，陈诚极要面子，当年妻子因他离家而自杀，他负气而走，必定招致亲友、乡人太多的责难，大功未成，盛名未就，他觉得无脸见父老乡亲。

陈　诚

杜伟说，1927 年秋至 1928 年春，陈诚认识了上海劳动大学一位名叫陈德懿的女大学生，来往密切。陈诚婚姻名存实亡，单身在外，萌发男女之情也是很正常的。不过，他当然知道，黄埔军校早有规章，革命军人不容许养小纳妾。与谭曼意缔结新的婚姻后，他便资助陈德懿到法国留学。

第二节 鲤鱼跃龙门

陈诚的第二任妻子谭祥，是经蒋介石和宋美龄介绍，相识相爱的。这起婚姻多少有点政治色彩。

谭祥是蒋介石的政治盟友谭延闿的小女儿。谭延闿，名声显赫，湖南茶陵人，清光绪进士，授翰林院编修，近代君主立宪派领导人。辛亥革命时附和革命，被举为湖南军政长官和参议院议长，后三任湖南都督。后率领部分湘军到广东，援助孙中山。1924 年当选为国民党第一届中央执行委员会委员、中央政治委员会委员兼大本营秘书长。1925 年任国民革命军第 2 军军长。1926 年 3 月代理广州国民政府主席，7 月又代理国民党中央党部主席。1927 年宁汉沪合流，任国民党中央特别委员会主席。蒋介石第一次下野复出后，谭先任南京国民政府主席，后转任行政院院长，兼国民党中执委、中常委等职。期间，对蒋介石多有维持。

在广州，孙中山与谭延闿关系甚密。经孙介绍，谭认识了宋美龄，并认宋母为干妈，其时，谭妻已逝，但谭承诺不再续弦，因而与宋美龄以干兄妹相称。孙中山去世后，谭延闿和蒋介石的关系日渐密切，1927 年 12 月，蒋介石和宋美龄结婚，谭延闿为介绍人。后来，两家常常来往走动，谭的小女谭祥认了蒋介石、宋美龄为干爹干妈。

谭祥，字曼意，1906 年出生，曾在美国留学，品貌端庄，聪颖出众，深得蒋介石夫妇喜爱，受宋美龄聘请，在南京陆军遗族子弟学校当教员。1930 年 9 月，谭延闿脑中风病倒，去世前曾嘱托蒋介石夫妇为其女儿择一良婿。蒋介石就把这事放在心上，准备在嫡系青年军官当中挑选寻找。

据说，蒋介石挑选干女婿颇费了一番脑筋。虽然不讲究门当户对——谭家实在太显贵，很难有人家配得上，但其本人的地位

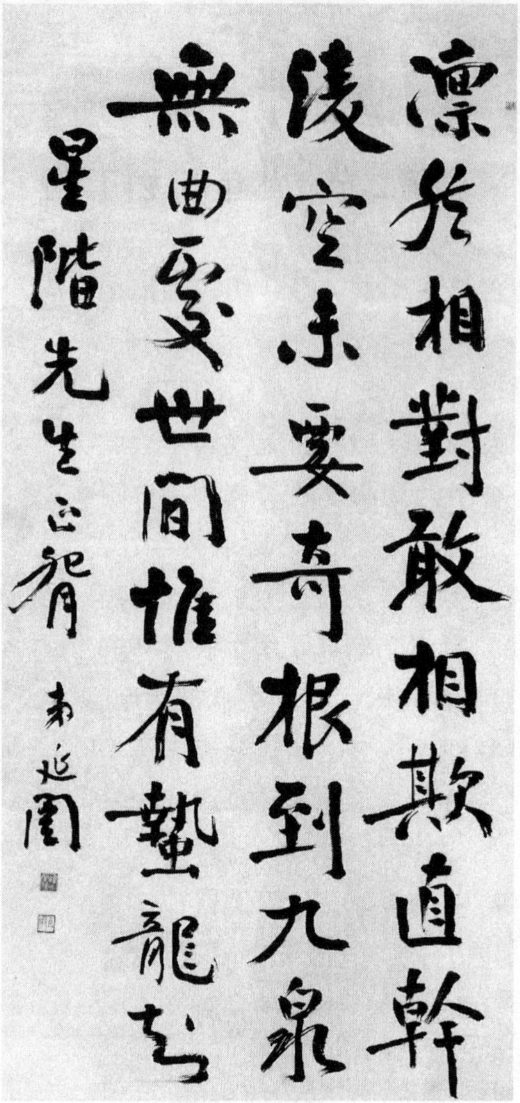

行书七言诗（谭延闿）

一定要配得上谭曼意——至少应该是师长，而且从政治利益考虑，这个人必须是自己的亲信。经过初选，蒋介石确定了两个人：胡宗南和陈诚。两人都是矮个子，第一次婚姻均系父母包办，名存实亡。胡宗南，浙江镇海人，1896 出生，黄埔一期生，时任第 1 师长中将师长。相比之下，陈诚稍显优势：军衔职务比胡高一级，上将军长，年龄也比胡小两岁。宋美龄倾向于陈诚。宋探寻谭曼意的意思，谭曼意羞涩地说："我听干妈的。"

1930 年 12 月，陈诚从日本观操回国，到南京汇报参观情况，蒋介石征询陈诚的意思。陈诚二话没说，当即点头："好啊，事成之后，一定重谢总司令！"

如前文所述，陈诚的婚姻名存实亡，与陈德懿相好了四五年，也许还犹豫着是不是要娶他为妻，但牵涉到要解除第一次婚姻的麻烦事，他就下不了决心。如今蒋总司令亲自作媒，介绍对象又是名门之后、年轻美貌的谭曼意，他哪能不答应。蒋见陈同意，就说："好，你先回部队吧，明年元旦后再到南京来一次，和谭小姐见见面。记得带上见面礼。以后，就看你们的了。"

据《陈诚先生言行纪要》，陈诚与谭曼意第一次见面在 1931 年 1 月 24 日，见面地点在蒋介石的官邸，除了蒋介石夫妇，还有谭曼意姐妹。这次见面双方印象都很好。谭曼意自然没得说的，陈诚虽已 34 岁，个子不高，但稍稍收拾一下，一身笔挺的将官服，腰板挺直，显得十分英武，加上他的传奇经历，谭小姐颇为心动。

陈诚此次去南京相亲，事先做好了准备。时任第 18 军军部参谋的邱行湘回忆说，1930 年冬，陈诚托他到长沙八角亭商店选购了鹅绒织锦沙发椅垫、枕头、鹅绒被等数十件高档用品，带到南京。大概在陈、谭第一次见面后的第二天，陈就让邱将那些礼品送到了谭公馆。谭家即回柬邀请陈诚到府上做客。邱说，“陈诚对谭早已倾心，真是求之不得。”

5 月，陈诚以军队代表的身份到南京出席国民会议，会后，便与谭曼意在南京举行了简单的订婚仪式。此后，陈诚回到江西料理军事，谭曼意留在南京军遗族子弟学校，继续教书。两人书信频繁来往，感情日渐升温。这段时间，陈诚不管军备多忙，每隔一两天就要给谭曼意写一封信，到 1932 年元旦结婚，短短半年，一共写了一百二十封信，平均三天一封。陈诚后来在家书说过：“二十年之书，全为婚前所写。”

感情进展很快，9 月，陈诚与谭曼意商定于 10 月 10 日，即“双十节”举行婚礼。不料，九一八事变爆发，日军入侵我国东三省。陈诚做好上前线参加抗日的准备。他写信给谭曼意说：“国已不全，何以为家”，想取消原订的婚期。谭曼意马上回信说：“好，听你的，你上战场抗日，我等你！”

由于南京政府执行妥协政策，九一八事变没有扩大为全国战争。日军侵占了东三省后，暂时停止了

邱行湘（左）与张明在邱宅门前合影

对关内的进攻。于是，陈诚与谭曼意择定1932年元旦举行婚礼。

举行婚礼之前，陈诚还有一件重要的事必须要办：结束第一次婚姻。虽然陈诚对谭解释，自己的第一次早就名存实亡了，但谭曼意一定要看到文字依据。陈诚有点为难，他知道吴舜莲性情刚烈，万一不同意，闹出人命来怎么办？但此事也不能不办。他请了两个人出面替他去做妻子的工作。一个是妻弟吴子漪，此时他在第18军驻南京办事处当少将主任，一个是杜志远，他与吴家和陈家交好，又是青田名流，吴家应该会给他的面子。

吴子漪承陈诚多年照拂，理当感恩，杜志远是陈诚的伯乐，知道陈诚与吴舜莲早已感情破裂，再维系下去，只会拖累陈诚。两个人一口答应，去做这件让人难以启齿的事情。好在吴舜莲通情达礼，没有为难兄长和前辈，只提出了两个条件：继续住在陈家；死后葬在陈家坟山——旧时代的女人被夫家休了之后，回娘家或改嫁，都是很不光彩的事。陈诚毫不犹豫就同意了，并答应给吴十万元赡养费。吴子漪写了一张离婚协议书，让妹妹签了名、按了手印后，带回南京交给陈诚。难题终于解决了。

谭曼意看了他们的离婚协议书，终于放了心。

蒋介石与宋美龄合影

1932年元旦，陈诚和谭曼意在上海举行了隆重的结婚仪式。刚刚下野的蒋介石和夫人宋美龄参加了婚礼，蒋为男方证婚人，宋为女方证婚人。一些在上海的国民党政界军界显要也参加了婚礼。蒋介石夫妇送给新人5000元礼金。

从此，陈诚与蒋介石多了一层翁婿关系，鲤鱼跃龙门，成为蒋介石宠信的心腹。而陈诚更加卖力拥戴蒋介石。

第三节　美满婚姻

婚后，谭曼意一直催促陈诚带他回青田老家看望母亲。她非常想让陈家人和当地乡亲认可她这个媳妇。

婚后，他们原本想游完杭州，便回青田，可是刚到杭州第二天，蒋介石便来了一个电话，说第 18 军内部有人在闹事，叫他回部队镇压。陈诚夫妇只好取消原订计划，返回第 18 军军部——赣南吉安。

此后，陈诚被中央苏区红军打得焦头烂额，直到 1934 年秋，才终于抽出时间，带着妻子回青田高市乡省亲。这是陈诚离家十年后的第一次回家，可谓衣锦还乡，春风得意。

陈诚遵守诺言，让吴舜莲继续住在高市的陈家老屋。吴舜莲仍像媳妇一样在家里侍奉陈诚的母亲，陈母也将吴当儿媳看待。陈诚担心前后妻相见，会闹出什么尴尬事，还好，谭曼意在一见到吴舜莲，就非常客气地叫“姐姐”。看着面前这位雍容华贵的陈夫人，吴局促不安，相对无言，心中酸苦，无人可知。

谭曼意雍容大方，通情达礼，赢得了陈家人和乡亲的夸赞。她感到心满意足。

陈诚省亲走后不久，给了吴子漪一笔钱，让他在青田县城为吴舜莲盖了一座二层洋楼，让吴舜莲搬出陈家住进县城。1948 年 9 月，陈诚见国民党在大陆失败已成定局，便派人将吴舜莲接到台湾，陈诚给了她一所住房。谭曼意也把她当作亲戚，每逢过年过节，都要孩子去看她。1965 年陈诚去世后，谭曼意仍负担吴的生活费，直到 1978 年吴去世。

陈诚与谭曼意的婚姻算得上比较美满。

陈诚的旧部杨安铭回忆说，他印象中的谭曼意面貌白皙，体态丰满，高出陈诚一头（注：从照片看，谭比陈略矮），平时寡言少笑，性格温婉，有大家闺秀的风度。有一次宴客，他见陈诚频频劝夫人吃所爱吃的菜。陈诚经常说，他们夫妇相敬如宾。陈在家时少，谭守空房时多。部下的家属很少去串门，谭也不常与人往来。(《我所知道的陈诚》)

谭曼意是一个通晓事理的女人。1943 年 2 月，时任第九战区司令长官、湖北省主席的陈诚又受命兼任远征军司令长官。临行前，他让夫人和孩子们留在恩施——第九战区司令部及湖北省政府所在地。当年 4 月，鄂西会战已经打响，军情紧急，司令部和省政府的许多官员人心惶惶。谭夫人准备带孩子离开恩施去重庆。那天，行李都已经装上了车，时任湖北省参议会议长的石瑛赶来对谭曼意说：“你千万不能走，一走人心就乱了，辞修兄一定会回来的。”谭曼意立即叫人搬下行李，决定不走了。她这一决定果然起到了安定人心的作用。不久，陈诚果然从昆明回到恩施，指挥所属部队打赢了鄂西会战。

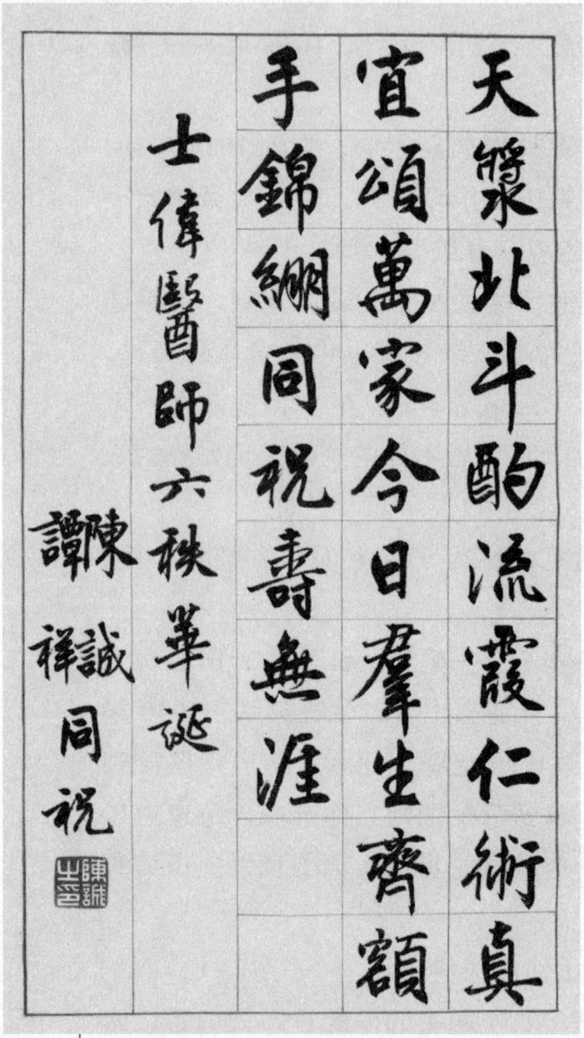

陈诚与妻子谭祥的祝寿词

陈诚历来反对下属走夫人路线，有一次，他的一个下属违反军令要受处罚，去找谭曼意求情，他知道后，大发雷霆，反而加重了对那个下属的处罚。

不过，陈诚在某些重要关头，夫人外交也发挥了一定作用。第四次“围剿”吃了大败仗，又受到何应钦等人排挤，一气之下向蒋介石提出辞职，回到家中，闭门谢客，也不去见蒋介石，蒋也不召见他。僵持之中，经人劝说，由谭曼意出面先和宋美龄通好气后，说服陈诚一起去看望宋美龄，造成在蒋的官邸与蒋“不期而遇”的效果。两人面谈了一次，才化解“误会”，打破僵局。

陈诚夫妇感情深厚，相处融洽。陈诚常年在外奔波，但时常给夫人写信，以诉思念。现择录陈诚几封家书片断：

曼意妹爱鉴：

别后半月，因每日可通电话且邮寄不易，故未写信，实为结婚以来所未有也……由妹电话知，妹所患之病是怀孕，以理固足喜，但以妹之身体计，实在是能节育为妥。

此函一早就想写，因事忙无空下笔，直至现在始写完草此。敬祝年禧，并叩母亲福安。

（二日早二时写完，但何时能寄出尚成问题）

修兄手启。二十九年元旦韶关。

1940年1月1日

重庆政治部陈部长夫人：密。现前方军事已停止行动，敌亦无力向我进攻，中央为保护重庆计，仍恢复六战区，决定由我负责。我已电请委座，请考虑该战区种种，困难固意料中事，但恐仍与过去徒负其名，实际不能来负责，个人痛苦甚至于牺牲之事小，惟对国家毫无裨益，实非我所愿。此次宜昌之失，可说失于一年前我之建议请注意而未采纳，言之殊为痛心。拟日（内）赴巴东，何时回渝尚难决定。

修。寝未。

1940年6月26日

重庆陈夫人：密。六战区长官命令已发表，我已于今日呈报，于今日就职。在七七三周年之今日，复就斯职，实有无限之感想，惟有加倍努力，灭尽倭寇耳。

修。

1940年7月7日

第四节　教育子女

陈诚与谭曼意共生育二女四子：长女陈幸，次女陈平，长子陈履安，次子陈履庆，三子陈履碚，四子陈履洁。

他们的孩子都出生在大陆，大多在抗战时期度过的童年。虽然父亲是国民党高级将领和官员，但他们并未享受到优越的生活，时常还要遭受战乱和迁徙之苦。

对子女的教育，陈诚更多地采用传统的道德观，要求孩子勤劳、节俭、守纪律。“辛劳的工作一定要争着做，不要推诿，不要偷懒。”

主政台湾地区的陈诚

据说，陈诚从不用公用小车送孩子上学。履碚、履洁在台北上小学时，都是乘公共汽车，赶不上公共汽车就步行。有一次下大雨，孩子跑到学校，弄得满身泥水。一些同学取笑他们说：“当厅长、当经理的孩子都坐小汽车上学，你爸爸做那么大的官，为什么不给你坐汽车上学呢？”

孩子回家后，向父亲提出要坐小车上学。像平时给人作演讲一样，陈诚先向孩子提了一个问题：“你们有脚没有？”孩子天真，马上回答：

“有呀。”陈诚又问：“脚是干什么的？”孩子们回答：“走路的。”陈诚笑着说：“既然是用来走路的，那干嘛要坐我的车？”孩子想了想，反驳道：“那你为什么要坐小车？我们为什么不能坐？”陈诚这才开始给孩子讲道理：“我坐小汽车是因为在替公家办事，你们没有替公家办事，怎么能享受这种待遇呢？小的时候要吃一点苦好，长大了就能替公家做事，坐小车了。是不是呀？”孩子们对父亲的话不全懂，但有一点他们是知道了的：父亲不好说话，坐他的车是没希望了。以后，他们再也不提要坐小车的事了。

陈履洁快小学毕业时，陈诚还是给他买了一辆旧自行车。陈履洁像宝贝一样爱惜它。每天放学后，自己动手把车子擦得干干净净。老师问他为什么不送到车店去擦，陈履洁说：“我爸爸妈妈说，能够自己做的事就自己去做，我们还不会赚钱，应该节省。”三儿子陈履碚更会生活，在工专读书时，所有开销，哪怕是花了几角钱买邮票，都要记在小账本上。

陈诚的六个子女，穿着打扮，待人接物，都和普通孩子一样。他们都没有高人一等的想法，从不以父亲的地位来炫耀自己。大女儿陈幸在美国读书时，同学们都不知道她的家庭背景。1961 年陈诚去美国访问，看望女儿，被美国记者发现，拍了照片登在报纸上，同学们才知道她有一个当“副总统”的父亲。

次子陈履庆，眼睛高度近视，本可免服兵役，但他还是要求参军。他说：“如果我不服兵役，人家不说我有近视，只说我是副总统的儿子。”

据说，陈诚的长子陈履安在美国读书，陈诚只负担他的生活费，让他自己打工来挣学费。有一学期，学费没挣够，他不得不停下学业，先打一学期的工，挣够了学费再继续读书。他在美国麻省理工学院电机工程学系毕业后，再进纽约大学深造，获得数学博士学位。回到台湾后，步入政坛，先后担任台湾“经济部长”、“国防部长”、“监察院长”和国民党中央副秘书长等职。据台湾报纸报道，陈履安为人比较实在。

陈履安早年与沈君山、连战、钱复等人并称为台湾政坛四大

陈诚与蒋介石

1961年9月，台湾国民党当局主持召开阳明山会议，图为陈诚（左）与蒋介石在会议上留影。

公子，1996年因与李登辉政见不合，退出国民党，2001年恢复党籍。陈履安晚年淡出政坛后，潜心学佛，提出“救中国、救人心”的理念，希望两岸和平统一。陈履安的长子陈宇廷1991年从哈佛大学毕业，意气风发，他居然到寺院做起了苦工，后来又到灵泉寺剃度出家。1996年至2002年，陈宇廷捐掉了所有的家产，投身公益事业。据称，陈宇廷后来只剩下了两包衣服，他的善行在台湾地区和内地的一些寺庙中甚为知名。

陈诚去世，谭曼意一度伤心过度，身体大不如前。1989年6月6日，谭曼意突发性脑溢血病逝台北，享年94岁。

陈诚与谭曼意的儿孙们，经常在内地与台湾之间走动，做一些有益于两岸关系的工作。也许有一天，他们会让陈诚的骨灰回归他的故乡——浙江青田高市乡：1898年，他在那里出生，在那里度过了快乐的童年，21岁那年，他走出那个山村，踏上漫长的人生之路……

陈诚年表

1898 年　1 岁

1 月 4 日（农历丁酉年十二月十二日），生于浙江省青田县高市。

1907 年　10 岁

入高市小学读书。

1911 年　14 岁

从高市小学毕业。后在家补习功课一年。

1913 年　16 岁

2 月，考进丽水浙江省立第 11 中学。

秋，转入浙江省立第 11 师范学校。

1917 年　20 岁

娶青田人吴舜莲为妻。

12 月，从浙江省立第 11 师范学校毕业。

1918 年　21 岁

夏，考入杭州省立体育专科学校。

8 月，从体专辍学，考入保定军官学校。

秋，分配到陆军第 9 师炮兵团见习。

1919 年　22 岁

8 月，正式入保定军官学校第八期炮科学习。

1920 年　23 岁

7 月，直皖战起，军校停办，即赴广东，在粤军第 1 师第 3 团服务。

加入中国国民党。

1921 年　24 岁

10 月，保定军校复课，回校继续学习。

1922 年　25 岁

6 月，从保定军校毕业，分配到浙江陆军第 2 师第 3 旅第 6 团第 3 连见习。半年后升任少尉排长。

1923 年　26 岁

2 月，赴广东，任建国粤军第 1 师中尉副官。

4 月，升任上尉连长，参与西江、北江战役。

5 月，讨伐冯宝初于肇庆，胸部中弹负伤。

9 月，伤愈归队，升任师部独立连少校连长。

10 月、11 月，讨伐林虎部、洪兆麟部叛乱。

年底，粤军第 1 师第 3 团成立炮兵连，任连长。

1924 年　27 岁

9 月，任黄埔军校校长办公厅上尉特别官佐。

秋，父亲病逝，回青田奔丧。

1925 年　28 岁

1 月，任国民革命军炮兵营第 1 连上尉连长。不久随部参加东征。

2 月，在东征淡水之役中，发炮准确，克敌制胜。

3 月，参加棉湖之役，指挥炮兵大显神威。

4 月，调任党军炮兵独立营副营长，兼炮兵连连长。

7 月，黄埔党军两个师编为第 1 军，任第 1 军炮兵第 1 营第 1 连少校连长。

10 月，参加二次东征，炮轰惠州城，克之。升任炮兵第 2 营少校营长。

1926 年　29 岁

1 月，任黄埔军校炮工辎特科大队长及炮兵军事训练班主任。

4 月，改任军校炮兵科科长。

7 月，誓师北伐，任国民革命军总司令部中校参谋。

7 月 31 日，调任国民革命军补充第 1 师第 3 团团长，随师北伐。

12 月，补充第 1 师改编为第 21 师。任第 21 师第 63 团上校团长。

1927 年　30 岁

2 月，与孙传芳部战于浙江游埠，乘敌半渡击溃敌军一个师，乘胜克复杭州。

3 月，夜袭孙军司令部于桐庐浪石埠，敌惊扰后撤，乘胜克复苏州、常熟。

4 月，升任第 21 师少将副师长，兼第 63 团团长。“四一二”政变后，在第 21 师实施“清党”。

6 月，升任第 21 师师长。

8 月，扶病率部参加龙潭战役，和桂军一起击败孙传芳部的反攻。其后，辞去第 21 师师长职务。

10 月，调任第 3 师师长，未就，就军事委员会军政厅副厅长，兼驻沪办事处主任。

12 月，升任军政厅代厅长。

1928年　31岁

3月，兼军事委员会军事教育处处长。

4月，任国民革命军总司令部警卫司令，兼炮兵集团指挥官。率部参加第二次北伐。

7月，任第11师副师长。

10月，兼代第11师第31旅旅长。

1929年　32岁

7月，升第11师师长。

10月，兼讨逆军第2军副军长，参与蒋、冯大战。

11月，击退张维玺部于襄阳。

12月，由湖北率部赴河南确山。击退唐军门炳岳部。

1930年　33岁

1月，劝降刘兴，破唐生智军于确山。

3月，兼蚌埠戒严司令。

5月，收复马牧集，生擒旅长万殿尊，克复归德，进逼宁陵，劝降刘茂恩，夺下睢县。进占兰封，遇挫。

7月，移师援曲阜，与城内守军夹击傅作义军，曲阜解围。

8月1日，任第18军上将军长。

9月，率部由济南回师，击退张维玺军于石象镇，郑克延于郑州。

10月，击破庞炳勋部，攻克郑州。

11月，讨逆战事结束，奉派赴日，任观操武官。

12月，回国，劝谏蒋介石加强国防，应对日军侵略。

1931年　34岁

1月，兼任第14师师长。

2月，入赣“剿共”。

6月，任剿匪追击军第二路指挥官，无功而返。

8 月，致电蒋介石，为邓演达求情。

9 月，兼任吉安警备司令。日本发动“九一八”事变，侵入东北，陈诚请求参战，未获蒋介石批准。

10 月，兼任第 52 师师长。

12 月，得知邓演达被判死刑，请求辞职，未准。

年底，与吴舜莲离婚。

1932 年　35 岁

1 月 1 日，与谭祥结婚。

1 月 28 日，日军制造“一・二八”事变，陈诚请求赴上海作战，未果。

3 月，率部增援被红 3 军团所围困之赣州，解赣州之围。

9 月，武力收编第 59 师。

12 月，任抚河方面进剿军前敌总指挥。

1933 年　36 岁

2 月，任赣粤闽边区“剿匪”军中路军总指挥。

3 月，所率第 5 军和第 11 师遭红军围攻，大部被歼，抱头痛哭。

7 月，任庐山军官训练团团长。

9 月，任北路军第三路军总指挥兼北路军第五纵队指挥官。

11 月，任赣粤闽湘鄂北路“剿匪”军第三路总指挥。

1934 年　37 岁

2 月，任北路剿匪军前敌总指挥，兼第三路总指挥，开始第五次“围剿”。

5 月，率部攻占苏区门户广昌。不久，兼任庐山军官训练团主任，嗣改任副团长，扩大训练全国军官。

9 月，庐山训练团结束，返回广昌总部。进占瑞金。

10 月，克复宁都。

11 月，克复会昌，迫使中共转移陕北。

12 月，任驻赣绥靖预备军总指挥。

1935 年　38 岁

3 月，任军事委员会委员长行营陆军整理处处长。

4 月，升陆军中将。同月，任庐山暑期训练团筹备主任。

5 月，兼任陆军整理处军官教育团团长。

8 月，任峨嵋训练团教育长，兼办公厅主任，训练川、滇、黔三省之军政教育各界干部。

10 月，任军事委员会委员长宜昌行辕参谋长，指挥“围剿”红军第二方面军。

11 月，在国民党第五次代表大会上，当选为国民党中央执行委员。

1936 年　39 岁

1 月，宜昌行辕与陆军整理处合并为委员长行辕，任参谋长。

3 月，调任“剿匪”军第一路总指挥，赴晋助阎锡山“剿匪”。

6 月，任陕、晋、绥、宁四省边区“剿匪”总指挥。“两广事变”发生后，奉命南下，占领衡阳。

上半年，兼任武汉行营城防整理委员会主任委员。

7 月，策动粤军反正。

9 月，加陆军上将衔。任中央军校校务委员兼广州分校主任。随后兼任军事委员会委员长广州行营参谋长职务，办理“两广事变”善后事宜。

11 月，任军事委员会委员长武汉行辕副主任兼参谋长，飞太原与山西当局，策划进剿王英等蒙伪匪军，收复百灵庙。

12 月，任军政部常务次长，负责陆军整理事务。12 日，西安事变发生，与蒋介石等军政要员同困西安，25 日，安全返回南京。

1937年　40岁

1月，任第4集团军总司令，坐镇潼关，逼迫杨虎城就范。

3月，赴青田省亲。

4月，协助蒋介石创办庐山暑期军官训练团，任筹备主任。

5月，任军政部次长。

6月，兼任庐山军官训练团教育长，调训全国党军政教7千余人。

8月，"八一三"淞沪抗战开始，奉召往上海视察防务，建议扩大沪战，诱敌逆江而上。任第三战区前敌总指挥，参加淞沪作战，阻敌罗店。

9月，任第三战区前敌总指挥，兼第15集团军总司令和第4预备军副司令长官，坚守刘行。

10月，挫敌杨家宅、苏州河等处。淞沪会战结束。

11月，任第三战区前敌总司令，随即升任第七战区副司令长官。

1938年　41岁

1月11日，就任武汉卫戍总司令，积极训练部队，构筑武汉城防，保卫大武汉。

2月1日，兼任军事委员会政治部部长。

3月，兼任珞珈山军官训练团教育长。

4月，兼任航空委员会委员。

5月，兼任中央训练委员会主任委员，军事委员会战时工作干部训练第一团副团长。

6月，兼任湖北省政府主席，三民主义青年团中央干事会书记长，中央训练团教育长，第九战区司令长官。赴九江指挥作战。

7月，在武汉大会战中阻击江南之敌。

10月，双十节于江西万家岭，歼敌四联队之众。

11月12日，"文夕大火"，陈诚大怒，要求严查。

1939 年　42 岁

2 月，兼任游击干部训练班副主任。

3 月，兼任战地党政委员会委员，中央训练团军事训练处处长。

5 月，升陆军二级上将。

8 月，兼任中央训练团特别党部特派员。

9 月，敌犯长沙，入湘协助薛岳部署反攻，湘北大捷。

10 月，为防日军进攻湘西，国民政府设第六战区，陈诚兼任第六战区司令长官。

1940 年　43 岁

1 月，奉命抵桂，参与桂南会战。

2 月，调军破粤中北犯韶关之日寇翁源，直逼广州。

6 月，日军由襄阳直趋宜昌，临危受命为右翼兵团总司令，部署御敌。初旬，宜昌沦陷。其后舆论对其颇多责难，冠之以“三昌将军”。

8 月，免去所有中枢职务。

9 月，任第六战区司令长官，及湖北省主席。重新部署军事，并着手制订《新湖北建设大纲》，以“建设三民主义之新湖北”，理土地陈报，扶植地方自治，实行计划教育，严禁烟毒，惩办土劣，推行“战时民生主义经济政策”，征购实物，物物交换，凭证分配，均次第举行。并设立购谷委员会等机构，“移湘北之粟，以救鄂西之灾”。

1941 年　44 岁

3 月，兼任军事委员会党政委员会第六战区分会主任委员。

4 月，颁布《湖北省减租实施办法》，分区实施二五减租，并扶植自耕农，以期达到“耕者有其田”的目的。

9 月，往秭归指挥宜昌攻略，策应第二次湘北作战。

10 月，《新湖北建设大纲》正式制订，开始实行。

1942年　45岁

2月，实施军需独立，扫除侵吞积弊。

1943年　46岁

2月，兼任中国远征军总司令，远征滇缅。

3月，离恩施飞昆明，协同盟军，充实武器，调整部署，训练部队。

5月，日寇大举进犯鄂西，奉命由滇回鄂，指挥第六战区所部阻击，歼敌3万人于石牌要塞，取得鄂西大捷，粉碎日军进攻重庆的企图，固守陪都之门户。

10月，胃疾复发。

11月，辞远征军司令长官职务，返渝养病。

1944年　47岁

5月，奉命飞西安，协助作战。

6月，豫中会战失利，潼关告急，任第一战区司令长官。

7月6日，前往汉中就任第一战区司令长官，调整部署，补充训练，并监督陕豫党政机关。

8月，往西安指挥潼关方面军事，阻敌西侵，以挽西北之局。

11月，奉召回重庆，任军政部长，整饬军政。

1945年　48岁

1月，兼任军政部后方勤务总司令。

3月，提出整军纲要，呈准施行。裁撤军事机构千余，员兵80余万。

5月，当选中国国民党第六届中央执行委员。

6月，兼国防研究院副院长。

8月，日本无条件投降，飞汉口、北平、南京等处巡视。

9月，部署受降，办理接收。整编游击部队，处置伪军，遣送敌俘，调整军事机构，安置复员官佐等。

10 月，兼任中央训练团教育长，辞军政部后方勤务总司令职。

12 月，任中央军事机关改编委员会主席。

1946 年 49 岁

继续整军，制定 1946 年度施政纲要，分三期实施。

4 月，第一期整军计划完成。

5 月，国民党军事机构改制。

6 月，成立国防部，任参谋总长，兼海军总司令。

7 月，蒋介石发动内战，奉命直接指挥国民党军队向解放区发起全面进攻。

9 月，再度任三民主义青年团中央干事会书记长。

11 月，当选制宪国民大会代表。

1947 年 50 岁

2 月，晋升陆军一级上将。

8 月，奉命飞沈阳，调整东北军政机构。因战略决策失误和作战失败，辞去中枢各职，旋兼国民党政府主席东北行辕主任，及东北行辕政务委员会主任委员，指挥东北“剿匪”事宜。

12 月，胃疾复发。

1948 年 51 岁

2 月，卫立煌任东北“剿匪”总司令后，陈诚由沈阳返南京，旋赴沪疗治胃疾。

5 月，辞国防部参谋总长及海军总司令等职。

6 月，施行肠胃截除手术。

10 月，飞台湾地区。

12 月，被蒋介石任命为台湾省政府主席。

1949 年　52 岁

1 月 5 日，正式就任台湾省政府主席，18 日，兼台湾警备总司令。

3 月，订颁《台湾省入境出境管制办法》，收容、整编大陆撤退来台国军。

4 月，《台湾省私有耕地租用办法》正式公布，在台湾地区推行“三七五减租”，开始实行民生主义之土地政策。

5 月，实施户口总检查，简化军政机构。

6 月 15 日，公布台币改制，发行新台币，稳定台湾金融。

8 月，兼任东南军政长官，驻于台湾，并设立台湾省自治研究委员会。

12 月，辞台湾省政府主席，专任东南军政长官。

1950 年　53 岁

3 月 1 日，蒋介石复“总统”职，东南军政长官公职撤销。7 日，经蒋提名并经“立法院”同意，出任台湾地区国民党政府“行政院长”。

4 月，开始分期分区实行所谓“地方自治”。

5 月，重订陆、海、空三军编制，厉行精兵简政政策，建立军费核实制度。

7 月 2 日，台湾省“地方自治”开始实施。

8 月，中国国民党中央改造委员会成立，任中央改造委员。

1951 年 54 岁

4 月，采取经济金融紧急措施，禁止金钞买卖，改订外汇管理办法。

6 月，减租工作完成，核定施行《台湾省放领公有耕地，扶植自耕农实施办法》，扩大放领范围，遍及全省。

1952年　55岁

分批训练后备兵员，储备补充部队。

2月，制定四年经济建设计划。

10月，召开侨务会议，订立华侨反共公约，加强侨胞团结力量，为反共“复国”而尽力。同月，当选中国国民党第七届中央委员会常委。

1953年　56岁

1月，院令指定台湾省为耕者有其田施行区域，继续推行土地改革，使民生主义之土地政策首在台湾省实现。

3月，办理地籍总归户完成，实施“耕者有其田”政策。

12月，台湾全省征收放领耕地，初步完成，承领耕地19万余农户，均由佃农变为自耕农。

1954年　57岁

1月，争取留韩中国反共人士，集体入台。

2月，被国民党中央临时全会选为“中华民国”第二任“副总统”候选人。

3月24日，由国民党中央常委会保举，在“国民大会一届三次会议”上当选为“副总统”。

5月20日，就任“副总统”。

11月，兼任“光复大陆设计研究委员会”主任委员。

1955年　58岁

2月，兼任革命实践研究院主任，增订参观、检讨、及院外辅导等项目，亲临参与。

7月，兼任“行政院”石门水库建设筹备委员会主任委员。

1956年　59岁

3月，召开“光复大陆”设计研究委员会综合研究会，呼吁民主国家依据联合国宪章之精神，制定反共自由宪章。

4 月，由其负责的美援计划申请书及石门水库工程所需 400 万援助款，由美国国际合作总署通过，完成签约手续。

7 月，石门水库二期工程开工。

11 月，“光复大陆”设计研究委员会完成方案 190 件，汇集为 85 件。

1957 年　60 岁

8 月，当选中国国民党第八届中央执行委员会常务委员。

10 月，中国国民党总裁提名，经“全国代表大会”通过，任中国国民党副总裁。

1958 年　61 岁

7 月，兼任第七任“行政院长”。

8 月，辞“行政院”石门水库建设委员会主任委员会及革命实践研究主任职。

1959 年　62 岁

8 月 7 日，台湾中南水灾，全力投入救灾。

1960 年　63 岁

1 月，奖励投资，制订 19 点经济发展计划。

3 月，当选“中华民国”第三任“副总统”，兼“行政院长”。

6 月，“八・七”水灾重建工作完成。

7 月，改进外汇贸易管理，达成单一汇率，调整公教人员待遇。二期四年经济建设计划完成。8 日，赴金门视察,20 日，返台。

1961 年　64 岁

6 月，主持阳明山会议。

7 月 29 日，奉命赴美国访问。

8 月 13 日，返台。

1962 年　65 岁

身体状况急转直下。

1963 年　66 岁

3 月 4 日，访问南越，9 日返台；20 日访问菲律宾，23 日返台。

7 月 1 日，病假一月，在阳明山休养。

8 月 1 日，续假二月，往日月潭休养。

9 月 16 日，因葛乐礼台风，提前销假，处理风灾。

11 月 12 日，中国国民党九全大会通过，连任中国国民党副总裁。

12 月 15 日，因病体不支，辞“行政院长”职。25 日，请病假三个月。

1964 年　67 岁

6 月 14 日，出席石门水库落成仪式。

辞去“行政院长”一职。

1965 年　68 岁

1 月，经诊断确定，肝部已为癌细胞侵噬。

2 月 28 日，发表病情公报，确诊为肝癌。

3 月 5 日，在台北逝世，享年 68 岁。6 日，举行公祭。

8 月 30 日，陈诚灵柩安葬于台北县泰山乡同荣村塞园。

1993 年

8 月，遗骸从墓穴取出火化，安放于高雄佛光山灵光塔。

参考文献

1. 樊崧甫：《我所知道的陈诚》，中国文史出版社 2004 年版。

2.《陈诚回忆录——抗日战争》，东方出版社 2009 年版。

3. 何智霖编辑：《陈辞修先生回忆录——北伐、平乱》，台湾出版社 2004 年版。

4. 吴淑凤编辑：《陈辞修先生回忆录——国共战争》，台湾出版社 2004 年版。

5. 薛月顺编辑：《陈辞修先生回忆录——台湾建设》，台湾出版社 2004 年版。

6. 何智霖编辑：《陈诚先生书信集——与蒋中正先生往来函电》，台港出版社 2007 年版。

7. 海外中文图书《陈诚先生书信集——家书》，台湾出版社 2006 年版。

8. 孙宅巍著：《蒋介石的宠将陈诚》，河南人民出版社 1988 年版。

9.《白崇禧回忆录》，解放军出版社 1987 年版。

10.《1949—1979 国共对话秘录》，湖北人民出版社 2009 年版。

11. 宁志一著：《陈诚缘何失去远征军司令一职》，《文史精华》，2005 年第 6 期。

12. 陈履安著：《陈诚在台湾的岁月》，《纵横》，2007 年 7 月。

13. 覃道善著：《陈诚及其军事集团概况》，中国文史出版社。

14. 邱行湘著：《跟随陈诚十九年所见所闻》。

15.《中国农工民主党的奋斗历程》，中国文史出版社 1990 年版。

16. 杜伟著：《我所知道的陈诚》，中国文史出版社 2004 年版。

17. 廖心文著:《周恩来与和平解决台湾问题的方针》，原载《党的文献》，1994 年第 5 期。

后　记
宁死不当亡国奴

陈诚被对手讥为“陈小鬼”，但他举手投足却透着自信和威严，被称为“小委员长”，被台湾地区的农民称为“陈诚伯”，被史迪威认为是国民党军将领中“最有实力和最令人感兴趣”的人物。他是实干家，在鄂西，在台湾地区，用比较温和的模式成功地完成了渐进式的土地改革，实现了孙中山先生主张的“耕者有其田”的遗愿。

作为黄埔教官，凭借和黄埔生的师生关系，陈诚在国民党军组建了“土木系”。土木系经济公开，人事公开，意见公开，故此，在国民党五大主力当中排名第一，先后产生了 4 个一级上将、3 个参谋总长、两任海军总司令、1 个空军总司令、1 个联勤总司令、20 多位军长以及数以百计的师长、团长。凭借土木系，陈诚成为一位实力派人物，一直上有领袖青睐，下有部队倚靠。即使面对一片“杀陈诚以谢天下”的责难声，陈诚也不公开辩白，甘愿代蒋介石受过。

陈诚追随蒋介石 40 余年，官至集团军总司令、政治部长、军政部长、参谋总长，一级上将；由一个普通党员升到中央委员、副总裁；从省主席、“行政院院长”做到“副总统”，成为一人之下、万人之上的二号人物，在蒋经国具备当“总统”的条件之前，他会被视为蒋介石的临时继承人。

斯人早逝，尘埃渐落，如今评价陈诚的一生，我们可以比较客观地说，除了追随蒋介石反共反人民这一历史污点之外，陈诚的一生还是可圈可点的。他是黄埔名将，也是抗日名将，更是爱国将领，他反对美国人劝他拥兵自立的游说，“决不会接受”任何分裂中国的“阴谋”，公开谴责美国人抛出的“一台一中”、“两个中国”的方案。

的确，作为一名军人，陈诚战功卓著，立功沙场；作为政坛人物，他勤勉努力，恪尽职守；作为蒋介石的嫡系，他忠于蒋氏，至死追随。在名人如云、战将如雨的黄埔人里，为何他能脱颖而出，深受蒋介石器重一生，生前信任有加，死后哀荣备至呢？其秘诀就在于他的忠诚，在于他的为官清廉，在于他的敢于任事，在于他的用人唯才，在于他的血战到底精神，在于他的从一而终，……

本书作者在尊重历史事实、还原历史真相的原则下，客观、真实地解读了陈诚其人其事，其功其过，力图让读者看到一个比较真实的黄埔名将陈诚的一生。

本书作者在成稿过程中，参阅了海内外专家学者的研究成果，在此致谢，同时，鉴于作者的史学水平有限，文中可能存在错讹之处，敬请专家、学者、读者不吝赐教。

德玄馨

2010年7月12日

于信愿堂